Michel LEBEL

LA NOUVELLE SUPER MAJEURE CINQUIÈME

ÉDITION SPÉCIALE

30 ANS

éditions du ROCHER

Après la Majeure 5e (Jaïs-Lebel, **1976**) et la Super majeure 5e, **La Nouvelle Super majeure 5e** est devenue LA BIBLE **des millions de bridgeurs francophones**.

La Nouvelle Super majeure 5e a marqué une évolution très importante avec l'adoption du 2 MAJEUR faible, du SA 15-17 et des deux ouvertures forcing : 2 ♣ et 2 ♦.

C'est dans le domaine des CONVENTIONS que se situent les principales innovations de cette Édition spéciale ⇒

• Tout au long de cet ouvrage, **le niveau des conventions** en dehors des grandes conventions de base **est signalé par un nombre de ♥** ⇒

♥ = pratiquement indispensable. **Tous niveaux**
♥♥ = à utiliser avec votre partenaire habituel. **Niveau perfectionnement**
♥♥♥ = pour joueurs (très) expérimentés. **Niveau compétition**

• **La troisième et dernière partie : Mes conventions**, est consacrée **à l'étude de nouvelles conventions**, jusqu'ici réservées aux seuls joueurs de compétition.

Ces conventions sont parfaitement adaptées à **la Nouvelle Super majeure 5e** et **particulièrement efficaces** dans le cadre de **LA MÉTHODE LEBEL**.

Michel Lebel

ISBN 978-2-268-06248-8

I

LES ENCHÈRES À DEUX

LES OUVERTURES

LES BASES DU BRIDGE MODERNE

Dans la Nouvelle Super majeure 5e, la force d'un certain nombre d'ouvertures à été modifiée.

Voici les nouvelles bases ⇒

1. **L'ouverture d'1 à la couleur** se fait à partir **de 12 points H** avec un jeu régulier

2. L'ouverture d'1 **sans-atout** se fait avec un jeu régulier de **15 à 17 points H**

3. L'ouverture de **2 Cœurs ou de 2 Piques** montre un unicolore 6e robuste et **6 à 10 points H ⇒ c'est le 2 Faible**

4. L'adoption du 2 Faible a modifié les ouvertures **fortes au niveau de 2 ⇒**

- **2 ♣ = 2 Fort indéterminé – forcing 1 tour**
- **2 ♦ = Forcing de manche**
- **2 SA= 20-21 points H réguliers**

VOICI LES 3 RÈGLES DE BASE DE LA NOUVELLE SUPER MAJEURE 5e

LES 3 RÈGLES DE BASE

1. **Avec une majeure cinquième, ouvrez d'1 Cœur ou d'1 Pique.**

2. **Sans majeure cinquième, ouvrez d'1 sans-atout avec 15, 16 ou 17 points H et un jeu régulier.**

3. **Sans majeure cinquième,** si vous ne pouvez pas ouvrir d'1 sans-atout, **ouvrez de votre mineure la plus longue.**

AVANT D'OUVRIR ⇒

- Vérifiez que vous avez bien le strict minimum requis : 12 points H ou 14 points DH pour ouvrir d'1 à la couleur.

- Vérifiez ensuite que votre ouverture est conforme aux **3 règles de base**.

- N'oubliez pas **la priorité absolue** → **l'ouverture de la majeure cinquième**.

TABLEAU DES OUVERTURES DE LA NOUVELLE SUPER MAJEURE 5ᵉ

LES OUVERTURES	FORCE	CONDITIONS
1 ♣ /1 ♦	**de 12 H ou 14 DH à 23 DH**	**3 CARTES minimum**
1 ♥ /1 ♠	**de 12 H ou 14 DH à 23 DH**	5 CARTES **minimum**
1 SA	**15-17 H**	**Distribution régulière** • sans majeure 5ᵉ
2 ♣	**20-23 DH ou 22-23 H (SUPER 2 SA)**	FORT INDÉTERMINÉ **Forcing 1 tour**
2 ♦	**à partir de 24 H ou DH**	FORCING MANCHE **Toutes distributions**
2 ♥ /2 ♠	**FAIBLE 6-10 H**	ROBUSTE **majeure** 6ᵉ
2 SA	**20-21 H**	**Distribution régulière** • sans majeure 5ᵉ

L'OUVERTURE D'1 SANS-ATOUT (15-16-17 POINTS H)

L'ouverture, à partir de 12 points H réguliers a modifié légèrement la force de l'ouverture d'1 sans-atout. Aujourd'hui, on ouvre d'1 sans-atout **avec 15 à 17 points H**.

Voici les trois distributions possibles :

4-3-3-3 4-4-3-2 **5-3-3-2** avec **une mineure cinquième**.

- Tous les grands champions français excluent de leur système l'ouverture d'1 sans-atout avec une majeure cinquième.
- **Par contre, la présence d'un petit doubleton – sans honneur – n'est en aucun cas une contre-indication à l'ouverture d'1 sans-atout**.

Voici 3 exemples d'ouverture d'1 sans-atout :

♠ A D 10 8	♠ A D 8 2	♠ R 10 8
♥ R V 6	♥ R D 7 5	♥ A 10 9
♦ A V 5	♦ 5 3	♦ R D V 9 8
♣ 10 8 4	♣ A D 10	♣ R 5

Le premier jeu comporte 15 points H réguliers, *le second* 17 points H et un petit doubleton *et le troisième* 16 points H et une belle mineure cinquième.

ATTENTION

Cette baisse d'environ 1 point de l'ouverture d'1 sans-atout **modifie les réponses sur l'ouverture**. Évitez d'ajouter un problème supplémentaire en ouvrant d'1 sans-atout certains jeux de 14 points H sous prétexte qu'ils comportent une mineure cinquième.

Ouvrez d'1 sans-atout avec un jeu régulier de 15 à 17 points H.
N'ouvrez pas d'1 sans-atout avec une majeure cinquième.

L'OUVERTURE DE 2 SANS-ATOUT

L'ouverture d'1 sans-atout de **15 à 17 points H** et l'adoption du **2 Majeur faible** ont modifié légèrement à la baisse la force de l'ouverture de 2 sans-atout.

Ouvrez de 2 sans-atout avec un jeu régulier de 20 ou 21 points H, sans majeure cinquième.

Voici trois exemples d'ouverture de 2 sans-atout :

♠ A V 10 8
♥ R D 9 7
♦ R V
♣ A R 3

Ouverture « **classique** » avec **21** points H et des tenues dans toutes les couleurs

♠ R 10 8
♥ A V 5
♦ R D 8 7
♣ A D V

Une ouverture de 2 sans-atout avec **20** points H et une distribution 4-3-3-3

♠ 7 2
♥ A D 10
♦ A D V 8 5
♣ A R 3

Une ouverture de 2 sans-atout avec 20 points H, **un petit doubleton à Pique** et une belle mineure cinquième.

ATTENTION

Soyez précis sur votre nombre de points H si vous voulez éviter les accidents.

LE 2 FAIBLE : 2 CŒURS, 2 PIQUES

Entre de bonnes mains, le **2 Faible** est une arme extrêmement efficace. Le **2 Faible** a été depuis longtemps adopté par tous les joueurs de compétition et je vous conseille de l'utiliser. Le 2 Faible est aujourd'hui joué par la grande majorité des bridgeurs.

Le **2 Majeur Faible** est une ouverture à la fois **agressive** et **précise** :

- **AGRESSIVE : elle est particulièrement gênante pour les adversaires qui doivent, pour intervenir, se manifester à un palier élevé.**
- **PRÉCISE : si vous appliquez strictement les règles, l'ouverture de 2 Faible permet de demander très rapidement d'excellents contrats de manche ou de chelem.**

Voici les deux conditions pour ouvrir d'un 2 Faible :

① **Posséder une robuste majeure sixième.**

② **Ne pas avoir une « valeur d'ouverture ».**
Le 2 Faible va environ de 6 à 10 points H.

Voici trois exemples d'ouverture de 2 Faible :

♠ R D V 10 6 3	♠ 5	♠ A V 10 9 7 2
♥ 5	♥ A R 10 8 6 4	♥ 5
♦ R 9 8	♦ 10 7 3	♦ D V 8
♣ 7 3 2	♣ V 5 2	♣ 7 6 3
Ouvrez de **2 Piques**	Ouvrez de **2 Cœurs**	Ouvrez de **2 Piques**

Deux conseils ⇒

1- Tenez compte de la vulnérabilité au moment de l'ouverture.

Vulnérable, vous devez toujours avoir une très robuste couleur

2- Quelle que soit la vulnérabilité, **accordez de l'importance aux cartes intermédiaires (10, 9, 8)**.

Voici trois autres exemples :

♠ R V 7 6 4 2 ♥ R 5 ♦ 8 7 3 ♣ 6 2	Passez, votre couleur n'est pas assez robuste pour ouvrir de 2 Piques.
♠ D 8 7 2 ♥ A D 10 7 3 2 ♦ V 5 ♣ 8	Passez. N'ouvrez, jamais d'un 2 faible avec l'autre majeure quatrième.
♠ A D 10 8 7 3 ♥ V 5 ♦ D 8 7 2 ♣ 8	Ouvrez de 2 Piques **avec six belles cartes à Pique** et **une mineure quatrième peu robuste.**

EN RÉSUMÉ ⇒

Ouvrez de 2 Faible avec une robuste majeure sixième et 6 à 10 points H.

N'ouvrez pas d'un 2 Faible avec l'autre majeure quatrième.

L'OUVERTURE DE 2 TRÈFLES FORT INDÉTERMINÉ

Quand vous jouez le 2 faible, vous ne disposez plus d'un 2 fort à Cœur et à Pique.

- Pour remplacer ces ouvertures fortes : ouvrez de 2 Trèfles fort indéterminé les jeux de 20 à 23 points DH qui correspondent à une ouverture d'un 2 fort – Carreau, Cœur ou Pique.

- Vous devez également ouvrir de 2 Trèfles avec 22 ou 23 points H et un jeu régulier – c'est le Super 2 sans-atout – et les unicolores forts à Trèfle.

Voici quelques exemples d'ouverture de 2 Trèfles :

♠ A D V 10 8 2 ♥ A V 5 ♦ A R 10 ♣ 8	Ouvrez de **2 Trèfles**, vous annoncerez vos Piques au tour suivant
♠ A R 7 2 ♥ A R V ♦ A D 10 8 ♣ D 5	Ouvrez de **2 Trèfles** avec 23 points H réguliers **(Super 2 SA)**
♠ A 5 ♥ D 8 2 ♦ 9 ♣ A R D 10 9 8 7	Ouvrez de **2 Trèfles** avec l'équivalent d'un **2 fort à Trèfle**

- L'ouverture de 2 Trèfles est **forcing pour 1 tour**.

Vous pouvez également ouvrir de 2 Trèfles **les jeux forts en points H avec une bonne majeure cinquième :**

♠ A V 5 ♥ A R D 10 8 ♦ A D 9 ♣ V 10	Ouvrez de 2 Trèfles avec 21 points H et **5 belles cartes** à Cœur

• Dans ce chapitre, nous n'étudions pas les réponses à l'ouverture de 2 Trèfles, mais sachez dès à présent que la réponse de **2 Carreaux** – **relais forcing** – est de loin la plus fréquente.

• **Une séquence conventionnelle ♥♥** :

Vous pouvez également ouvrir de 2 Trèfles avec un **puissant bicolore majeur : 5-5** : ⇒

♠ A R 8 7 2 ♥ A R D 5 3 ♦ R 10 ♣ V	2 ♣ 3 SA	2 ♦

3 SA = bicolore ♥ – ♠

Cette séquence conventionnelle montre un bicolore majeur 5-5. N'oubliez pas d'en parler à votre partenaire favori.
Cette ouverture permet de trouver la manche à 4 ♥ ou à 4 ♠, plus difficile à trouver **après une ouverture d'1 ♠**.

EN RÉSUMÉ ⇒

Ouvrez de 2 ♣ fort indéterminé avec :

– l'équivalent d'un 2 FORT dans les 4 couleurs
– un jeu régulier de 22 ou 23 points H

L'OUVERTURE DE 2 CARREAUX FORCING DE MANCHE

L'ouverture classique de 2 Trèfles Albarran a été remplacée par **l'ouverture de 2 Carreaux**, légèrement plus forte avec un jeu régulier, puisque sa force est d'un minimum de 24 points H ou DH.

Ouvrez de 2 Carreaux à partir de 24 points DH ou 24 points H – Toutes distributions.

• Après cette ouverture, les deux partenaires ont l'obligation de poursuivre les enchères jusqu'à la manche.

Voici deux exemples d'ouverture de 2 Carreaux :

①	
♠	A R D
♥	R D V 10 9 8 6
♦	A 5
♣	9

②	
♠	A 7
♥	A R D 8
♦	R D V 7
♣	A V 10

– Le *jeu n°* ① possède **10 levées à l'atout Cœur**

– Le *jeu n°* ② possède **24 points H**

RAPPEL ⇒

Il y a deux ouvertures forcing dans la NOUVELLE Super majeure 5e ⇒

2 ♣ Fort indéterminé et 2 ♦ Forcing de manche

L'OUVERTURE D'1 A LA COULEUR

L'ouverture d'1 à la couleur est de loin **l'ouverture la plus fréquente**.
Aujourd'hui, **l'ouverture à partir de 12 points H réguliers est devenue la règle**. Si vous n'êtes pas encore très expérimenté, je vous conseille de vous y mettre progressivement et au début, tout du moins, de ne pas ouvrir avec 12 points H mal faits.

La plupart du temps, vous aurez assez peu de problèmes au moment de l'ouverture en appliquant **les 2 règles de base** qui concernent les ouvertures d'1 à la couleur :

RAPPEL ⇒

1. **Avec une majeure cinquième, ouvrez d'1 Cœur ou d'1 Pique.**
2. **Sans majeure cinquième, ouvrez de votre mineure la plus longue.**

AVEC 2 COULEURS ÉGALES

Vous pouvez néanmoins avoir un problème au moment de l'ouverture lorsque vous possédez **deux couleurs d'égale longueur**.

Nous allons étudier les règles concernant le choix de votre ouverture dans **les deux cas suivants** :

1. AVEC MAJEURE CINQUIÈME

2. SANS MAJEURE CINQUIÈME

RÈGLES CONCERNANT LES OUVERTURES AVEC UNE MAJEURE CINQUIÈME

① **Avec le même nombre de cartes** à Pique et à Cœur (distribution 5-5 ou 6-6), **ouvrez toujours d'1 Pique**.

② **Avec un bicolore majeur/mineur :**
- en cas d'égalité, **ouvrez de la majeure**,
- si votre mineure est plus longue, **ouvrez de la majeure** à moins de posséder un jeu très fort.

Bien sûr, si votre majeure est plus longue que votre mineure, vous n'aurez pas de problème **pour ouvrir d'1 Cœur ou d'1 Pique**.

Vous verrez par la suite qu'il faut **un strict minimum de 18 points DH** pour ouvrir d'une couleur mineure avec une majeure cinquième.

NOTE : en effet, si vous ouvrez d'1 Trèfle ou d'1 Carreau avec une ouverture faible ou moyenne, vous risquez de ne pas avoir la possibilité d'annoncer votre majeure au tour suivant. Même si vous n'êtes pas encore un joueur très expérimenté, vous devez savoir qu'**un des accidents les plus graves au bridge est de passer à côté d'un contrat en majeure**.

Quelques exemples :

♠ R V 8 7 4
♥ R D V 10 2
♦ A V 7
♣ –

Ouvrez toujours d'1 ♠ avec **un 5-5 majeur**.

♠ A 10 8 7 3
♥ –
♦ A D 9 8 7 2
♣ V 4

Ouvrez également d'1 ♠
Priorité à la majeure 5^e^
avec un jeu faible

♠ A V 10 9 7
♥ –
♦ A R V 10 8 7
♣ A 3

Vous possédez **un très puissant bicolore 6-5**. Ouvrez d'1 ♦, vous aurez toujours la possibilité avec un jeu aussi fort de nommer les Piques au tour suivant.

UN CAS PARTICULIER : LE BICOLORE NOIR

Le **bicolore noir, avec 5 Trèfles et 5 Piques, doit être ouvert d'1 Pique** pour les deux raisons suivantes :

① **L'ouverture d'1 Pique, nettement plus agressive, est plus gênante pour les adversaires.** Par exemple, ils ne peuvent pas intervenir à 1 Cœur sur 1 Pique.

② En ouvrant d'1 Pique, **vous ne pourrez plus passer à côté d'un contrat** à Pique.
En effet, si vous ouvrez d'1 Trèfle avec un bicolore faible, vous prenez le risque de ne pas avoir une force suffisante pour **nommer vos Piques en enchères compétitives**.

Par exemple, ouvrez d'1 Pique les deux jeux suivants :

♠ A D 10 8 6
♥ 5
♦ D 3
♣ R D 9 8 7

♠ R V 8 6 2
♥ A 3
♦ 6
♣ A 10 8 7 4

• **L'exception**
Avec un jeu très puissant et une **belle couleur à Trèfle**, vous pouvez ouvrir d'1 Trèfle :

♠ R D V 9 8
♥ 5
♦ A 10
♣ A R V 9 8

Votre jeu est assez fort pour ouvrir d'1 Trèfle avec **un bicolore noir**.

RÈGLES CONCERNANT LES OUVERTURES MINEURES

① **Avec 2 mineures – au moins quatrièmes : ouvrez toujours d'1 Carreau.**

② Avec 3 cartes à Trèfle et 3 cartes à Carreau : **ouvrez toujours d'1 Trèfle.**

Voici quelques exemples :

♠ 8	♠ A V 5	♠ A 7 3
♥ A V	♥ A 8	♥ R V 9 2
♦ R D 9 8 6	♦ R V 9 7	♦ R 7 2
♣ A D 7 3 2	♣ A D 8 3	♣ V 10 4
Ouvrez d'**1 Carreau**	Ouvrez d'**1 Carreau**	Ouvrez d'**1 Trèfle**

SUIVEZ MON CONSEIL ⇒

Appliquez strictement les règles concernant les ouvertures mineures et n'écoutez pas ceux qui vous disent de procéder autrement.

Si vous ouvrez par exemple d'1 Trèfle avec 4 Carreaux et 4 Trèfles ou d'1 Carreau avec 3 Trèfles et 3 Carreaux, vous risquez de fausser complètement la suite des enchères, **surtout si le camp adverse se manifeste**.

En effet, la Nouvelle Super majeure 5e est un système particulièrement précis et une mauvaise ouverture peut provoquer un résultat désastreux.

Voici encore deux exemples d'ouvertures mineures :

♠ R D 8 6 ♥ A V 7 2 ♦ R 10 2 ♣ 9 8	♠ A 7 2 ♥ 5 ♦ R D 8 6 ♣ A V 9 7 2
Ouvrez **d'1 Carreau**	Ouvrez **d'1 Trèfle**

Attention : l'ouverture d'1 Carreau peut se faire à partir de 3 cartes

- **L'ouverture d'1 Carreau avec un minimum de 4 cartes :**

Le Carreau quatrième, qui oblige à ouvrir d'1 Trèfle **avec 2 cartes**, est **une dérogation** par rapport au Standard de la NOUVELLE Super majeure 5e.

Exemple :

♠ A R 10 5
♥ A 10 8 2
♦ D 7 3
♣ V 10

Ouvrez **d'1 Trèfle**, si vous jouez le Carreau quatrième.

- Cette dérogation au standard français doit être alertée.

> RAPPEL ⇒ la NOUVELLE Super majeure 5e est un système naturel.

TESTS DE CONTRÔLE

Voici 20 jeux. A chaque fois, je vous proposerai trois ouvertures différentes. A vous de trouver la bonne.
A la fin de ces tests, vous pourrez compter les points que vous avez obtenus.

1. Voici votre jeu : Votre ouverture ?

♠ D V 10 9 7
♥ A 5 3
♦ A R 9
♣ D 7

(1) 1 ♦
(2) 1 ♠
(3) 1 SA

2. Voici votre jeu : Votre ouverture ?

♠ A V 10 8
♥ R D 7
♦ A 8 4
♣ 8 6 4

(1) 1 ♣
(2) 1 ♦
(3) 1 SA

3. Voici votre jeu : Votre ouverture ?

♠ R V 10 5
♥ A R D 9
♦ V 9 6
♣ R 7

(1) 1 ♦
(2) 1 ♥
(3) 1 SA

4. Voici votre jeu : Votre ouverture ?

♠ A D 9 3
♥ 7 3
♦ A R 10 2
♣ D 8 4

(1) 1 ♦
(2) 1 ♠
(3) 1 SA

5. Voici votre jeu :

♠ R 10 9 6 2
♥ A R D 7 3
♦ D 10 2
♣ –

Votre ouverture ?

(1) 1 ♥
(2) 1 ♠
(3) 2 ♥

6. Voici votre jeu :

♠ D V 8 6 2
♥ D
♦ A R
♣ R 10 9 7 3

Votre ouverture ?

(1) 1 ♣
(2) 1 ♠
(3) 1 SA

7. Voici votre jeu :

♠ A R D
♥ V 10 8 7 6 2
♦ A R D
♣ 9

Votre ouverture ?

(1) 1 ♥
(2) 2 ♣
(3) 2 SA

8. Voici votre jeu :

♠ –
♥ D V 9 6 2
♦ A D 10 7 6 4
♣ R 7

Votre ouverture ?

(1) 1 ♦
(2) 1 ♥
(3) 1 SA

9. Voici votre jeu :

♠ D V 10 8 7
♥ A 10
♦ 8 6 2
♣ A V 10

Votre ouverture ?

(1) Passe
(2) 1 ♣
(3) 1 ♠

10. Voici votre jeu :

♠ A R 8 2
♥ R D 7 2
♦ A V 10
♣ V 10

Votre ouverture ?

(1) 1 ♣
(2) 1 ♦
(3) 1 SA

11. Voici votre jeu :

♠ 7
♥ A D 10 8 6 3
♦ 10 9 2
♣ R 7 4

Votre ouverture ?

(1) Passe
(2) 1 ♥
(3) 2 ♥

12. Voici votre jeu :

♠ A D V 10 9 6
♥ 5
♦ 10 8 6
♣ 9 6 2

Votre ouverture ?

(1) Passe
(2) 1 ♠
(3) 2 ♠

13. Voici votre jeu :

♠ A V 10 9 8 4
♥ 5
♦ D 9 6 2
♣ 8 3

Votre ouverture ?

(1) Passe
(2) 1 ♠
(3) 2 ♠

14. Voici votre jeu :

♠ D 8 7 4
♥ A D 10 8 6 3
♦ –
♣ 9 7 2

Votre ouverture ?

(1) Passe
(2) 1 ♥
(3) 2 ♥

15. Voici votre jeu :

♠ R 9
♥ A R V 10 9 3
♦ 7 2
♣ 6 3 2

Votre ouverture ?

(1) Passe
(2) 1 ♥
(3) 2 ♥

16. Voici votre jeu :

♠ A R V 6
♥ R D 9
♦ A 10 4
♣ A D 3

Votre ouverture ?

(1) 2 ♣
(2) 2 ♦
(3) 2 SA

17. Voici votre jeu :

♠ A R V 10 9 6
♥ R D V 10
♦ A R
♣ 8

Votre ouverture ?

(1) 1 ♠
(2) 2 ♣
(3) 2 ♦

18. Voici votre jeu :

♠ A R 8
♥ A D 9 6 2
♦ A 10
♣ A 10 6

Votre ouverture ?

(1) 1 ♥
(2) 2 ♣
(3) 2 SA

19. Voici votre jeu :

♠ A R 7 3
♥ A 10 3
♦ R 9 2
♣ A D 8

Votre ouverture ?

(1) 1 ♣
(2) 2 ♣
(3) 2 SA

20. Voici votre jeu :

♠ A 9 7
♥ D 8
♦ 6
♣ A R D V 9 6 2

Votre ouverture ?

(1) 1 ♣
(2) 2 ♣
(3) 2 ♦

RÉPONSES

Test n° 1

(1) 1 **Dès que vous avez une majeure 5e, il s'agit d'une**
(2) 5 **main irrégulière qui ne doit pas être ouverte à SA.**
(3) 2 Priorité à l'ouverture de la majeure 5e. Ouvrez d'1 ♠.

Test n° 2

(1) 5 Une distribution régulière 4-3-3-3.
(2) 2 L'ouverture d'1 ♣ est **obligatoire** avec **trois cartes** à
(3) 2 Trèfle et **trois cartes** à Carreau.

Test n° 3

(1) 2 Une distribution régulière et 17 points H.
(2) 1 Ouvrez d'1 SA.
(3) 5

Test n° 4

(1) 3 Ouvrez d'1 SA avec un jeu régulier de 15 points H.
(2) 0 **La présence d'un petit doubleton n'est en aucun**
(3) 5 **cas une contre-indication.**

Test n° 5

(1) 2 Avec les deux majeures cinquièmes,
(2) 5 **ouvrez toujours d'1 ♠.**
(3) 0

Test n° 6

(1) 2 (2) 5 (3) 0

Ouvrez d'1 ♠ avec un bicolore noir, c'est-à-dire avec 5 Trèfles et 5 Piques.
Annoncez **en priorité votre majeure 5e**.

Test n° 7

(1) 5 (2) 2 (3) 0

Vous possédez la force en points DH pour ouvrir d'un 2 ♣ fort indéterminé, **mais votre longueur 6e n'est pas assez robuste**. Vous devez donc vous contenter d'1 ♥.

Test n° 8

(1) 3 (2) 5 (3) 0

Ouvrez d'1 ♥. **Priorité à la majeure** avec un bicolore même lorsque **la mineure est plus longue**.
N'ouvrez d'1 ♣ ou d'1 ♦ qu'avec des bicolores très forts (18 DH au strict minimum).

Test n° 9

(1) 0 (2) 1 (3) 5

Une ouverture d'1 ♠ avec 12 points H et une majeure cinquième.

Test n° 10

(1) 1 (2) 5 (3) 3

Avec 18 points H, vous ne devez plus ouvrir d'1 SA, mais ouvrir d'une mineure. Ouvrez d'1 ♦, **votre mineure la plus longue**.
Cette distribution : 4 ♠-4 ♥-3 ♦-2 ♣ **est la seule où l'ouverture d'1 ♦ se fait avec 3 cartes**.

Test n° 11

(1) 2 (2) 1 (3) 5

Ouvrez de 2 ♥ avec un unicolore sixième robuste et 9 points H.

Test n° 12

(1) 2 (2) 1 (3) 5

Un exemple type d'ouverture de 2 ♠ faible avec une très robuste longueur et pas de points dans les autres couleurs.

Test n° 13

(1) 1
(2) 1
(3) 5

Je vous conseille d'ouvrir de 2 ♠ (ou de 2 ♥) avec une distribution 6-4 quand votre longueur 6e est robuste et que votre couleur 4e est une mineure peu robuste.

Test n° 14

(1) 5
(2) 2
(3) 1

N'ouvrez jamais d'un 2 faible avec l'autre majeure 4e. Vous devez passer.

Test n° 15

(1) 1
(2) 5
(3) 2

N'oubliez pas de compter 1 point D pour le 6e Cœur, ce qui donne un total de 14 DH. L'ouverture d'1 ♥ est **obligatoire**.

Test n° 16

(1) 5
(2) 3
(3) 2

Commencez par ouvrir de **2 ♣ fort indéterminé** dans le but de faire – sur le relais à 2 ♦ – la redemande de 2 SA qui montre 22-23 H. (SUPER 2 SA).

Test n° 17

(1) 1
(2) 2
(3) 5

Vous devez ouvrir de **2 ♦ forcing de manche**. Cette ouverture a remplacé le 2 ♣ Albarran.

Test n° 18

(1) 2
(2) 5
(3) 2

L'ouverture de 2 ♣ fort indéterminé vous permet d'annoncer sans difficulté **les jeux forts en points H avec une majeure cinquième**.

Test n° 19

(1) 4
(2) 1
(3) 5

Ouvrez de 2 SA avec un jeu régulier de 20 points H

Test n° 20

(1) 3 L'ouverture de 2 ♣ fort indéterminé permet d'annon-
(2) 5 cer **les 2 forts à Trèfle** (unicolores).
(3) 1 Ouvrez de 2 ♣ et annoncez vos Trèfles au tour suivant.

VOTRE RÉSULTAT

de 85 à 100 : SUPER - excellent début.
de 60 à 84 : bonnes réponses. N'oubliez pas le 2 FAIBLE.
moins de 60 : révisez vos ouvertures.

L'OBJECTIF N° 1

Les enchères ont pour but de vous faire découvrir le meilleur contrat au bon palier, c'est-à-dire au palier correspondant à la force combinée de vos deux jeux.

Pour atteindre le meilleur contrat, ayez toujours présent à l'esprit :

- **l'objectif n° 1 des enchères,**
- **le nombre de points nécessaires pour demander la manche.**

L'OBJECTIF N° 1

L'objectif n° 1 des enchères est de trouver une majeure commune de huit cartes et plus.

- Le succès de la majeure cinquième, jouée par plusieurs millions de joueurs dans le monde, est lié au fait que quand vous ouvrez d'1 ♥ ou d'1 ♠, votre partenaire sait que **le bon contrat est à Cœur ou à Pique dès qu'il possède un soutien d'au moins trois cartes**.

- Dans les enchères au bridge, **vous devez trouver d'abord la nature du contrat final,** c'est-à-dire une bonne couleur d'atout avec une très nette préférence pour les Cœurs ou les Piques et si vous n'avez pas de contrat possible en majeure, vous devez vous orienter, dès que votre camp possède la force nécessaire, **vers un contrat à Sans-atout**.

- Si votre partenaire n'a pas ouvert d'1 ♥ ou d'1 ♠, n'oubliez pas qu'il peut posséder une majeure 4e. Vous devez donc **rechercher en priorité un fit 4-4 ou 5-4 en majeure**.

COMBIEN DE POINTS FAUT-IL POUR DEMANDER UNE MANCHE ?

- **Pour 3 SA** ⇒ **25 Points H**
- **Pour 4 ♥ ou 4 ♠** ⇒ **27 Points DH**

Et les contrats de 5 ♣ et de 5 ♦ ?

Évitez si possible les contrats de manche en mineure qui nécessitent un minimum de 30 points DH dans votre camp.

- Avec un fit en mineure, essayez de vous orienter vers le contrat de 3 SA dès que vous pensez à la manche.

Évitez de dépasser le palier de 3 SA, sauf si vous envisagez un chelem ou si votre distribution rend la manche à sans-atout impossible.

UN CONSEIL ⇒

Dans la suite des enchères, dès que vous connaissez la force combinée de vos deux jeux et la nature du contrat final, **annoncez directement le contrat que vous désirez jouer**.

EN RÉSUMÉ ⇒

RECHERCHEZ EN PRIORITÉ LA MANCHE À CŒUR OU À PIQUE.

SI VOUS N'AVEZ PAS TROUVÉ DE FIT MAJEUR, DONNEZ LA PRIORITÉ À LA RECHERCHE DE LA MANCHE À 3 SA.

LA PREMIÈRE RÉPONSE

Lorsque votre partenaire ouvre de 1 à la couleur et que vous détenez **un minimum de 5/6 H ou de 6 points DH**, vous devez répondre.
Avec un jeu plus faible, vous devrez en principe passer à moins de posséder une majeure 5e convenable **annonçable en 1 sur 1** et quelques points H.

Dans ce chapitre, nous allons étudier les trois sortes de réponses possibles aux ouvertures de 1 à la couleur.

TROIS SORTES DE RÉPONSES

1. **Le changement de couleur.**
2. **Le soutien.**
3. **Une réponse à sans-atout.**

À RETENIR ⇒ Il n'y a qu'une seule réponse forcing : le changement de couleur.

En termes clairs, seul le changement de couleur oblige l'ouvreur à reparler.

LE CHANGEMENT DE COULEUR

Le changement de couleur n'a pas de limite maximum.

Pour faire un changement de couleur, vous devrez néanmoins posséder une force minimum.

- **Pour une réponse 1/1 : un minimum de 5 points H ou 6 points DH et une couleur de 4 cartes.**
- **Pour une réponse 2/1 : un minimum de 10 points H et une couleur 5e ou de 11 points H et une couleur 4e.**

- Si vous pouvez nommer votre couleur au palier de 1 → il s'agit d'une réponse 1/1.

Exemple : 1 ♦ → 1 ♥

Vous ne courrez pas un grand risque en annonçant votre majeure au palier de 1. La réponse d'une majeure 4e en 1 sur 1 est une des bases de la NOUVELLE Super Majeure 5e. **Elle permet de découvrir les fits 4/4 en majeure**.

- Si vous ne pouvez pas nommer votre couleur au palier de 1 et que vous avez la force pour l'annoncer au palier de 2, il s'agit d'une RÉPONSE 2/1 (sans saut).

La situation n'est pas la même si la couleur que vous désirez nommer est **moins chère**.

Exemple : 1 ♥ → 2 ♦

En annonçant 2 ♦, vous élevez le palier des enchères tout en obligeant votre partenaire à reparler – n'oubliez pas que le changement de couleur est forcing pour un tour – il est donc logique que vous déteniez une force minimum d'environ 10-11 points H.

NOTE ⇒
Vous pourrez également faire un changement de couleur 2/1 **avec une très robuste couleur sixième et 9 points H** (parfois 8).

Voici deux exemples de réponses sur l'ouverture d'1 ♥ :

♠ R V 8 2 ♥ 10 4 ♦ A 8 7 3 ♣ 9 6 2	♠ 9 8 3 ♥ 9 8 ♦ A D 10 8 4 ♣ A V 9
Répondez 1 ♠	Répondez 2 ♦

Si le changement **de couleur 1/1** permet un échange de renseignements tout en restant au palier minimum, le changement **de couleur 2/1** est une réponse encourageante. Après une réponse 2/1, vous demanderez le plus souvent la manche.

VOUS DÉTENEZ PLUSIEURS LONGUEURS

Si vous détenez plusieurs longueurs, vous aurez parfois un problème pour votre première réponse.

LES 3 RÈGLES

1. Avec deux couleurs inégales → Nommez **la plus longue**
2. Avec deux couleurs 5e → Nommez **la plus chère**
3. Avec deux couleurs 4e → Nommez **la plus économique**

ATTENTION

Vous n'aurez pas toujours la possibilité, c'est-à-dire la force suffisante, de nommer votre couleur la plus longue.

Prenons un exemple :

Votre partenaire ouvre d'1 ♥ et vous possédez un jeu de 9 points H avec 4 cartes à Pique et 5 cartes à Carreau. Votre jeu n'est donc pas assez fort pour un changement de couleur 2/1. Vous devez donc annoncer votre longueur au niveau de 1 et répondre 1 ♠.

1 ♥ → 1 ♠
Priorité à la majeure en 1/1
avec 9 points H.

♠ V 9 8 7
♥ 8
♦ A V 10 8 4
♣ R 9 8

Voici une nouvelle règle sur l'ouverture d'1 ♦ ou d'1 ♥ ⇒ Avec une majeure 4e et une mineure longue, priorité à la majeure jusqu'à 11 points H. Cette façon de procéder facilite la découverte d'un fit 4-4 en majeure.

Voici maintenant quelques exemples de réponses avec deux couleurs :

Votre partenaire ouvre d'1 ♣.
Répondez 1 ♥, la plus économique
avec les deux majeures 4e.

♠ R D 7 4
♥ A V 10 8
♦ D V 5
♣ D 3

Votre partenaire ouvre d'1 ♦.
Répondez 1 ♠, la plus chère avec un 5-5.

♠ A D 10 8 2
♥ A R V 5 3
♦ 7 3
♣ 6

Votre partenaire ouvre d'1 ♥.
Avec 15 points H, vous êtes assez fort
pour répondre 2 ♦ dans le but d'anoncer
les Piques au tour suivant.

♠ A D 9 8
♥ D 9
♦ A R 10 9 6
♣ 8 3

Sur l'ouverture d'1 ♠, répondez 2 ♣,
votre couleur la plus longue.

♠ 9 2
♥ R 10
♦ A V 8 2
♣ R D 9 7 3

• SUR L'OUVERTURE D'1 ♠ LA RÉPONSE DE 2 ♥ MONTRE UN MINIMUM DE 5 CARTES.

1 ♠ → 2 ♥
Cette réponse garantit un minimum de 5 cartes.

♠ V 5
♥ R D 9 8 2
♦ A V 10
♣ D 8 3

LES RÉPONSES SUR 1 ♣ AVEC UNE MAJEURE 4e

UN CONSEIL ⇒ avec quatre cartes à Cœur ou à Pique et quatre cartes à Carreau, **donnez la priorité à l'annonce de votre majeure quatrième** sur l'ouverture d'1 ♣.

Par exemple, répondez 1 ♥ sur l'ouverture d'1 ♣ *avec les deux jeux suivants :*

♠ 8 2
♥ A V 7 4
♦ R 10 9 8
♣ 10 6 4

♠ A 6 2
♥ R V 8 7
♦ A 10 8 3
♣ 9 2

En cas d'intervention adverse, **il est essentiel de ne pas passer à côté d'un bon contrat à Cœur**, c'est-à-dire en majeure.

• Le bridge actuel est très agressif au niveau des interventions. **Soyez prévoyant, annoncez votre majeure. C'est la meilleure façon de découvrir un fit 4-4 en majeure.**

- **Je vous conseille également d'annoncer votre majeure 4e avec un jeu faible et 5 cartes à Carreau.**

Voici un exemple :

1 ♣	1 ♠ (encadré)	♠ R 10 7 4 ♥ 5 ♦ D V 10 8 2 ♣ V 7 5

La réponse d'1 ♠, nettement **plus agressive** que la réponse d'1 ♦, **permet de trouver le fit 4-4 à Pique** et empêchera votre adversaire de gauche d'intervenir à 1 ♥.

Une exception ⇒

Répondez 1 ♦ avec quatre Carreaux et une majeure 4e et un jeu fort, c'est-à-dire avec un espoir de chelem :

Répondez 1 ♦ sur 1 ♣.
Votre jeu est assez fort pour ne pas être gêné par le camp adverse.

♠ A V 10 8
♥ 7 2
♦ A D V 10
♣ A 8 3

LE CHANGEMENT DE COULEUR AVEC SAUT

C'est une enchère très forte qui est utilisée pour indiquer immédiatement à l'ouvreur que vous possédez **un espoir de chelem.**

Le changement de couleur avec saut se fait avec trois sortes de jeux :

1. **Un unicolore robuste à partir de 16 H ;**
2. **Un unicolore extrêmement puissant d'au moins 8 levées de jeu ;**
3. **Un bicolore fitté à partir de 18 points S.**

Voici trois exemples :

1 ♦   2 ♠

Indiquez immédiatement un jeu puissant et une robuste couleur à Pique.

♠	A R V 10 9
♥	A 10 3
♦	A V 8
♣	10 7

1 ♣   2 ♥

Ce jeu mérite **un effort de chelem** sur l'ouverture du partenaire.

♠	5
♥	A R D 10 8 4 2
♦	A 7 3
♣	9 2

1 ♠   3 ♣

Avec un puissant fit à Pique, indiquez immédiatement votre espoir de chelem.

♠	R 10 7 4
♥	A 10
♦	8 6
♣	A R D 9 7

LE SOUTIEN

Le soutien :

Soutenir, c'est annoncer la même couleur à un palier plus élevé.

Exemple : 1 ♥ → 2 ♥

Si vous soutenez l'ouvreur à votre première réponse, il s'agit d'un **soutien direct**.

Le chapitre concernant l'objectif n° 1 du bridge vous a fait clairement comprendre qu'il est très important de soutenir une ouverture majeure.

LE SOUTIEN DES OUVERTURES MAJEURES

L'importance des couleurs majeures :

Lorsque votre partenaire a ouvert d'une majeure 5e, dès que vous possédez un minimum de **trois cartes** dans la majeure de votre partenaire, vous savez que le bon contrat est à Cœur ou à Pique et donc que vous possédez un jeu de soutien.
Votre problème consistera uniquement à savoir si vous devez ou non soutenir et à quel palier.

- Le soutien direct de l'ouverture d'1 ♥ ou d'1 ♠ permet →
  - **de trouver immédiatement la bonne couleur** et de s'orienter vers la manche à Cœur ou à Pique s'il y a lieu,
  - de gêner le camp adverse.

Voici un exemple :

SUD	OUEST	NORD	EST
1 ♠	–	2 ♠	?

Le joueur placé en Est, s'il désire nommer une couleur, ne pourra s'exprimer qu'au palier de 3. Il sera le plus souvent gêné par votre soutien à 2 ♠.

LE COMPTE DES POINTS S

Lorsque vous désirez soutenir votre partenaire, vous devrez parfois modifier le compte de vos points DH (**distribution + honneur**) et y ajouter un ou plusieurs points S (Soutien).
Dès que vous possédez un minimum de quatre cartes dans l'ouverture d'1 ♥ ou d'1 ♠ de votre partenaire, vous devrez revaloriser votre jeu.

• Le 9ᵉ atout

Si vous possédez un soutien de quatre cartes, c'est-à-dire un atout supplémentaire, votre partenaire pourra manœuvrer plus facilement en face du mort. **Votre 4ᵉ atout est une nette plus-value**.

A partir du 9ᵉ atout → ajoutez 1 point S pour chaque atout.

- Avec 4 atouts : ajoutez 1 point S.
- Avec 5 atouts : ajoutez 2 points S.

• Revalorisez une courte avec 4 atouts :

- Comptez 3 points S pour un singleton,
- Comptez 5 points S pour une chicane.

Voici un exemple sur une ouverture d'1 ♥ :

♠ 10 8 6 3	Comptez :		8 points H
♥ R D 9 2		+	1 point S (9ᵉ atout)
♦ R 10 7 4		+	3 points S (singleton à Trèfle)
♣ 5	Total :		12 points S

NOTE ⇒
Vous pouvez rajouter 1 point si vous détenez un gros honneur à l'atout, à condition de posséder un maximum de 4 points H dans cette couleur.

LES SOUTIENS DIRECTS EN MAJEURE

1. **Le soutien simple → 6 à 10 points S**

Exemple :

1 ♠ [2 ♠]
Soutenez avec 3 cartes

♠ R 10 3
♥ D 9 7 2
♦ 8 4
♣ D 10 8 3

Priorité au soutien direct avec 3 atouts et un jeu faible.

2. **Le soutien avec saut → 11-12 points S**

Voici deux exemples :

① 1 ♥ [3 ♥]
Le soutien direct à 3 ♥ est la meilleure réponse avec ce jeu.

♠ 8 3
♥ R D 10
♦ A V 9 7
♣ 9 8 4 3

NOTE :
Vous pouvez également utiliser la réponse de 2 SA Fitté, que vous retrouverez page 369.

② 1 ♠ [3 ♠]
Revalorisez votre 4e atout et donnez un soutien avec saut.

♠ A 9 7 3
♥ D 9 4 3
♦ 8 5
♣ R 10 4

• Vous avez constaté que vous pouvez soutenir à 3 ♥ ou 3 ♠ avec trois atouts ou mieux encore utiliser la réponse de 2 SA FITTÉ (voir page 369).
N'oubliez pas qu'un des principaux avantages de la NOUVELLE Super Majeure 5e est de trouver le plus rapidement possible les contrats de manche à Cœur ou à Pique.

3. **Le soutien à 4 ♥ ou 4 ♠** → de **13 à 15 points S**

Le soutien au palier de la manche garantit un minimum de quatre atouts.

1 ♥ | 4 ♥ |

Exemple classique de soutien direct à la manche

♠ V 9
♥ A D 10 8 3
♦ R V 7 4
♣ 9 3

LE SOUTIEN DES OUVERTURES MINEURES

Soyez prudent avant de donner un soutien direct en mineure.

Vous devez enchérir de façon à ne pas passer à côté :
– d'un contrat à Cœur ou à Pique,
– d'un contrat à sans-atout.

• Priorité à l'annonce d'un majeure 4e.

RÈGLE ⇒

Ne donnez pas un soutien direct en mineure si vous possédez une majeure 4e.

Exemple :

1 ♣ | 1 ♠ |

Priorité à la majeure 4e.

♠ V 10 7 3
♥ A 5
♦ 6 2
♣ R 10 9 8 7

La valeur d'un soutien est pratiquement identique au soutien en majeure. Une différence cependant : **il faut un minimum de cinq atouts pour soutenir à Trèfle ou à Carreau**.

1. **Le soutien simple** → 6 à 10 points S

1 ♣	2 ♣

Donnez un soutien direct, vous n'avez pas d'autre réponse possible.

♠ 8 6 2
♥ 5
♦ V 9 7 3
♣ R D 9 8 2

2. **Le soutien avec saut** → 11-12 points S

1 ♦	3 ♦

♠ 8 6
♥ 9 4 2
♦ R D V 7 2
♣ A 6 4

Les soutiens à 3 ♣ et 3 ♦ doivent se faire avec des jeux intéressants et relativement forts en points H, afin de donner la possibilité à l'ouvreur d'annoncer 3 SA.

NOTE ⇒
Le soutien à 4 ♣ et 4 ♦ est exceptionnel. Il indique une distribution très particulière : un jeu faible en points H et l'impossibilité de jouer la manche à sans-atout.

3. **Si vous possédez un jeu trop fort** pour un soutien direct à 3 ♣ ou 3 ♦, vous serez obligé de faire un changement de couleur (forcing pour un tour) avant de soutenir.

Exemple :

1 ♣	1 ♦

Voici un exemple de **changement de couleur** avec seulement trois cartes. Votre jeu est beaucoup trop fort pour un soutien direct à 3 ♣.

♠ V 5 2
♥ 8 3
♦ A D 3
♣ A R 8 6 2

LES RÉPONSES PAR SANS-ATOUT

LA RÉPONSE D'1 SA (DE 6 À 10 POINTS H)

La réponse d'1 SA, qui va de 6 à 10 points H (parfois 5) peut très bien se faire avec des jeux qui possèdent une distribution régulière, c'est-à-dire orientés vers les sans-atout. Mais elle peut également se faire avec tous les jeux où vous devez répondre sur l'ouverture de votre partenaire et où vous n'avez pas un soutien dans la couleur d'ouverture et un jeu trop faible pour faire une réponse 2 sur 1.

- On peut dire que **la réponse d'1 SA est une réponse artificielle**.

Prenons l'exemple suivant :

♠ 9 8 4
♥ D
♦ R 9 6
♣ D 10 9 7 6 3

– *Si votre partenaire ouvre d'1 ♣*, vous pouvez soutenir à 2 ♣.
– *Si votre partenaire ouvre d'1 ♦*, vous devez faire une enchère avec 7 points H. Vous ne possédez pas de majeure quatrième et votre jeu n'est pas assez fort pour répondre 2 ♣. Il ne vous reste plus qu'**une seule réponse disponible : 1 SA**.
– *Si votre partenaire ouvre d'1 ♥*, vous devez également répondre 1 SA.
– *Si votre partenaire ouvre d'1 ♠*, pas de problème. Avec trois cartes à Pique, vous pouvez **soutenir** à 2 ♠.

LA ROUE DE SECOURS

La réponse d'1 SA est une véritable roue de secours. Pensez-y à chaque fois que vous ne trouvez pas une autre réponse.

LA RÉPONSE D'1 SA SUR 1 ♣

La réponse d'1 SA sur l'ouverture d'1 ♣ **est une réponse naturelle et précise** qui indique conventionnellement un jeu régulier et **8 à 10 points H**.

> ATTENTION ⇒ **n'oubliez pas la priorité à la majeure**.
> La réponse d'1 SA sur 1 ♣ **dénie** formellement la présence d'**une majeure quatrième**.

Pour terminer, voici quelques exemples de réponses :

① Votre partenaire ouvre d'1 ♥.
Répondez 1 SA avec 7 points H.

♠ A 10 8
♥ 5
♦ R 8 7 4 2
♣ 10 9 6 2

② Votre partenaire ouvre d'1 ♣.
Répondez 1 SA avec une distribution régulière (4-4-3-2) et 9 points H.

♠ D V 10
♥ V 9
♦ R 10 7 4
♣ D 9 8 4

③ Votre partenaire ouvre d'1 ♠.
Répondez 1 SA avec 8 points H et 5 cartes à ♥. **Vous n'êtes pas assez fort pour répondre 2 ♥**.

♠ 8 3
♥ R V 7 6 2
♦ A 10 4 3
♣ 9 2

LES RÉPONSES NATURELLES DE 2 ET 3 SA

Ces deux réponses sont naturelles et précises. Elles montrent une main jouable à sans-atout, c'est-à-dire comportant des tenues – honneurs – dans les couleurs non annoncées et une distribution régulière (4-3-3-3 ou 4-4-3-2).

- La réponse de **2 SA** montre :

– **11 ou 12 points H** ;
– elle dénie une majeure annonçable en 1 sur 1.

- La réponse de **3 SA** montre :

– **13 à 15 points H** ;
– elle dénie une majeure 4ᵉ.

Ces deux réponses sont non forcing, c'est-à-dire qu'un ouvreur minimum a le droit de passer sur la réponse de 2 SA.

Un conseil : évitez de répondre 2 SA avec 12 points H bien faits.

Voici quelques exemples :

①

♠ R 8 6
♥ D V 4
♦ A 10 8 2
♣ V 9 7

Répondez 2 SA sur une ouverture d'1 ♣ ou d'1 ♦.

②

♠ D V 10
♥ R 5
♦ A 9 8 2
♣ V 10 8 3

Répondez 2 SA sur une ouverture d'1 ♣, d'1 ♦ ou d'1 ♥. Si votre partenaire ouvre d'1 ♠, vous devez **soutenir** à 3 ♠, ou utiliser la réponse de 2 SA FITTÉ (voir page 369).

③

♠ R 8 4
♥ D V 9
♦ A 8 3
♣ D V 9 7

Répondez 3 SA sur une ouverture d'1 ♣ ou d'1 ♦.

④

♠ V 9
♥ A D 8 3
♦ R 10 2
♣ A 9 8 7

Répondez 2 ♣ sur l'ouverture d'1 ♠. La réponse de 3 SA pourrait empêcher **la découverte d'un fit à ♥.**

TESTS DE CONTRÔLE

SUR LES OUVERTURES D'1 ♣ ET D'1 ♦

Voici 10 jeux. A chaque fois, je vous proposerai trois réponses. A vous de trouver la bonne.

1. Votre jeu en Nord : Votre réponse

	Sud	Nord	Votre réponse
♠ A 9 7 2 ♥ R 7 ♦ R 10 8 ♣ V 9 7 3	1 ♣	?	(1) 1 ♠ (2) 1 SA (3) 2 SA

2. Votre jeu en Nord : Votre réponse

	Sud	Nord	Votre réponse
♠ R 8 2 ♥ D 10 7 6 ♦ A 9 6 2 ♣ 8 3	1 ♣	?	(1) 1 ♦ (2) 1 ♥ (3) 1 SA

3. Votre jeu en Nord : Votre réponse

	Sud	Nord	Votre réponse
♠ A R 7 3 2 ♥ R V 9 8 6 ♦ A 4 ♣ 2	1 ♣	?	(1) 1 ♥ (2) 1 ♠ (3) 2 ♠

4. Votre jeu en Nord : Votre réponse

♠ R 8
♥ D 9 7
♦ V 8 6 2
♣ D 9 5 2

Sud	Nord
1 ♣	?

(1) 1 ♦
(2) 1 SA
(3) 2 ♣

5. Votre jeu en Nord : Votre réponse

♠ A D 9
♥ R 10 8
♦ R V 8 7
♣ 10 7 4

Sud	Nord
1 ♣	?

(1) 1 ♦
(2) 2 SA
(3) 3 SA

6. Votre jeu en Nord : Votre réponse

♠ R D 9
♥ A 10 8 2
♦ V 9 7
♣ R 6 2

Sud	Nord
1 ♦	?

(1) 1 ♥
(2) 2 SA
(3) 3 SA

7. Votre jeu en Nord : Votre réponse

♠ V 8 7 5
♥ 6
♦ R D 7 6 3
♣ A 9 6

Sud	Nord
1 ♦	?

(1) 1 ♠
(2) 2 ♦
(3) 3 ♦

8. Votre jeu en Nord : Votre réponse

♠ V 6
♥ D 9 7 2
♦ 8 5
♣ A V 6 3 2

Sud	Nord
1 ♦	?

(1) 1 ♥
(2) 1 SA
(3) 2 ♣

9. Votre jeu en Nord :

♠ 9 3
♥ R 10 8
♦ V 6
♣ R 9 7 5 3 2

Sud	Nord
1 ♦	?

Votre réponse

(1) passe
(2) 1 SA
(3) 2 ♣

10. Votre jeu en Nord :

♠ A 7
♥ R D 9 3
♦ 7 2
♣ R D 9 8 6

Sud	Nord
1 ♦	?

Votre réponse

(1) 1 ♥
(2) 2 ♣
(3) 3 SA

RÉPONSES

Test n° 1

(1) 10 **La recherche de la majeure commune de 8 cartes**
(2) 3 est une des bases de la Nouvelle Super majeure 5e,
(3) 4 répondez 1 ♠.

Test n° 2

(1) 6 Avec quatre cartes à ♦, priorité à la majeure :
(2) 10 répondez 1 ♥.
(3) 2

Test n° 3

(1) 3 Avec deux couleurs cinquièmes, nommez **la plus**
(2) 10 **chère :** 1 ♠.
(3) 2

Test n° 4

(1) 4 Répondez 1 SA sur 1 ♣. La réponse d'1 SA **indique**
(2) 10 **8 à 10 points H** et un jeu régulier sans majeure qua-
(3) 2 trième.

Test n° 5

(1) 6 Répondez 3 SA avec un jeu régulier de 13 points H
(2) 4 sans majeure quatrième.
(3) 10

Test n° 6

(1) 10 13 H et une majeure quatrième. **Priorité à la majeure**
(2) 2 **en 1 sur 1.** Répondez 1 ♥.
(3) 4

Test n° 7

(1) 10 **Priorité à la majeure.**
(2) 0 Sud peut avoir 4 cartes à ♠, répondez 1 ♠ même avec
(3) 4 5 cartes à ♦.

Test n° 8

(1) 10 Sur l'ouverture d'1 ♦ jusqu'à 11 H, **priorité**
(2) 2 **à la majeure** : répondez 1 ♥.
(3) 4

Test n° 9

(1) 2 Avec 7 points H, vous devez parler.
(2) 10 Sans longueur annonçable en 1 sur 1, utilisez la
(3) 4 **« roue de secours »** et répondez 1 SA.

Test n° 10

(1) 5 Avec 14 points H, vous devez commencer par nom-
(2) 10 mer votre mineure cinquième. Vous annoncerez les ♥
(3) 3 au tour suivant.

VOTRE RÉSULTAT

- **de 80 à 100 : SUPER – excellentes réponses.**
- **de 60 à 79 : Bonnes enchères.**
- **moins de 60 :** Relisez **la 1re réponse.**

TESTS DE CONTRÔLE

SUR LES OUVERTURES D'1 ♥ ET D'1 ♠

Voici 10 jeux. A chaque fois, je vous proposerai trois réponses. A vous de trouver la bonne.

1. Votre jeu en Nord : | Votre réponse

Jeu	Sud	Nord	Votre réponse
♠ A 10 8 3 ♥ V 8 2 ♦ D 7 6 3 ♣ 9 5	1 ♥	?	(1) 1 ♠ (2) 1 SA (3) 2 ♥

2. Votre jeu en Nord : | Votre réponse

Jeu	Sud	Nord	Votre réponse
♠ R D 8 6 ♥ 7 ♦ R V 7 6 3 ♣ D 9 5	1 ♥	?	(1) 1 ♠ (2) 2 ♦ (3) 2 SA

3. Votre jeu en Nord : | Votre réponse

Jeu	Sud	Nord	Votre réponse
♠ 9 3 ♥ 4 ♦ A V 9 5 2 ♣ D V 9 6 3	1 ♥	?	(1) 1 SA (2) 2 ♣ (3) 2 ♦

4. Votre jeu en Nord : | Votre réponse

Jeu	Sud	Nord	Votre réponse
♠ 8 3 ♥ A V 10 ♦ A 9 6 ♣ V 9 8 6 4	1 ♥	?	(1) 2 ♣ (2) 2 ♥ (3) 3 ♥

5. Votre jeu en Nord : Votre réponse

	Sud	Nord	Votre réponse
♠ D 9 8 ♥ 6 2 ♦ A V 9 8 7 ♣ R D V	1 ♥	?	(1) 2 ♦ (2) 2 SA (3) 3 SA

6. Votre jeu en Nord : Votre réponse

	Sud	Nord	Votre réponse
♠ R 5 ♥ D 7 6 2 ♦ A R 6 ♣ A V 9 5	1 ♠	?	(1) 2 ♣ (2) 2 ♥ (3) 3 SA

7. Votre jeu en Nord : Votre réponse

	Sud	Nord	Votre réponse
♠ 4 ♥ R D 9 6 2 ♦ A D V 7 4 ♣ D 7	1 ♠	?	(1) 2 ♦ (2) 2 ♥ (3) 3 ♦

8. Votre jeu en Nord : Votre réponse

	Sud	Nord	Votre réponse
♠ 10 9 ♥ R 9 8 6 ♦ A V 9 5 ♣ R 9 7	1 ♠	?	(1) 1 SA (2) 2 ♦ (3) 2 SA

9. Votre jeu en Nord : Votre réponse

	Sud	Nord	Votre réponse
♠ V 7 2 ♥ 8 4 ♦ A R 9 7 3 ♣ A R 9	1 ♠	?	(1) 2 ♦ (2) 3 ♦ (3) 4 ♠

10. Votre jeu en Nord :

	Sud	Nord	Votre réponse
♠ R V 7 2 ♥ R 6 3 ♦ A R 7 3 ♣ 9 8	1 ♠	?	(1) 2 ♦ (2) 3 ♠ (3) 4 ♠

RÉPONSES

Test n° 1

(1) 5 **Avec un jeu faible, priorité au soutien direct.**
(2) 2 Répondez 2 ♥ avec 3 cartes à ♥.
(3) 10

Test n° 2

(1) 10 **Appliquez la règle** avec 11 points H – **priorité à la**
(2) 5 **majeure** – et répondez 1 ♠. L'ouvreur peut fort bien
(3) 2 avoir 5 ♥ et 4 ♠.

Test n° 3

(1) 10 Vous ne pouvez pas annoncer de couleur au palier
(2) 2 de 2. **N'ayant pas le droit de passer avec 8 H,**
(3) 2 **répondez 1 SA.**

Test n° 4

(1) 7 Il est plus **efficace** de soutenir à 3 ♥ que d'annoncer
(2) 2 votre anémique couleur à ♣.
(3) 10 Vous pouvez répondre 2 SA si vous avez adopté **le 2 SA FITTE** (voir page 369).

Test n° 5

(1) 10 Cette fois, vous possédez une robuste couleur cin-
(2) 2 quième et 13 points H.
(3) 6 Répondez 2 ♦.

Test n° 6

(1) 10 Avec deux couleurs quatrièmes, commencez par la
(2) 2 plus économique : 2 ♣.
(3) 4 **Pas question de répondre 3 SA** avec 17 points H, ni 2 ♥ avec seulement 4 cartes.

Test n° 7

(1) 3 Commencez par la plus chère avec un bicolore 5-5 :
(2) 10 ici 2 ♥. La réponse de 2 ♥ sur 1 ♠ **garantit un mini-**
(3) 0 **mum de 5 cartes**.

Test n° 8

(1) 2 11 points H, une distribution régulière sans 3 cartes
(2) 8 à ♠ : **une réponse classique de 2 SA**. Répondez 2 ♦
(3) 10 si vous jouez le 2 SA FITTE et scorez 10 points.

Test n° 9

(1) 10 15 points H, une longueur cinquième commandée par
(2) 5 deux gros honneurs : commencez par un changement
(3) 2 de couleur 2 sur 1. Ici 2 ♦.

Test n° 10

(1) 10 **Ne donnez pas un soutien direct avec 14 points H.**
(2) 2 Commencez par répondre 2 ♦.
(3) 4

VOTRE RÉSULTAT

- **de 80 à 100 : SUPER – excellentes réponses.**
- **de 60 à 79 : Bonnes enchères.**
- **moins de 60 :** Relisez **la première réponse.**

RÉPONSES APRÈS PASSE

Un joueur qui a passé d'entrée, par définition **n'a pas une valeur d'ouverture**.

> **RÈGLE ⇒**
> **après avoir passé d'entrée, les changements de couleur ne sont pas forcing.**

L'ouvreur a donc parfaitement le droit de passer sur un changement de couleur en 1 sur 1 ou en 2 sur 1, s'il possède un jeu minimum, ou une ouverture faible (les **ouvertures faibles en troisième et quatrième position** page 59).

LE CHANGEMENT DE COULEUR 1 SUR 1

- Le changement de couleur 1 sur 1 se fait **à partir de quatre cartes** :

♠ A 8
♥ A V 10 7
♦ V 10 8 4
♣ 9 7 2

S	O	N	E
–	–	1 ♣	–
1 ♥			

Répondez 1 ♥ : **priorité à la majeure en 1 sur 1**.

LE CHANGEMENT DE COULEUR 2 SUR 1

Le changement de couleur 2 sur 1 ⇒
- montre **une couleur robuste** au minimum cinquième
- **dénie un fit de trois cartes** ou plus dans la majeure d'ouverture
- le changement de couleur 2 sur 1 est **non forcing**

S	O	N	E
		–	–
1 ♠	–	2 ♦	

♠ 8
♥ R 9 5
♦ R D 10 9 6 3
♣ V 7 2

La réponse de 2 ♦ – **non forcing** – dénie un fit à Pique.

● **Avec un fit de trois cartes et plus** dans l'ouverture d'1 ♥ ou d'1 ♠ de votre partenaire.
À partir de 10 points H ou 11 Points S, vous pouvez ⇒

- **soutenir avec saut** à 3 ♥ ou à 3 ♠
- utiliser la réponse conventionnelle – ♥ – de **2 ♣ Drury**
- faire un changement de couleur avec saut fitté – ♥♥

Ces deux excellentes conventions : **le Drury** et **les sauts fittés** sont étudiés en détail page 373.

● La réponse de 2 SA sur une ouverture mineure est plus souple.

S	O	N	E
	–	–	–
1 ♦	–	2 SA	

♠ A V 10
♥ D 8 3
♦ 9 2
♣ R V 8 7 2

Après passe, répondez 2 SA avec ce jeu régulier de 11 points H, une réponse plus efficace que 2 ♣ (non forcing).

LES OUVERTURES FAIBLES EN TROISIÈME OU QUATRIÈME POSITION

Aujourd'hui, une grande majorité de bridgeurs a pris l'habitude d'ouvrir avec des jeux en dessous d'une valeur d'ouverture en troisième et même parfois en quatrième position.

- Je vous conseille de faire de même quand vous possédez **une belle majeure 5e** ou avec une bonne distribution ou encore avec **les deux majeures quatrièmes**.

Voici trois exemples d'ouvertures « faibles » :

1	2	3
♠ R D 10 9 8	♠ A D 9 8 3	♠ D V 10 7
♥ 7 6	♥ 5	♥ R 10 9 6
♦ 10 9 8	♦ 7 3	♦ 7 2
♣ A V 10	♣ R 9 8 7 6	♣ A V 5

59

- Ouvrez d'1 ♠ *le jeu* ① – avec **une belle couleur à Pique** – en troisième et même en **quatrième position**,
- Ouvrez d'1 ♠ également *le jeu* ② avec **un bicolore 5-5** en troisième position,
- Ouvrez d'1 ♣ *le jeu* ③ – un jeu régulier avec **les deux majeures quatrièmes** – en troisième **et en quatrième position**.
  Vous pourrez tranquillement passer sur la réponse d'1 ♥ ou d'1 ♠ non forcing de votre partenaire.

UN CONSEIL ⇒
si vous voulez ouvrir faible en troisième position sans prendre trop de risques et conserver la confiance de votre partenaire, **indiquez-lui la bonne entame**.

LES OUVERTURES À SANS-ATOUT ♥♥
(pour joueurs expérimentés)

• L'ouverture d'1 SA en troisième ou quatrième position.

Vous pouvez ouvrir d'1 SA certaines mains de **14 points H**, qui comportent de **nettes plus-values** : mineure longue et robuste, cartes intermédiaires…

Voici trois exemples d'ouverture d'1 SA en troisième et quatrième position :

1	2	3
♠ A D	♠ D V 3	♠ A 7
♥ D 10 2	♥ V 2	♥ V 10 8 5
♦ R D V 9 5	♦ R 3	♦ R D V 9
♣ 9 7 2	♣ A R 9 7 6 2	♣ R 10 2

① Ouvrez d'1 SA **avec 14 points H** et une belle couleur cinquième à Carreau.

② Ouvrez d'1 SA avec **une belle couleur sixième** à Trèfle et 14 points H, une ouverture **nettement** plus efficace qu'1 ♣.

③ Ouvrez d'1 SA avec une distribution 4-4-3-2 et de **nombreuses cartes intermédiaires**.

• L'ouverture d'1 SA en première ou seconde position

L'ouverture d'1 SA avec 14 points H et de nettes plus-values en première et deuxième position comporte un risque important →
jouer 6 SA avec 2 As **dehors**.

UN CONSEIL ⇒ vous pouvez ouvrir d'1 SA avec 14 points H et une belle mineure cinquième si vous possédez 2 ou 3 As.

Voici un exemple :

♠ 8 7 4
♥ A 10 2
♦ A 5
♣ A D 10 8 2

Vous pouvez ouvrir d'1 SA en **première et seconde position** avec une belle mineure cinquième et **3 As**.

Il est également bien joué d'ouvrir d'1 SA ⇒

- avec une bonne mineure sixième (6-3-2-2) jusqu'à 16 points H
- avec une distribution **5-4-2-2** et une mineure cinquième

Voici deux exemples :

①

♠ R D 5
♥ R 9
♦ A V 10 8 6 2
♣ D 8

Une ouverture d'1 SA avec 15 points H et une belle mineure sixième.

②

♠ R 10
♥ A D 9 3
♦ R 10 8 6 3
♣ R 9

Ouvrez d'1 SA avec une distribution 5-4-2-2. Si vous ouvrez d'1 ♦, vous n'aurez pas de bonne redemande.

• L'ouverture de 2 SA

Vous pouvez également ouvrir de 2 SA avec ⇒

- une bonne **mineure sixième** et 20 points H (parfois 19)
- une distribution **5-4-2-2** et une mineure cinquième
- une belle mineure longue et 19 points H en **troisième et quatrième position**

Voici deux exemples :

①

♠ A D
♥ D 6
♦ A D V 7 4 2
♣ R D 10

Vous pouvez ouvrir de 2 SA avec 20 points H **et six cartes** à Carreau.

②

♠ A V 9 8
♥ R 8
♦ A D
♣ A D 10 8 5

Ouvrez de 2 SA, avec une distribution 5-4-2-2 et **des honneurs dispersés**.

Par contre vous devez ouvrir d'1 ♣ avec le jeu suivant :

♠ 9 5
♥ A R 10 9
♦ A 8
♣ A R D 10 5

N'ouvrez pas de 2 SA avec ce « puissant » 5-4-2-2 à honneurs concentrés. **Ouvrez d'1 ♣**, dans le but d'annoncer les Cœurs au tour suivant.

DEUXIÈME ENCHÈRE DE L'OUVREUR

Vous avez ouvert de 1 à la couleur. Votre partenaire a répondu.

3 cas peuvent se présenter ⇒

1. Votre partenaire a fait une réponse par un changement de couleur. C'est une **réponse forcing**. Vous devez reparler.
2. Votre partenaire a fait une réponse à sans-atout.
3. Votre partenaire vous a soutenu.

• Avant d'étudier les différentes possibilités de l'ouvreur à sa première redemande, **voici 3 lois qui vous aideront dans la suite des enchères :**

LES TROIS LOIS

LOI N° 1

Additionnez vos points au nombre minimum de points annoncés par votre partenaire.
⇒ Si vous avez une certitude de manche, annoncez la manche ou faites une enchère forcing.

LOI N° 2

Additionnez vos points au nombre maximum de points annoncés par votre partenaire.
⇒ Si vous avez un espoir de manche, vous devez faire une nouvelle enchère.

LOI N° 3

Si le total des points de votre camp vous indique qu'il n'y a pas d'espoir de manche ⇒ arrêtez-vous au palier le plus bas, dès que vous avez trouvé le bon contrat.

VOICI LE PLAN DE L'ÉTUDE

DE LA DEUXIÈME ENCHÈRE DE L'OUVREUR :

- **APRÈS UN CHANGEMENT DE COULEUR**

  1. **Avec un jeu de soutien**
  2. **Avec un jeu régulier**
  3. **Avec un jeu bicolore**
  4. **Avec un jeu unicolore**

- **APRÈS UNE RÉPONSE NON FORCING**

  1. **Après une réponse à sans-atout**
  2. **Après un soutien**

APRÈS UN CHANGEMENT DE COULEUR

1. AVEC UN JEU DE SOUTIEN

Le soutien direct de l'ouvreur est prioritaire.

Le changement de couleur montre un minimum de quatre cartes. Pour être certain d'un total de 8 atouts, l'ouvreur doit posséder quatre cartes dans la couleur de réponse **pour donner un soutien direct**.

L'ouvreur devra également réévaluer son jeu (en points S) s'il possède une distribution irrégulière.

a) Le soutien simple

Le soutien simple montre une ouverture minimum (jusqu'à 16 S) et quatre atouts.

Voici deux exemples :

♠ R 10 5
♥ R 9 6 2
♦ 10 9 3
♣ A D 8

1 ♣	1 ♥
[2 ♥]	

Priorité au soutien simple

♠ A V 10 3
♥ R V 9 8 5
♦ 4
♣ D V 8

1 ♥	1 ♠
[2 ♠]	

Le soutien à 2 ♠ montre 5 cartes à ♥ (ou plus) et 4 cartes à ♠

Un cas particulier :

♠ A R 9 8 3
♥ R 8 6
♦ R 5 2
♣ 10 4

1 ♠	2 ♥
[3 ♥]	

La réponse de 2 ♥ garantit 5 cartes. **Soutenez avec trois atouts.**

b) Le soutien à saut (17 à 19 points S)

Avec une ouverture plus forte (17 à 19 points S), vous devez donner un soutien avec saut.

Voici deux exemples :

Main	Enchères	
♠ 8 ♥ A D 10 7 ♦ R 7 2 ♣ A D 10 6 2	1 ♣ 3 ♥	1 ♥
♠ A R V 5 ♥ 7 2 ♦ A R 10 8 4 ♣ V 7	1 ♦ 3 ♠	1 ♠

- Le soutien à saut est une enchère encourageante et **non forcing** – après une réponse 1 sur 1.

c) Le soutien en mineure

UN CONSEIL ⇒ lorsque vous devez soutenir une couleur mineure, faites bien attention à ne pas dépasser – sauf distribution exceptionnelle – **la manche à 3 SA**.

Voici un exemple :

Main	Enchères	
♠ 10 2 ♥ A R 9 7 4 ♦ R D 10 8 ♣ R 8	1 ♥ 3 ♦	2 ♦

N'oubliez pas qu'il est plus facile de faire 9 levées (3 SA) que 11 (5 ♦)

d) Avec des jeux de soutien plus forts (à partir de 20 points S)

Après une réponse en 1 sur 1 – 1 ♥ ou 1 ♠ – l'ouvreur avec un jeu très fort – à partir de 20 points S – aura le choix entre :
- **le soutien avec double saut** à 4 ♥ ou à 4 ♠
- annoncer une nouvelle couleur forcing ou utiliser **la convention SPLINTER** (voir le Splinter de l'ouvreur page 378).

• Le soutien direct à 4 ♥ ou 4 ♠

Le soutien à 4 ♥ ou 4 ♠ indique **en règle générale un jeu régulier ou semi-régulier** :

①

♠ A 10 8
♥ R D 7 4
♦ A 5
♣ A D 10 5

1 ♣	1 ♥
4 ♥	

②

♠ R 10 8 3
♥ A D V 7 5
♦ A R
♣ D 5

1 ♥	1 ♠
4 ♠	

• La nouvelle couleur forcing

Votre jeu peut être revalorisé par la réponse de votre partenaire.

♠ A D 10 7
♥ A V 10
♦ A R D 7 6
♣ 8

1 ♦	1 ♠
2 ♥	

Vous êtes trop fort pour un soutien direct à 4 ♠. Utilisez **la nouvelle couleur forcing** – 2 ♥ – (voir page 74) ou la convention SPLINTER (voir page 378).

2. AVEC UN JEU RÉGULIER

APRÈS UNE RÉPONSE 1 SUR 1

Une deuxième priorité pour l'ouvreur ⇒ nommer sa majeure quatrième en 1 sur 1.

Exemple :

♠ V 10 8 7
♥ R 9 8
♦ A 10 2
♣ A 10 3

1 ♣	1 ♥
1 ♠	

Le 1 sur 1 est essentiel pour la recherche d'un fit 4-4 à ♥ ou à ♠.

- **Avec un jeu régulier de 18-19 points H**, l'ouvreur devra également annoncer sa majeure en 1 sur 1 :

♠ A V 9 8
♥ R 10
♦ R D 9 8
♣ A V 8

1 ♦	1 ♥
1 ♠	

Priorité à la majeure en 1 sur 1.

Sans majeure annonçable au palier de 1, l'ouvreur avec une distribution régulière doit faire une redemande à sans-atout.

a) La redemande à 1 SA ⇒ 12 à 14 points H

La redemande à 1 SA montre un jeu régulier de **12 à 14 points H** :

♠ D 8 3
♥ A R 5
♦ V 10 8
♣ D 10 8 2

1 ♣	1 ♥
1 SA	

- La redemande à 1 SA peut se faire **avec un petit doubleton dans une couleur non nommée** :

♠ D V 10
♥ 9 4
♦ A V 6 3 2
♣ R D 10

1 ♦	1 ♠
1 SA	

Priorité à la redemande à 1 SA avec une distribution 5-3-3-2.

b) La redemande à 2 SA (avec saut) ⇒ 18-19 points H

La redemande à 2 SA avec saut montre un jeu régulier **de 18-19 points H**.

Voici trois exemples :

①

♠ A V 6
♥ D 10 5
♦ A D V 7
♣ A 8 3

1 ♦	1 ♥
2 SA	

②

♠ R 9 8
♥ A D V 9 7
♦ R 5
♣ A V 8

1 ♥	1 ♠
2 SA	

Jeu régulier avec 5 cartes à ♥

③

♠ A 10 8
♥ A R 7 4
♦ A 9
♣ R V 10 6

1 ♣	1 ♠
2 SA	

Une redemande à 2 SA avec 19 points H réguliers et 4 cartes à ♥ – **une majeure non annonçable en 1 sur 1**.

APRÈS UNE RÉPONSE 2 SUR 1

a) La redemande à 2 SA ⇒ 15 à 17 points H

La redemande à 2 SA après un changement de couleur 2 sur 1 indique **15 à 17 points H et une distribution régulière**.

Exemple :

Main	Enchères
♠ R 10 ♥ A R 8 6 2 ♦ D V 10 ♣ R 9 6	1 ♥ 2 ♦ **2 SA**

2 SA = **15-17 H** avec 5 cartes à ♥

- **Une exception :** après 1 ♦ - 2 ♣, la redemande à 2 SA indique une ouverture minimum, c'est-à-dire **12 à 14 points H**.

Main	Enchères
♠ R 10 8 ♥ A V 9 ♦ R 7 6 4 ♣ D 7 3	1 ♦ 2 ♣ **2 SA**

2 SA = **12 à 14** points H

Sur 2 ♣, l'ouvreur qui ne possède pas de longueur cinquième n'a pas d'autre enchère que 2 SA.

- Avec une majeure 5e, une distribution régulière et 12 à 14 points H ⇒ **Répétez votre couleur d'ouverture.**

Main	Enchères
♠ A 8 3 ♥ D V 9 8 2 ♦ D 5 ♣ A 8 2	1 ♥ 2 ♦ **2 ♥**

L'ouvreur, avec 13 points H, ne peut pas répondre 2 SA. Il doit répéter sa couleur **avec seulement 5 cartes**.

b) La redemande à 3 SA ⇒ 18-19 points H

Après une réponse 2 sur 1, la redemande de l'ouvreur à 3 SA indique un jeu de 18-19 H (parfois 20) et une distribution régulière.

①

♠ A R D 2
♥ R 10
♦ R D 8 7
♣ V 10 8

1 ♦	2 ♣
3 SA	

– 18 points H réguliers

②

♠ R V 8 7 5
♥ A D V
♦ R 5
♣ A V 10

1 ♠	2 ♦
3 SA	

– 19 H et cinq cartes à ♠

3. AVEC UN JEU BICOLORE

LA NOUVELLE COULEUR

DÉFINITION ⇒
un joueur qui a annoncé une couleur, lorsqu'il annonce une couleur différente au tour suivant, nomme une nouvelle couleur.

Voici un exemple :

♠	8
♥	A R 9 5 2
♦	R 9 2
♣	R V 8 7

1 ♥	1 ♠
2 ♣	

• **2 ♣ est une nouvelle couleur.**

Le joueur qui nomme une deuxième couleur a ce qu'on appelle un **jeu bicolore**.

Dans cet exemple, l'ouvreur possède **un bicolore 5-4** avec cinq cartes à Cœur et quatre cartes à Trèfle.

Vous allez voir que la valeur du bicolore est différente suivant le niveau où elle oblige le partenaire à s'exprimer.

L'ouvreur n'aura pas toujours la possibilité d'annoncer une nouvelle couleur.

LES TROIS BICOLORES

1. Le bicolore économique ⇒ 14 à 19 points DH
– non forcing.

Le bicolore économique permet le retour de l'ouvreur dans la couleur de l'ouverture, tout en restant au palier de 2.

2. Le bicolore cher ⇒ 18 à 23 points DH
– forcing pour un tour.

Le bicolore cher oblige le partenaire à revenir au palier de 3 dans la couleur d'ouverture.

3. Le bicolore avec saut ⇒ 20 à 23 DH
– forcing à la manche.

Le bicolore avec saut laisse la possibilité au répondant de revenir au palier de 3 dans la couleur d'ouverture.

Reprenons en détail – **après ces trois règles** – l'étude des différents bicolores.

a) Le bicolore économique

Le bicolore économique montre un jeu de **14 à 19 points DH**.

Reprenons l'exemple de la nouvelle couleur :

♠	8
♥	A R 9 5 2
♦	R 9 2
♣	R V 8 7

1 ♥	1 ♠
2 ♣	

La deuxième enchère de l'ouvreur – 2 ♣ – permet au répondant d'annoncer 2 ♥, c'est-à-dire de jouer de manière **économique** au même palier dans la couleur d'ouverture.

Voici le jeu du répondant :

1 ♥	1 ♠	♠ A V 7 5 2 ♥ D 8 ♦ V 8 6 ♣ 10 6 2
2 ♣	**[2 ♥]**	

Sur 2 ♣, le répondant pourra « revenir » à 2 ♥.

b) Le bicolore cher

Le bicolore cher va de **18 à 23 points DH**. Il est **forcing pour un tour**.

Voici un exemple :

♠ R V 8 ♥ A R 6 2 ♦ A D V 7 4 ♣ 8	1 ♦	1 ♠
	[2 ♥]	

2 ♥ est un **bicolore cher**.

La deuxième couleur – Cœur – est plus chère que la couleur d'ouverture – Carreau.

Le bicolore cher est annoncé sans saut.

Supposons maintenant que le répondant détienne le jeu suivant :

1 ♦	1 ♠	♠ A 9 7 2 ♥ V 10 3 ♦ R D 6 3 ♣ V 7
2 ♥	**[3 ♦]**	

Le répondant est obligé d'annoncer 3 ♦ pour soutenir l'ouvreur, c'est-à-dire **changer de palier**.

c) Le bicolore à saut

Le bicolore à saut est une enchère très forte qui va de **20 à 23 points DH**. Il est **forcing de manche**.

Voici un exemple :

♠ A D 8
♥ A D V 10
♦ 5
♣ R D V 8 6

1 ♣	1 ♦
2 ♥	

2 ♥ forcing à la manche

Sur 2 ♥, le répondant, s'il désire jouer à Trèfle, aura l'obligation de soutenir au palier de 3.

Le début des enchères sera :

1 ♣	1 ♦	
2 ♥	3 ♣	**forcing**

Le soutien à 3 ♣ est logiquement forcing. N'oubliez pas que **le bicolore à saut est forcing à la manche**.

NOTE ⇒
l'annonce d'une nouvelle couleur avec saut, qui oblige le répondant à soutenir au palier de 4, **n'est pas une enchère de bicolore**.
Il s'agit d'une enchère conventionnelle qui montre un soutien dans la couleur du répondant.

- C'est un **Super forcing** (voir page 382).

L'OUVREUR N'A PAS TOUJOURS LA POSSIBILITÉ D'INDIQUER SA FORCE ET SA DISTRIBUTION

1. **Le palier des enchères et la force de son jeu ne vous permettront pas toujours d'annoncer votre seconde couleur.**

Vous ouvrez d'1 ♣ avec le jeu suivant :

♠ V 10 2
♥ R D 6 4
♦ 5
♣ A D V 8 2

– Si votre partenaire répond 1 ♦ : pas de problème, vous **annoncez** 1 ♥,
– S'il répond 1 ♥, vous pouvez le **soutenir** à 2 ♥.

– **Mais que devez-vous faire s'il répond 1 ♠ :**

Avec un jeu qui vaut 15 points DH, vous ne pouvez pas annoncer 2 ♥ – bicolore cher forcing pour un tour – **il ne vous reste plus qu'une seule possibilité** ⇒
répéter votre couleur d'ouverture.

♠ V 10 2
♥ R D 6 4
♦ 5
♣ A D V 8 2

1 ♣	1 ♠
2 ♣	

Répétez votre couleur avec 5 cartes

NOTE → vous ne pouvez pas soutenir à 2 ♠ avec seulement trois cartes, ni annoncer 1 SA avec un singleton à Carreau.

2. **Avec des jeux de 18 ou 19 points DH, vous n'aurez pas toujours la possibilité d'indiquer votre force.**

♠ R 7 2 ♥ A R 8 4 ♦ 5 ♣ A D V 8 7	Vous ouvrez d'1 ♣

– **Sur la réponse d'1 ♠**, vous annoncez 2 ♥ – **bicolore cher forcing pour un tour** – indiquant en une enchère votre force et votre distribution bicolore.

– **Supposez que votre partenaire réponde 1 ♦**. Avec un jeu de 19 points DH, vous n'êtes pas tout à fait assez fort pour annoncer 2 ♥ – bicolore avec saut (20-23 DH). **Vous devez donc vous contenter d'annoncer 1 ♥.**

Vous pourriez faire la même redemande avec un jeu régulier de 12 ou 13 points H.

• Rassurez-vous, **vous pourrez préciser votre force et votre distribution au tour suivant**.

EN RÉSUMÉ ⇒
Au moment d'annoncer votre deuxième couleur, votre enchère dépendra **de la réponse de votre partenaire**.
Vous n'aurez alors qu'une seule bonne enchère à votre disposition.

LES 3 BICOLORES		
bicolore économique	14 à 19 DH	NON FORCING
bicolore cher	18 à 23 DH	FORCING 1 TOUR
bicolore avec saut	20 à 23 DH	FORCING MANCHE

4. AVEC UN JEU UNICOLORE

Lorsqu'on parle d'un jeu unicolore, il s'agit – en principe – d'un jeu n'ayant qu'**une seule couleur de six cartes** ou plus.

a) La répétition sans saut ⇒ 14 à 17 DH

Après une réponse par un changement de couleur, **l'ouvreur devra répéter sa couleur de 14 à 17 points DH.**

Voici deux exemples :

①

♠ V 5
♥ R 10 8
♦ 7 2
♣ A R 10 9 6 2

1 ♣	1 ♠
[2 ♣]	

②

♠ 5
♥ R D 10 8 6 2
♦ R 7 3
♣ A 6 2

1 ♥	1 ♠
[2 ♥]	

2 ♥ **garantit un minimum de six cartes sur 1 ♠**. En effet, l'ouvreur avec une distribution bicolore a la possibilité d'annoncer 2 ♣ ou 2 ♦ – bicolore économique.

• **En règle générale, les répétitions indiquent six cartes,** mais vous avez déjà vu plusieurs exemples où l'ouvreur minimum devait répéter une couleur cinquième.

b) Répétition avec saut ⇒ 18 à 20 DH

La répétition avec saut indique un jeu fort – **18 à 20 DH** – et **une très robuste couleur au moins sixième**.

①

♠ A R 10 9 8 7
♥ A R 5
♦ D 10 2
♣ 8

1 ♠	2 ♣
[3 ♠]	

②

♠ A 6 2
♥ 8 4 2
♦ A R D V 9 7
♣ D

1 ♦	1 ♥
[3 ♦]	

La répétition avec saut est ⇒
– non forcing après une réponse 1 sur 1,
– forcing à la manche après une réponse 2 sur 1.

QUE DEVEZ-VOUS FAIRE AVEC UN UNICOLORE – A PARTIR DE 18 DH – ET UNE COULEUR SIXIÈME PEU ROBUSTE ?

Si vous ne pouvez pas répéter votre couleur avec saut, essayez de nommer **une nouvelle couleur mineure de trois cartes**.

Voici deux exemples :

①

♠ A V 10
♥ A 9 8 7 4 2
♦ 5
♣ A R 2

1 ♥	1 ♠
[2 ♣]	

②

♠ A V 7 6 4 2
♥ 5
♦ A D 5
♣ R D 4

1 ♠	2 ♣
[2 ♦]	

– *Avec le jeu numéro* ①, annoncez 2 ♣, **nouvelle couleur économique**, dont la force va de 14 à 19 DH,

– *Avec le jeu numéro* ②, je vous conseille d'annoncer 2 ♦, une meilleure enchère que 2 ♠ ou 3 ♠.

- Quand vous nommez une nouvelle couleur mineure **avec seulement trois cartes**, vous prenez un risque. Mais, soyez-en certain, si votre partenaire préfère jouer un contrat dans une mineure plutôt que dans une majeure, c'est qu'il aura de bonnes raisons.

APRÈS UNE RÉPONSE NON FORCING

1. APRÈS UNE RÉPONSE A SANS-ATOUT

Sur la réponse d'1 SA (6 à 10 H)

Sur cette réponse **non forcing**, l'ouvreur doit reparler dans les deux cas suivants :

a) **avec un jeu régulier fort,**
b) **avec une distribution irrégulière.**

a) Avec un jeu régulier fort

Dès que l'ouvreur possède un minimum de 16 H, il y a **espoir de manche**. Il annoncera :

- **2 SA** avec 17 ou 18 points H,
- **3 SA** avec 19 points H (et +),
- une **mineure de trois cartes** avec 16 points H ou 15 bien faits.

Donnons par exemple à l'ouvreur les trois jeux suivants sur la réponse d'1 SA :

♠ A D 8 6 2	♠ A D V 8 6	♠ R D 10 7 3
♥ A R 5	♥ R 10	♥ A 10 8
♦ R D	♦ A V 10	♦ 8 2
♣ 10 8 2	♣ A 9 8	♣ A R 4

– *Avec le jeu de gauche*, l'ouvreur annoncera **2 SA**,
– *Avec le jeu du milieu*, il annoncera **3 SA**,
– *Avec le jeu de droite*, il annoncera **2 ♣**, nouvelle couleur mineure dans trois cartes (14 à 19 points DH) dans le but de faire une enchère à sans-atout au tour suivant.

b) Avec une distribution irrégulière

- Avec une distribution unicolore

L'ouvreur doit appliquer les mêmes règles qu'après un changement de couleur : **répéter sa couleur avec ou sans saut** en tenant compte de sa force et de la robustesse de sa couleur.

Exemple :

Main	Enchères	
♠ A D 3 ♥ R D 10 8 7 6 ♦ 4 ♣ A 10 9	1 ♥ [3 ♥]	1 SA

Proposition de manche non forcing

- Avec une distribution bicolore

Avec une distribution bicolore, **l'ouvreur doit nommer sa seconde couleur à chaque fois qu'il en aura la possibilité.**

En termes clairs, il devra annoncer sa deuxième couleur à chaque fois que les trois lois des bicolores le lui permettent.

– Si par exemple vous ouvrez d'1 ♠, sur la réponse d'1 SA **vous pourrez toujours annoncer votre seconde couleur**.

Main	Enchères	
♠ A V 8 6 2 ♥ A 9 7 4 ♦ D V 5 ♣ 8	1 ♠ [2 ♥]	1 SA

Pas de problème, la redemande à 2 ♥ est **obligatoire**.

UN CONSEIL ⇒ ne passez pas sur la réponse d'1 SA, quand vous avez la possibilité d'annoncer un bicolore économique.

– Par contre, si vous ouvrez d'1 ♦, **vous n'aurez pas toujours la possibilité d'annoncer votre seconde couleur sur 1 SA**.

♠ 8 ♥ A V 5 ♦ R D 10 7 3 ♣ A V 4 2	♠ A 10 9 7 ♥ 5 ♦ A D 8 6 2 ♣ R 9 8

Avec le jeu de gauche, annoncez 2 ♣ – **bicolore économique**, *Avec le jeu de droite*, vous ne pouvez pas annoncer vos Piques – l'enchère de 2 ♠ **serait un bicolore cher**. Contentez-vous de **répéter votre couleur d'ouverture**.

– Avec **un jeu fort**, vous devez faire une enchère **forte**.

♠ A R 9 8 6
♥ 5
♦ A R V 7 6
♣ R 9

1 ♠	1 SA
3 ♦	

3 ♦ : bicolore avec saut – forcing de manche.

Sur la réponse de 2 SA (11-12 H)

a) Avec une distribution régulière

Avec une distribution régulière, à moins d'avoir un jeu strictement minimum, l'ouvreur doit demander la manche à sans-atout.

Voici un exemple :

♠ R D 8
♥ A 10 9 7 4
♦ A 9 3
♣ V 5

1 ♥	2 SA
3 SA	

Demandez la manche avec 14 points H

b) Avec une distribution irrégulière

- Avec une distribution bicolore

RÈGLE ⇒ sur la réponse de 2 SA, l'annonce d'une nouvelle couleur de l'ouvreur est forcing.

Voici un exemple :

♠ A D 10 8 3
♥ A V 10 5
♦ A 5
♣ V 9

1 ♠	2 SA
3 ♥	

3 ♥ **forcing**

La réponse de 2 SA sur 1 ♠ peut se faire avec quatre cartes à Cœur. L'ouvreur doit **en priorité rechercher un fit 4-4 à Cœur** et annoncer 3 ♥.

- Avec une distribution unicolore

RÈGLE ⇒ sur la réponse de 2 SA, la répétition de la couleur d'ouverture n'est pas forcing.

– **Avec une majeure sixième**, l'ouvreur doit annoncer la manche à 4 ♥ ou 4 ♠ dès qu'il n'est pas minimum.

Exemples :

①
♠ A V 9
♥ A D 10 8 6 2
♦ R 10 9
♣ 5

1 ♥	2 SA
4 ♥	

②
♠ R
♥ R 10 8 7 6 4
♦ R D 5
♣ D 8 4

1 ♥	2 SA
3 ♥	

3 ♥ **non forcing**

– **Avec une mineure longue**, vous aurez le plus souvent deux possibilités ⇒

- Répéter votre couleur d'ouverture si vous êtes vraiment minimum,
- **Annoncer 3 SA** dans les autres cas.

Exemple :

Main	Enchères	
♠ A 10 8	1 ♣	2 SA
♥ V 5	[3 SA]	
♦ 8 3		
♣ A R 8 7 4 2		

Il n'est pas question, avec une aussi belle couleur sixième, de faire l'enchère décourageante de 3 ♣.

NOTE ⇒ **une belle mineure sixième** constitue une très nette plus-value pour jouer à SA.

2. APRÈS UN SOUTIEN

Vous avez ouvert de 1 à la couleur et votre partenaire vous a donné un **soutien direct**. Vous devez passer dès que vous avez une ouverture minimum.

La suite des enchères est différente selon qu'il s'agit d'**un soutien en majeure** ou d'un soutien en mineure.

1. Après un soutien en majeure

Après un soutien à Cœur ou à Pique, vous devez évidemment **vous orienter vers la manche à 4 ♥ ou 4 ♠.**

a) Sur un soutien avec saut (11-12 S)

Demandez la manche dès que vous possédez une petite force supplémentaire, soit en points H, soit en distribution. 87

> **UN CONSEIL ⇒**
> après un soutien à 3 ♥ ou 3 ♠, **revalorisez un sixième atout et également un singleton.**

Voici un exemple :

♠ R 10 7 2
♥ D V 8 6 4 3
♦ A V
♣ 3

1 ♥	3 ♥
4 ♥	

N'hésitez pas à demander la manche avec une distribution 6-4.

b) Après un soutien simple (6-10 S)

Appliquez les trois lois de la NOUVELLE Super Majeure 5e pour savoir si vous devez ou non reparler :

- **A partir de 20 DH**, demandez la manche à 4 ♥ ou 4 ♠,
- Passez **jusqu'à 16 DH** – il n'y a pas d'espoir de manche,
- **Faites une enchère d'essai** avec un espoir de manche **(environ 17-19 DH)**.

> **NOTE ⇒**
> **l'enchère d'essai** est fréquemment utilisée par l'ouvreur après un soutien direct et par le répondant après un soutien de l'ouvreur. C'est une convention importante. **Un chapitre lui est consacré** (page 91).

Après 1 ♥ ⇒ 2 ♥, supposons que vous possédiez successivement les trois jeux suivants :

♠ A 10	♠ D V 5	♠ R D V
♥ A D 8 7 6 4	♥ A R 8 6 2	♥ A R V 7 2
♦ A D 8 2	♦ R 7 4	♦ D 10 6 3
♣ 5	♣ V 10	♣ 4

Avec le jeu de gauche, **demandez 4 ♥**,
Avec le jeu du milieu, **passez**,
Avec le jeu de droite, vous devez faire une **enchère d'essai** à 3 ♦.

2. Après un soutien en mineure

A moins d'une distribution exceptionnelle, vous savez que vous devez **vous orienter vers un contrat à sans-atout**.

a) Après un soutien avec saut

Demandez la manche avec une ouverture convenable et des arrêts dans les autres couleurs.

Voici un exemple :

♠ R V 9 ♥ A 10 8 7 ♦ D 10 9 4 ♣ A 9	1 ♦ 3 ♦ 3 SA

Demandez la manche avec 14 points H

b) Après un soutien simple

La redemande à 2 SA de l'ouvreur indique un jeu régulier de 18 ou 19 points H :

♠ A D 8 ♥ A 10 9 ♦ R 10 7 ♣ A V 10 8	1 ♣ 2 ♣ 2 SA

L'annonce d'une nouvelle couleur

RÈGLE ⇒
l'annonce d'une nouvelle couleur après un soutien en mineure est l'indication **d'une force** dans le but de rechercher la manche à sans-atout.

Exemple :

♠ A R 8 ♥ R 10 9 8 ♦ D ♣ A R 10 6 4	1 ♣ 2 ♣ 2 ♥

- L'ouvreur en annonçant 2 ♥ **indique qu'il tient les Cœurs** et qu'il ne tient pas les Carreaux, couleur sautée.
  Le répondant, bien renseigné, pourra s'orienter vers la manche à sans-atout s'il possède les bonnes cartes.

Voici les deux jeux et la séquence complète :

Ouest		Est
♠ A R 8	N	♠ V 10 5
♥ R 10 9 8	O E	♥ 7 4
♦ D	S	♦ R V 6
♣ A R 10 6 4		♣ D 9 8 7 3

OUEST	EST
1 ♣	2 ♣
2 ♥	2 SA
3 SA	

La manche à sans-atout est à 100 %, alors que le contrat de 5 ♣ dépend de la place de l'As de ♥.

LES ENCHÈRES D'ESSAI

DÉFINITION ⇒ faire une enchère d'essai, c'est faire **une tentative de manche** après un soutien à 2 ♥ ou à 2 ♠ **du répondant** ou de l'ouvreur

Exemples :

1 ♥	2 ♥
[3 ♣]	

1 ♦	1 ♥
2 ♥	[3 ♣]

Dans les deux cas, 3 ♣ est une enchère d'essai utilisée par le joueur qui le premier a annoncé la couleur.

PLAN DU CHAPITRE

1. **L'enchère d'essai en nommant une couleur,**
2. **L'enchère d'essai à 2 SA.**
3. **Le choix de l'enchère d'essai.**

1. L'ENCHÈRE D'ESSAI EN NOMMANT UNE COULEUR

Reprenons le jeu de la page 88 :

♠ R D V
♥ A R V 7 2
♦ D 10 6 3
♣ 4

1 ♥	2 ♥
[3 ♦]	

3 ♦ **est une enchère d'essai** qui montre un espoir de manche, et indique que vous êtes intéressé par ce que possède votre partenaire à Carreau.

L'enchère d'essai demande en quelque sorte à votre partenaire : « jouons la manche si vous n'êtes pas minimum, avec un complément à Carreau ».

> Votre partenaire demandera la manche ⇒
>
> - **s'il n'est pas minimum,**
> - s'il n'a **pas 3 perdantes** dans la couleur de l'enchère d'essai.

– Un complément dans la couleur peut aussi bien être un gros honneur qu'une courte dans la couleur. **Je vous conseille d'ailleurs de revaloriser un Roi ou un As second** dans la couleur de l'enchère d'essai.

Voici deux jeux possibles du répondant :

Jeu de gauche	Jeu de droite
♠ 10 9 7	♠ 8 6 4
♥ D V 3	♥ D 8 6 4
♦ 7 5 2	♦ A 5
♣ R V 8 7	♣ 9 8 3 2

Avec le jeu de gauche, c'est-à-dire avec trois petits Carreaux, le répondant doit annoncer 3 ♥, **ce sera le contrat final**,
Avec le jeu de droite, c'est-à-dire avec l'As second à Carreau et 4 atouts, il doit demander la manche.

- **Mettons-nous maintenant à la place du répondant après un soutien direct de l'ouvreur.**

Voici un exemple :

1 ♣	1 ♥
2 ♥	[3 ♦]

♠ R 9 6
♥ A V 8 7 3
♦ V 10 9 4
♣ 3

Sur 2 ♥, vous faites une tentative de manche en annonçant 3 ♦, **enchère d'essai**.

Donnons maintenant à l'ouvreur les deux jeux suivants :

♠ A V ♥ R D 9 6 ♦ 8 6 3 ♣ R V 7 5	♠ A 10 2 ♥ R 10 6 4 ♦ R 5 ♣ R 8 6 2

Avec le jeu de gauche – trois petits Carreaux – l'ouvreur annonce 3 ♥,
Avec le jeu de droite, c'est-à-dire avec **le Roi de ♦ second**, l'ouveur demande la manche à 4 ♥.

2. L'ENCHÈRE D'ESSAI A 2 SANS-ATOUT

- L'enchère d'essai à 2 SA est appelée également **enchère d'essai généralisée**.

L'enchère d'essai à 2 SA montre que vous êtes intéressé par toutes les forces de votre partenaire.

Elle est forcing pour un tour.

Voici deux exemples :

♠ R V 10
♥ A D 10 8 2
♦ A 9 3
♣ R 7

1 ♥	2 ♥
2 SA	

Tentative de manche avec 17 points H réguliers.

1 ♣	1 ♥
2 ♥	2 SA

Tentative de manche avec 11 H réguliers.

♠ A V 5
♥ R 10 8 2
♦ R 9 8
♣ 9 7 4

Sur l'enchère d'essai généralisée à 2 SA ⇒
- **Demandez la manche à 4 ♥ ou 4 ♠ si vous êtes maximum**
- **Annoncez 3 ♥ ou 3 ♠** si vous êtes minimum

Il existe d'autres réponses plus précises (voir page 392).

3. LE CHOIX DE L'ENCHÈRE D'ESSAI

Je vous conseille d'utiliser ⇒

- **L'enchère d'essai à la couleur :** avec une distribution **irrégulière** ou **bicolore**
- **L'enchère d'essai généralisée à 2 SA :** avec une distribution **régulière** ou **semi-régulière**
- **L'enchère d'essai à 2 SA** peut être également utilisée avec

une certitude de manche ou un espoir de chelem.

Il s'agira le plus souvent d'une enchère d'essai du répondant :

Voici un exemple :

1 ♥	1 ♠
2 ♠	2 SA

♠ A R 8 7
♥ R 10 8
♦ R 5
♣ A 10 8 4

Annoncez 2 SA pour obtenir des renseignements supplémentaires sur le jeu de l'ouvreur (voir page 392). Un chelem est possible, si l'ouvreur possède les bonnes cartes ou **une courte** à ♣.

RÉPONSES SUR 1 SA ⇒ STAYMAN ET TEXAS

L'ouverture d'1 SA est une ouverture précise qui, dans la NOUVELLE Super Majeure 5e, montre un jeu régulier de **15 à 17 points H**.

L'ouverture d'1 SA est passée progressivement de 16-18 points H à une force de **15 à 17 points H**, avec une étape intermédiaire qui allait de 15 points H bien faits à 18 H médiocres.

- Si la force de l'ouverture d'1 SA a diminué, **il est toujours nécessaire de posséder un minimum de 25 points H pour jouer 3 SA**.

Pour annoncer vos contrats en sécurité, **vous devez donc modifier** – légèrement – **les zones de réponses**.

VOICI LES 3 ZONES DE RÉPONSES

① **jusqu'à 8 DH**	⇒ **Pas d'espoir** de manche ;
② **avec 9 ou 10 DH**	⇒ **Espoir** de manche ;
③ **à partir de 10 H ou 11 DH**	⇒ **Certitude** de manche

- **Certitude de manche** signifie qu'il faut **demander la manche** et non que celle-ci va obligatoirement gagner.

Avant de répondre, vous devez tenir compte également de votre distribution pour savoir si vous devez utiliser une des deux grandes conventions que nous allons étudier, avant de passer aux développements des réponses sur l'ouverture d'1 SA.

Ces deux grandes conventions sont :

LE STAYMAN et LE TEXAS

Ces deux conventions sont indispensables pour rechercher un fit de huit cartes en majeures, l'objectif n° 1 de la NOUVELLE Super Majeure 5e.

> **– le Stayman est utilisé pour rechercher un fit 4-4 en majeure ;**
> **– le Texas est utilisé pour rechercher un fit 5-3 en majeure.**

LE 2 ♣ STAYMAN

La réponse de 2 ♣ Stayman pose à l'ouvreur d'1 SA la question suivante : **Avez-vous une majeure 4e ?**

Voici les quatre réponses au 2 ♣ Stayman ⇒

- 2 ♦ : **pas de majeure 4e**
- 2 ♥ : **4 cartes à ♥**
- 2 ♠ : **4 cartes à ♠**
- 2 SA : **4 cartes à ♥ + 4 cartes à ♠**

La réponse de 2 SA est conventionnelle. Elle indique que l'ouvreur d'1 SA possède les **2 majeures 4e**, sans aucune indication de force.

Voici deux exemples de réponses au **Stayman** :

♠ A D 3	♠ D V 9 8
♥ R 10 8 4	♥ R V 7 6
♦ A R 6 2	♦ A R
♣ 9 4	♣ V 10 9

Avec le jeu de gauche, répondez 2 ♥,
Avec le jeu de droite, répondez 2 SA pour indiquer **les 2 majeures quatrièmes**.

QUAND DEVEZ-VOUS UTILISER LE STAYMAN ?

La réponse de 2 ♣ Stayman garantit la présence d'une majeure 4e.

– Utilisez le Stayman avec une majeure 4e **à partir de 9 points DH**,
– Utilisez également le Stayman avec **une majeure 4e et une majeure 5e** avec un espoir ou une certitude de manche.

Vous devez donc répondre 2 ♣ sur 1 SA à chaque fois que vous possédez un espoir ou une certitude de manche avec une majeure 4e.

Un conseil : évitez le Stayman avec une distribution 4-3-3-3.

LE TEXAS

Aujourd'hui, **il n'y a pas de bon bridge sans le Texas**. Utiliser le Texas, c'est faire **un transfert**. Vous annoncez une couleur pour que votre partenaire puisse nommer la couleur au-dessus.

Le Texas s'utilise de façon classique avec une majeure 5e.

Sur 1 SA, répondez ⇒

- 2 ♦ **avec un minimum de cinq cartes à ♥,**
- 2 ♥ **avec un minimum de cinq cartes à ♠.**

Sur 2 ♦ ou 2 ♥, l'ouvreur **devra nommer la couleur au-dessus**. On dit qu'**il rectifie le Texas**.

Exemples :

1 SA	2 ♦		1 SA	2 ♥
2 ♥			2 ♠	

Une convention utile ⇒

Avec une bonne ouverture d'1 SA **et quatre cartes dans la majeure de votre partenaire**, je vous conseille de rectifier le Texas avec saut, c'est-à-dire d'annoncer :

– 3 ♥ sur 2 ♦
– 3 ♠ sur 2 ♥

Voici un exemple :

♠ A V 5
♥ R D 10 2
♦ A D 10 8
♣ 7 3

1 SA	2 ♦
3 ♥	

Cette rectification avec saut non forcing permettra à votre partenaire d'annoncer la manche dès qu'il possédera quelques cartes utiles, ou une bonne distribution.

Voici un exemple :

1 SA	2 ♦
3 ♥	4 ♥

♠ 10
♥ V 9 8 7 4 3
♦ 9 4
♣ A 9 8 2

Vous connaissez **un fit de** 10 CARTES à ♥. **Révalorisez votre jeu** et demandez la manche sur 3 ♥.

QU'EST-CE QUI EXPLIQUE L'IMMENSE SUCCÈS DU TEXAS ?

En dehors de la grande simplicité de l'utilisation de cette convention, le Texas présente deux avantages :

1. **Le Texas permet à l'ouvreur d'1 SA d'être le déclarant**, c'est-à-dire de jouer le contrat à Cœur ou à Pique, dans la couleur du partenaire. Grâce au Texas, c'est **la main forte qui reçoit l'entame**.

2. **Le Texas apporte une grande souplesse** dans la suite des enchères. Le répondant peut annoncer un bicolore de façon économique, **sans dépasser le palier de 3 SA**.

Voici un exemple :

♠ A 8
♥ D V 9 8 7
♦ R 10 9 6 2
♣ V

• Votre partenaire ouvre d'1 SA, vous commencez par répondre 2 ♦ **Texas** pour les Cœurs.
• Ensuite **sur la rectification à 2 ♥**, vous nommez votre deuxième couleur.

Voici le début des enchères :

1 SA	2 ♦
2 ♥	3 ♦ (forcing)

Sur 3 ♦, **nouvelle couleur forcing**, l'ouvreur pourra décider du meilleur contrat de manche en toute connaissance de cause.

LES TEXAS MINEURS ♥

Je vous conseille d'utiliser les Texas mineurs avec votre partenaire habituel.

Voici les deux réponses :

– 2 ♠ avec une longueur sixième à ♣,
– 3 ♣ avec une longueur sixième à ♦.

Voici deux exemples :

① 1 SA 2 ♠

Sur 2 ♠, l'ouvreur rectifiera à 3 ♣ qui sera le contrat final.

♠ 7 4 3
♥ 5
♦ V 10 8
♣ D V 9 7 6 3

② 1 SA 3 ♣

Sur 3 ♣, l'ouvreur rectifiera à 3 ♦ et vous pourrez poursuivre les enchères en annonçant la distribution de votre jeu (voir page 111).

♠ R 7 3
♥ V
♦ A D 10 9 8 2
♣ D V 5

• **Contrairement au Stayman, l'utilisation du Texas ne donne aucune indication** sur la force minimum du répondant :

– Vous pouvez fort bien faire un Texas pour vous arrêter à 2 ♥ ou 2 ♠ « **en misère** » avec une main très faible en points H.
– Vous pouvez également, vous venez de le voir, utiliser le Texas mineur pour vous arrêter à 3 ♣ ou 3 ♦.

EN RÉSUMÉ ⇒ le Texas est uniquement l'indication d'une longueur :
– au moins cinquième lorsqu'il s'agit d'une majeure,
– au moins sixième lorsqu'il s'agit d'une mineure.

RÉPONSES ET SUITE DES ENCHÈRES

Votre réponse sur 1 SA dépendra de **votre force et de votre distribution.**

VOICI LE PLAN :

1. **Sans majeure 4e,**
2. **Avec une majeure 4e,**
3. **Avec une majeure 5e,**
4. **Avec une majeure 5e et une majeure 4e,**
5. **Avec un bicolore 5-5 majeur.**

1. SANS MAJEURE QUATRIÈME

1. **Jusqu'à 8 points H** ⇒
   Sans espoir de manche **vous devez passer sur l'ouverture d'1 SA**, à moins de posséder une mineure 6e que vous pouvez annoncer en Texas pour vous arrêter à 3 ♣ ou 3 ♦.

2. **Avec 9 points H ou 8 H bien faits** ⇒
   Répondez 2 SA. Sur cette proposition de manche, l'ouvreur appréciera son jeu.

Voici un exemple :

1 SA   2 SA

♠ V 9 8
♥ V 5
♦ R 9 7
♣ R 9 8 4 3

Répondez 2 SA avec 8 points H et **une mineure cinquième**.

Supposons que votre partenaire possède successivement les deux jeux suivants :

♠ R 7 6 ♥ A 9 8 4 ♦ A 10 5 ♣ A 6 2	♠ A D 6 2 ♥ R 10 8 4 ♦ D 3 ♣ A D 5

– *Avec le jeu de gauche*, c'est-à-dire avec 15 points H, l'ouvreur doit passer sur 2 SA.
– *Avec le jeu de droite*, l'ouvreur, maximum, annoncera 3 SA.

3. **A partir de 10 H ou 11 DH ⇒ Répondez 3 SA.**

Répondez également 3 SA en tenant compte des plus-values, c'est-à-dire **des cartes intermédiaires ou d'une belle mineure cinquième**.

Voici un exemple :

1 SA 3 SA

Comptez 1 **point de plus-value** pour les cinq belles cartes à ♦ et demandez la manche.

♠ 10 5
♥ R 9 4
♦ A V 10 9 8
♣ V 8 6

NOTE ⇒ Avec certitude de manche, vous pourrez également – avec une distribution irrégulière et une mineure 6e – **utiliser le Texas**. Nous étudierons ces développements à la fin de ce chapitre.

2. AVEC UNE MAJEURE QUATRIÈME

1. **Jusqu'à 8 DH ⇒ Passez sur 1 SA.**

1 SA passe

Sans espoir de manche, vous devez passer

♠ R 8 7 4
♥ D 4
♦ D 9 8 6
♣ 7 3 2

2. **Avec 9 ou 10 DH** ⇒ **Répondez 2 ♣.**
C'est l'utilisation du Stayman avec un espoir de manche.

Voici un exemple :

1 SA 2 ♣

♠ A 8 7 2
♥ D V 5
♦ D 8 7 4
♣ 9 3

Utilisez le Stayman pour rechercher un fit 4-4 à ♠.

- **Voyons maintenant ensemble la suite des enchères :**

– sur 2 ♦ : annoncez 2 SA, c'est **une proposition de manche**.
– sur 2 ♥ : ici encore, répondez 2 SA,
– sur 2 ♠ : le fit 4-4 est trouvé. Soutenez à 3 ♠, c'est une proposition de manche,
– sur 2 SA : l'ouvreur possède les deux majeures 4e. Ici encore, soutenez à 3 ♠, l'ouvreur demandera la manche s'il est maximum.

3. **A partir de 10 H ou 11 DH** ⇒ **Répondez 2 ♣.**

Voici un exemple :

1 SA 2 ♣

♠ D V 10 3
♥ R V
♦ 7 4 3
♣ A 10 9 8

Répondez 2 ♣ pour rechercher un fit 4-4 à Pique.

- **Voyons maintenant ensemble la suite des enchères :**

– sur 2 ♦ : annoncez 3 SA.
– sur 2 ♥ : annoncez 3 SA,
– sur 2 ♠ : soutenez à 4 ♠,
– sur 2 SA : vous avez le choix entre répondre 4 ♠ ou utiliser la convention **Texas sur Stayman**.

Le Texas sur Stayman ♥

Sur la réponse de 2 SA, je vous conseille d'utiliser avec votre partenaire habituel cette convention qui permet **à l'ouvreur d'1 SA d'être le déclarant** au contrat de 4 ♥ ou 4 ♠ et donc de **recevoir l'entame**.

Répondez :

- 4 ♣ **avec quatre cartes à ♥**,
- 4 ♦ **avec quatre cartes à ♠**.

Sur 4 ♣ et 4 ♦, l'ouvreur discipliné doit rectifier à 4 ♥ et 4 ♠.

Le Texas sur Stayman s'utilise également sur l'ouverture de 2 SA (voir page 121).

Voici un exemple de séquence complète :

Ouest		Est
♠ A R 7 4	N	♠ D V 10 3
♥ A D 10 3	O E	♥ R V
♦ R 8 6	S	♦ 7 4 3
♣ V 2		♣ A 10 9 8

OUEST	EST
1 SA	2 ♣
2 SA	4 ♦
4 ♠	

Comme vous pouvez le constater, **la manche est jouée de la bonne main**.

3. AVEC UNE MAJEURE CINQUIÈME

LA RÈGLE GÉNÉRALE : utilisez le Texas avec une majeure 5e.

Répondez ⇒ 2 ♦ avec un minimum de **5 cartes à Cœur**,
2 ♥ avec un minimum de **5 cartes à Pique**.

Sur la rectification de l'ouvreur à 2 ♥ ou 2 ♠, la suite des enchères dépendra de la force de votre jeu et de votre distribution.

N'OUBLIEZ PAS que **la rectification est obligatoire**. L'ouvreur peut donc n'avoir que **deux cartes** dans votre couleur.

1. **Jusqu'à 8 DH** ⇒ **Passez** sur 2 ♥ ou 2 ♠.

Exemple :

1 SA	2 ♦
2 ♥	passe

♠ 3
♥ V 10 9 8 2
♦ 10 8 4
♣ V 10 7 4

Utilisez le Texas pour vous arrêter à 2 ♥.

2. **Avec 9 ou 10 DH** ⇒
Faites une proposition de manche :
- annoncez 2 SA avec une distribution régulière,
- annoncez 3 ♥ ou 3 ♠ avec une distribution irrégulière (en principe 6 cartes).

Sur votre proposition de manche, c'est l'ouvreur d'1 SA qui décidera du contrat final : manche ou partielle en majeure ou à sans-atout.
Il devra donc annoncer 4 ♥ ou 4 ♠ avec **un fit de trois cartes** et un sans-atout maximum.

Voici un exemple :

Ouest		Est
♠ R 5 ♥ A 10 9 ♦ A D 10 8 4 ♣ A 6 2	N O E S	♠ D V 2 ♥ R V 8 5 2 ♦ V 6 2 ♣ 8 3

OUEST	EST
1 SA	2 ♦
2 ♥	2 SA
4 ♥	

Sur 2 SA, l'ouvreur doit annoncer directement la manche à 4 ♥. Avec un jeu plus faible et trois cartes à Cœur, il devra annoncer 3 ♥ – **le contrat final**.

3. **A partir de 10 H ou 11 DH** ⇒

Avec une certitude de manche, le répondant aura **le choix entre les 3 enchères suivantes** :

- **3 SA** avec une distribution régulière,
- **4 ♥ ou 4 ♠** avec 6 cartes dans la majeure,
- **une nouvelle couleur** avec une distribution bicolore 5-4 ou 5-5.

Supposons qu'après le début d'enchère :

1 SA	2 ♦
2 ♥	?

vous possédiez successivement les 3 jeux suivants :

1	2	3
♠ D V 5 ♥ R D 10 7 4 ♦ V 3 ♣ D 10 2	♠ A 10 8 ♥ R V 9 8 6 4 ♦ 5 ♣ V 9 8	♠ V 10 ♥ R 10 9 8 4 ♦ 5 ♣ A R 9 8 2

– *Avec le jeu n°* ①, annoncez 3 SA. L'ouvreur choisira entre passer ou demander 4 ♥ avec trois cartes.
– *Avec le jeu n°* ②, vous connaissez un total minimum de 8 cartes à ♥, demandez directement 4 ♥.
– *Avec le jeu n°* ③, annoncez 3 ♣, **nouvelle couleur forcing à la manche**. L'ouvreur, bien informé, prendra la bonne décision.

> **RÈGLE ⇒**
> **L'annonce d'une nouvelle couleur au palier de 3 est forcing à la manche.**

4. AVEC UNE MAJEURE CINQUIÈME ET UNE MAJEURE QUATRIÈME

Avec un bicolore majeur 5-4 :

– Sans espoir de manche ⇒ Utilisez **le Texas**
– Avec espoir ou certitude de manche ⇒ Répondez 2 ♣

1. **Jusqu'à 7-8 DH** ⇒ Utilisez **le Texas**.

Répondez 2 ♦ ou 2 ♥ pour vous arrêter à une partielle en majeure.

Exemple :

1 SA	2 ♥
2 ♠	passe

♠ R V 8 6 2
♥ 10 9 7 6
♦ 8 3
♣ 7 4

Utilisez le Texas avec un jeu faible, pour vous arrêter à 2 ♠, joués par l'ouvreur.

2. **Avec 9-10 DH** ⇒ Utilisez **le Stayman**

Voici un exemple :

1 SA	2 ♣

♠ A 10 8 2
♥ R 9 7 6 4
♦ 10 9 8
♣ 8

– Sur 2 ♦, annoncez 2 ♥. L'ouvreur comprendra que vous possédez **un espoir de manche avec cinq cartes** à ♥.
– Sur 2 ♥, vous connaissez un total de 9 cartes dans votre camp, soutenez à 4 ♥.
– Sur 2 ♠, soutenez à 3 ♠,
– Sur 2 SA, demandez la manche en annonçant 4 ♥ ou en utilisant **le Texas sur Stayman** : 4 ♣.

3. **A partir de 11 DH** ⇒ Utilisez **le Stayman**

– Si l'ouvreur répond 2 ♥, 2 ♠ ou 2 SA, demandez la manche en majeure.

– Si l'ouvreur répond 2 ♦, **vous avez le choix entre** :

- **Annoncer classiquement votre majeure 5e au palier de 3**, c'est-à-dire :
  - 3 ♥ avec 5 cartes à ♥ + 4 cartes à ♠,
  - 3 ♠ avec 5 cartes à ♠ + 4 cartes à ♥.
- **Annoncer au palier de 3 votre majeure 4e**.

C'est la convention **des majeures croisées** ♥♥.

Dans le même esprit que toutes les conventions de ce chapitre, **elle a pour but de faire jouer l'ouvreur d'1 SA**.

Sur 2 ♦, **répondez** :

• 3 ♥ **avec 5 Piques** + **4 Cœurs**
• 3 ♠ **avec 5 Cœurs** + **4 Piques**.

Si vous ne l'avez pas encore fait, **je vous conseille d'adopter cette convention avec votre partenaire habituel**.

Voici un exemple de séquence complète :

Ouest		Est
♠ R 10 2	N	♠ A D 7 4
♥ D 10 4	O E	♥ A V 9 6 3
♦ R 6 2	S	♦ 7 5 3
♣ A R V 6		♣ D

OUEST	EST
1 SA	2 ♣
2 ♦	3 ♠
4 ♥	

La convention des majeures croisées permet à l'ouvreur d'1 SA de jouer la manche à 4 ♥ et donc de protéger le Roi de ♦.

5. AVEC UN BICOLORE 5-5 MAJEUR

1. **Sans espoir de manche** ⇒
   Répondez 2 ♥ et **passez** sur la rectification à 2 ♠.

- Les réponses qui vont suivre sont conventionnelles et nécessitent une mise au point avec votre partenaire habituel.

2. **Avec un espoir de manche ♥♥** ⇒
   Répondez 2 ♦ Texas pour 2 ♥, puis **annoncez 2 ♠ sur la rectification**.

Ce début d'enchères :

1 SA	2 ♦
2 ♥	2 ♠

annonce conventionnellement **un bicolore 5-5 majeur et un espoir de manche**.

Voici un exemple :

1 SA	2 ♦	♠ D V 8 7 3
2 ♥	[2 ♠]	♥ R 9 8 5 2
		♦ 10 4
		♣ 3

Bicolore majeur 5-5 avec un espoir de manche

3. **Avec une certitude de manche** ⇒ **Répondez 4 ♦**

1 SA	[4 ♦]	♠ A D 8 6 2
		♥ D V 10 7 3
		♦ –
		♣ 9 8 2

4 ♦ = **bicolore majeur.** Sur la **réponse conventionnelle** de 4 ♦, l'ouvreur doit obligatoirement rectifier à 4 ♥ ou à 4 ♠.

4. **Avec un espoir de chelem** ⇒

   Faites un Texas à 2 ♥ ; puis **annoncez 3 ♥** sur la rectification à 2 ♠

Voici un exemple :

1 SA	2 ♥	♠ R D 10 9 7
2 ♠	[3 ♥]	♥ A R 10 8 3
		♦ 3
		♣ D 10

Nous n'étudions pas encore les chelems dans cette première partie. Sachez néanmoins que l'ouvreur d'1 SA devra entrer dans la zone du chelem dès qu'il possède un fit.

APRÈS UN TEXAS MINEUR ♥♥

Utilisez le Texas mineur à 2 ♠ ou à 3 ♣ sur 1 SA avec :

– soit un jeu faible **pour vous arrêter à 3 ♣ ou 3 ♦**,

– soit avec **une certitude de manche** et une distribution irrégulière.

1. **Avec une longueur à Trèfle et une certitude de manche**

Après le début d'enchères :

1 SA	2 ♠ (Texas ♣)
3 ♣	?

Voici la suite des enchères du répondant :

- 3 ♦ ⇒ **Bicolore mineur** (au moins 5-5)
- 3 ♥ ⇒ **Courte** à ♠
- 3 ♠ ⇒ **Courte** à ♥
- 3 SA ⇒ **Courte** à ♦

Voici un exemple :

1 SA	2 ♠
3 ♣	3 ♥

♠ 8
♥ A 10 9
♦ V 10 8
♣ R D 9 8 7 2

Après la réponse de 3 ♥ l'ouvreur connaît une longueur 6ᵉ à Trèfle et une courte **à Pique** l'autre majeure.
Il aura tous les éléments pour décider du meilleur contrat : 3 SA, 5 ♣ et parfois même 6 ♣.

2. Avec une longueur à Carreau et une certitude de manche

Après le début d'enchères :

1 SA	3 ♣ (Texas ♦)
3 ♦	?

Voici la suite des enchères du répondant :

- 3 ♥ ⇒ **Courte à ♠**
- 3 ♠ ⇒ **Courte à ♥**
- 3 SA ⇒ **Courte à ♣**

Voici un exemple :

1 SA	3 ♣
3 ♦	3 SA

♠ R 10 2
♥ A 9 8
♦ R V 8 7 6 2
♣ 7

La redemande à 3 SA montre un unicolore à Carreau et **la courte à Trèfle** – **l'autre mineure** –

EN RÉSUMÉ ⇒ après un Texas mineur :

- 3 ♥/3 ♠ ⇒ **courte dans l'autre majeure,**
- 3 SA ⇒ **courte dans l'autre mineure.**

TABLEAU DES RÉPONSES SUR 1 SA

VOTRE FORCE ⇒	JUSQU'A 8 DH	AVEC 9-10 DH	A PARTIR DE 10 H OU 11 DH
SANS MAJEURE	PASSE OU TEXAS MINEUR	2 SA	3 SA
AVEC MAJEURE 4e	PASSE	2 ♣ STAYMAN	2 ♣ STAYMAN
AVEC MAJEURE 5e	TEXAS	TEXAS	TEXAS
AVEC MAJEURES 5e + 4e	TEXAS	2 ♣ STAYMAN	2 ♣ STAYMAN
AVEC 5-5 MAJEUR	2 ♥	2 ♦	4 ♦

TESTS DE CONTRÔLE

SUR L'OUVERTURE D'1 SA

Voici 10 jeux. A chaque fois, je vous proposerai trois réponses différentes. A vous de trouver la bonne.

1. Votre jeu en Nord : — Votre réponse

Main	Sud	Nord	Votre réponse
♠ 8 4 ♥ D 9 4 ♦ A D 10 9 7 ♣ V 9 8	1 SA	?	(1) 2 ♦ (2) 2 SA (3) 3 SA

2. Votre jeu en Nord : — Votre réponse

Main	Sud	Nord	Votre réponse
♠ V 10 6 5 ♥ V 6 3 ♦ R D 7 ♣ D 8 3	1 SA	?	(1) passe (2) 2 ♣ (3) 2 SA

3. Votre jeu en Nord : — Votre réponse

Main	Sud	Nord	Votre réponse
♠ R 10 8 6 ♥ D 3 ♦ R D V 9 5 ♣ 6 2	1 SA	?	(1) 2 ♣ (2) 3 ♦ (3) 3 SA

4. Votre jeu en Nord : — Votre réponse

Main	Sud	Nord	Votre réponse
♠ D V 8 6 ♥ R V 9 8 ♦ 6 2 ♣ D 8 7	1 SA	?	(1) 2 ♣ (2) 2 SA (3) 3 SA

5. Votre jeu en Nord :

	Sud	Nord	Votre réponse
♠ D 10 9 8 3			(1) passe
♥ D 9 6 2			(2) 2 ♣
♦ 8 3	1 SA	?	(3) 2 ♥
♣ 9 8			

6. Votre jeu en Nord :

	Sud	Nord	Votre réponse
♠ R D 10 8 6 2			(1) 2 ♥
♥ D V 9			(2) 3 ♠
♦ 8	1 SA	?	(3) 4 ♠
♣ V 10 8			

7. Votre jeu en Nord :

	Sud	Nord	Votre réponse
♠ A V 9			(1) 2 ♦
♥ A 10 9 6 3			(2) 3 ♥
♦ 10 9 5	1 SA	?	(3) 3 SA
♣ R 10			

8. Votre jeu en Nord :

	Sud	Nord	Votre réponse
♠ R 9 8 5			(1) 2 ♣
♥ R D 10 9 4			(2) 2 ♦
♦ D 8 6 2	1 SA	?	(3) 3 ♥
♣ –			

9. Votre jeu en Nord :

	Sud	Nord	Votre réponse
♠ V 8 6 2			(1) 2 ♣
♥ R 9 5			(2) 3 ♣
♦ 8	1 SA	?	(3) 3 SA
♣ A R D 10 9			

10. Votre jeu en Nord :

Votre jeu	Sud	Nord	Votre réponse
♠ R V 5 ♥ 10 3 ♦ A D 8 6 ♣ R V 8 5	1 SA	?	(1) 2 ♣ (2) 3 SA (3) 4 SA

RÉPONSES

Test n° 1

(1) 2 Il s'agit d'un exemple concernant **les plus-values à SA.**
(2) 8 Votre jeu vaut largement 10 points H, répondez 3 SA.
(3) 10

Test n° 2

(1) 2 Avec 9 points H et une distribution 4-3-3-3,
(2) 6 répondez 2 SA.
(3) 10 **Évitez le Stayman avec une distribution 4-3-3-3.**

Test n° 3

(1) 10 Répondez 2 ♣ **Stayman** pour rechercher un fit 4-4
(2) 3 à ♠.
(3) 5

Test n° 4

(1) 10 Un excellent exemple de **Stayman** avec 9 points H et
(2) 3 les deux majeures quatrièmes.
(3) 5

Test n° 5

(1) 3 Utilisez **le Texas** avec un bicolore 5-4 majeur faible ;
(2) 4 répondez 2 ♥, Texas ♠.
(3) 10

Test n° 6

(1) 10 Commencez par répondre 2 ♥ Texas, avant de conclure
(2) 4 à 4 ♠.
(3) 8

Test n° 7

(1) 10 Avec une majeure cinquième le Texas est obligatoire.
(2) 4 Commencez par répondre 2 ♦ **Texas** dans le but
(3) 2 d'annoncer 3 SA au tour suivant.

Test n° 8

(1) 10 Avec un bicolore majeur 5-4, **utilisez le Stayman**
(2) 7 **avec un espoir ou une certitude de manche**.
(3) 2

Test n° 9

(1) 10 Même avec une très belle mineure cinquième, vous
(2) 5 devez utiliser le Stayman ⇒ priorité à la recherche du
(3) 4 fit 4-4 en majeure.

Test n° 10

(1) 2 Avec 14 points H, une distribution régulière sans
(2) 10 majeure quatrième, vous n'avez qu'une seule bonne
(3) 2 enchère : 3 SA. Il n'y a **pas d'espoir de chelem** en
face d'1 SA (15-17).

VOTRE RÉSULTAT		
– de 85 à 100	:	**Très bonnes réponses sur** 1 SA.
– de 60 à 84	:	**Bien. Révisez le** TEXAS.
– moins de 60	:	**Étudiez les réponses sur** 1 SA.

RÉPONSES SUR 2 SA ⇒ STAYMAN ET TEXAS

Ce chapitre est très important. **Toutes les conventions que vous apprendrez sont utilisées sur les autres ouvertures fortes, après une redemande à 2 SA.**

Adoptez le même SYSTÈME DE RÉPONSES que sur l'ouverture de 2 SA :

1. Après une ouverture de **2 ♣ fort indéterminé** et une redemande à **2 SA**.
2. Après une ouverture de **2 ♦ forcing de manche** et une redemande à **2 SA**.

Comme sur 1 SA, utilisez le **Stayman** et le **Texas**.

LE 3 ♣ STAYMAN

Voici les 4 réponses au 3 ♣ Stayman ⇒

- 3 ♦ ⇒ **pas de majeure quatrième**
- 3 ♥ ⇒ **4 cartes à ♥**
- 3 ♠ ⇒ **4 cartes à ♠**
- 3 SA ⇒ **4 cartes à ♥ + 4 cartes à ♠**

Ces réponses sont les mêmes – **un palier plus élevé** – que les réponses sur l'ouverture d'1 SA.

Exemples :

①

♠ A D V
♥ R 10 8
♦ R D 7
♣ A V 9 8

2 SA	3 ♣
3 ♦	

Pas de majeure quatrième

②

♠ A 9
♥ R D 8 2
♦ A V 10 9
♣ A D 10

2 SA	3 ♣
3 ♥	

Priorité à l'annonce d'une majeure 4^e^

Avec quel jeu devez-vous utiliser le Stayman ?

– **Utilisez le Stayman avec une majeure 4e et de quoi jouer la manche** (minimum 6 DH).
– Vous utiliserez également le Stayman avec une majeure 5e et une majeure 4e à partir de 6 points DH.

Un conseil : évitez de faire un Stayman avec une distribution 4-3-3-3.

LE TEXAS

Comme sur 1 SA, le Texas s'utilise avec une majeure 5e.

Répondez :

- 3 ♦ ⇒ **avec au moins 5 cartes à ♥**
- 3 ♥ ⇒ **avec au moins 5 cartes à ♠**

Voici les deux avantages du Texas sur 2 SA :

1. **Le Texas permet à l'ouvreur de jouer les contrats à ♥ ou à ♠ et donc de recevoir l'entame.**
2. **Le Texas permet de s'arrêter à 3 ♥ ou 3 ♠.**

> **UN CONSEIL ⇒**
> **rectifiez toujours le Texas afin que la main forte reçoive l'entame. Plus l'ouverture est forte en points H, plus le Texas est efficace.**

● **Comme sur 1 SA,** vous pouvez utiliser le Texas majeur avec **un jeu très faible**.

Voici un exemple :

2 SA	3 ♦
3 ♥	passe

♠ 8 6 2
♥ V 10 8 4 3
♦ 5
♣ 10 8 7 6

Le contrat de 3 ♥ gagnera plus souvent que 2 SA.

● **Une convention utile** comme sur 1 SA, avec **4 cartes dans la majeure** de votre partenaire et un jeu maximum, **je vous conseille de rectifier le Texas avec saut** :

Voici un exemple :

♠ A R 7 2
♥ R 5
♦ A D 10 9
♣ A V 9

2 SA	3 ♥
4 ♠	

RÉPONSES ET SUITE DES ENCHÈRES

1. SANS MAJEURE QUATRIÈME

- **Répondez 3 SA à partir de 5 points H.**

2 SA	3 SA	♠ 7 5 ♥ R 10 8 ♦ D 10 9 8 3 ♣ D 8 3

Avec des jeux forts, à partir de 12 points H, c'est-à-dire avec un espoir de chelem, vous devrez faire une autre enchère. Reportez-vous à la partie concernant les chelems (page 219).

2. AVEC UNE MAJEURE QUATRIÈME

- Utilisez **le Stayman** **à partir de 6 points DH** pour **rechercher un fit 4-4 en majeure**.

Voici un exemple :

2 SA	3 ♣	♠ D 10 8 4 ♥ 10 5 2 ♦ R V 10 8 ♣ V 5

– Sur la réponse de 3 ♦, annoncez 3 SA.
– Sur la réponse de 3 ♥, annoncez également 3 SA.
– Sur la réponse de 3 ♠, soutenez à 4 ♠.
– Sur la réponse de 3 SA qui indique **les deux majeures quatrièmes**, vous avez le choix entre ⇒

- soutenir à 4 ♠
- utiliser le Texas sur Stayman – ♥ – c'est-à-dire répondre :

4 ♣ pour faire jouer 4 ♥
4 ♦ pour faire jouer 4 ♠

Si vous utilisez – ce que je vous conseille vivement – cette excellente convention avec votre partenaire habituel, répondez 4 ♦ avec le jeu précédent.

3. AVEC UNE MAJEURE CINQUIÈME

- **C'est l'utilisation du Texas.**

Commencez par répondre :

– 3 ♦ **avec cinq cartes à ♥**
– 3 ♥ **avec cinq cartes à ♠.**

Puis, sur la rectification à 3 ♥ ou 3 ♠ ⇒

- **passez** jusqu'à 5 points DH,
- à partir de 6 points DH, **vous devez faire une des enchères suivantes** :

a) annoncer **3 SA** avec une distribution régulière ou semi-régulière,
b) annoncer 4 ♥ ou 4 ♠ avec **une majeure 6e**,
c) annoncer **une nouvelle couleur au palier de 4** avec une distribution bicolore et un jeu fort.

Voici trois exemples :

①	2 SA	3 ♦
	3 ♥	3 SA

♠ V 7 5
♥ R 10 8 4 2
♦ D 6 3
♣ 9 2

Sur 3 SA, **l'ouvreur décidera du contrat final.**

②	2 SA	3 ♥	♠ R 10 8 7 6 2
	3 ♠	[4 ♠]	♥ 5
			♦ V 9 8 3
			♣ 7 4

Pas de problème avec six cartes pour annoncer la manche en majeure.

③	2 SA	3 ♥	♠ A D 10 9 3
	3 ♠	[4 ♣]	♥ 5
			♦ R 10 7
			♣ D 9 8 3

La réponse de 4 ♣ est une enchère forte : elle indique **un espoir de chelem** et en principe une distribution bicolore.

4. AVEC UNE MAJEURE CINQUIÈME ET UNE MAJEURE QUATRIÈME

1. **Utilisez le Texas pour vous arrêter à 3 ♥ ou 3 ♠**

2 SA	3 ♥	♠ V 10 9 8 7
3 ♠	[passe]	♥ V 10 8 3
		♦ 6 2
		♣ 7 4

Utilisez le Texas et passez sur 3 ♠.

2. **Utilisez le Stayman à partir de 6 points DH**

- Si votre partenaire répond 3 ♥ ou 3 ♠ sur 3 ♣, pas de problème, soutenez à 4 ♥ ou 4 ♠,

- S'il répond 3 SA, vous avez le choix entre soutenir en majeure ou utiliser **le Texas sur Stayman** pour faire jouer l'ouvreur,

- Si votre partenaire annonce 3 ♦ – **pas de majeure** – vous avez le choix comme sur 1 SA entre →
– annoncer votre majeure cinquième, au palier de 3
– **ou utiliser la convention ♥♥ des majeures croisées,** c'est-à-dire nommer au palier de 3 votre majeure quatrième.

2 SA	3 ♣
3 ♦	**3 ♥ = 5 Piques + 4 Cœurs** **3 ♠ = 5 Cœurs + 4 Piques**

Je vous conseille d'adopter cette convention des majeures croisées dans le but de faire jouer la MAIN FORTE.

5. AVEC LES DEUX MAJEURES CINQUIÈMES

- Avec un bicolore majeur 5-5 et **de quoi jouer la manche → utilisez la réponse conventionnelle de 4 ♦**

2 SA	4 ♦

♠ V 8 6 4 2
♥ A 10 9 7 6
♦ 9
♣ 10 5

Sur 4 ♦ → l'ouvreur rectifie à 4 ♥ ou à 4 ♠

- Avec un bicolore majeur 5-5 et **un espoir de chelem, commencez par répondre 3 ♥**, puis sur 3 ♠ annoncez :

→ 4 ♥ avec un espoir de chelem
→ 5 ♥ FORCING avec une « certitude de chelem »

Voici un exemple :

2 SA	3 ♥
3 ♠	4 ♥

♠ R D 9 7 2
♥ R 10 8 6 4
♦ 9
♣ 10 5

DEUX CONVENTIONS

① Les Texas mineurs ♥♥

Si vous jouez en compétition, vous devez adopter les Texas mineurs et répondre :

- 3 ♠ = Texas **facultatif** pour les Trèfles – **6 cartes minimum**
- 4 ♣ = Texas Carreau – **6 cartes minimum**.

À RETENIR ⇒
Contrairement aux autres réponses Texas, **les Texas mineurs sur 2 SA sont des enchères fortes** qui indiquent au minimum une possibilité de chelem. La réponse de 4 ♣, dépassant 3 SA, montre toujours un espoir de chelem.

Attitude de l'ouvreur ⇒

– **S'il est intéressé par le chelem**, il rectifie le Texas à 4 ♣ ou 4 ♦,

– **S'il n'est pas intéressé**, il annonce sans-atout au palier minimum.

Voici un exemple :

Ouest		Est
♠ D V 10 8	N	♠ R 7 2
♥ A R	O E	♥ 8 4
♦ A D 7	S	♦ 9 5
♣ R D 8 6		♣ A V 10 7 5 4

OUEST	EST
2 SA	3 ♠
4 ♣	4 ♠
4 SA	5 ♦
6 ♣	

Intéressé par le chelem, l'ouvreur rectifie à 4 ♣ et Est nomme son contrôle à ♠ – 4 ♠.

② L'autre majeure ♥♥♥

Après une réponse de 3 ♥ ou de 3 ♠ au Stayman annoncez conventionnellement L'AUTRE MAJEURE pour indiquer ⇒

un fit dans la majeure de l'ouvreur et un espoir de chelem.

2 SA	3 ♣	2 SA	3 ♣
3 ♥	[3 ♠]	3 ♠	[4 ♥]

– **Dans la séquence de gauche :** 3 ♠ montre un espoir de chelem à Cœur et ne garantit rien au sujet des Piques.

– **Dans la séquence de droite :** 4 ♥ montre un espoir de chelem à Pique, sans autre indication.

Voici un exemple :

2 SA	3 ♣
3 ♥	[3 ♠]

♠ 9 8
♥ A D 10 4
♦ R 9 8 3
♣ D V 2

Sur 3 ♥, annoncez l'autre majeure – 3 ♠ – **pour rechercher un chelem à ♥.**

RÉPONSES SUR 2 ♥ ET 2 ♠ FAIBLE

Avant d'étudier les différentes réponses sur le 2 majeur faible, n'oubliez pas que l'ouverture de 2 faible est une ouverture de barrage et que **l'ouvreur de 2 faible, ayant déjà annoncé son jeu, ne devra plus se manifester** en enchères compétitives, sauf après une réponse forcing du partenaire.

Deux sortes de réponses sur le 2 faible :

1. Les enchères d'arrêt.
2. Les réponses forcing.

1. LES ENCHÈRES D'ARRÊT

a) Les soutiens

Tous les soutiens sont des **arrêts formels**, que ce soit un soutien au palier de 3 ou au palier de 4.

- Le soutien au palier de **3** est une enchère destinée à barrer le camp adverse.

Ce soutien est très efficace, le risque d'un contre punitif étant très faible au niveau d'une partielle.

2 ♠   [3 ♠]

♠ D 8 7
♥ 7 3
♦ R D 10 5
♣ R 9 7 2

Cette réponse de 3 ♠ gênera considérablement le camp adverse.

> **UN CONSEIL ⇒ pensez-à soutenir à 3 ♥ ou à 3 ♠ à chaque fois que vous êtes non vulnérable.**

- Le soutien à 4 ♥ ou 4 ♠ est également un arrêt formel.

Voici deux exemples de soutien à 4 ♥ :

♠ 7 2 ♥ R 10 8 6 ♦ R D 9 8 4 ♣ 7 3	♠ A R 10 8 ♥ D 2 ♦ A V 7 4 3 ♣ R 5

Dans l'exemple de gauche, il s'agit d'un **barrage**.
Dans l'exemple de droite, le soutien est fait avec **17 points H** et de quoi contrer n'importe quelle intervention adverse.

Ces soutiens à 4 ♥ et 4 ♠ pouvant se faire avec n'importe quelle sorte de jeu, **laissez toujours la parole revenir à votre partenaire**.

b) La réponse de 3 SA

Ce n'est pas une proposition de manche, mais l'indication que votre partenaire veut jouer ce contrat et qu'il ne tient pas à jouer au palier de 4 dans votre majeure.

2 ♠	3 SA	♠ 3 ♥ A D ♦ A R D V 7 3 ♣ A 8 3 2

2. LES RÉPONSES FORCING

1. Le relais forcing à 2 SA

Cette réponse de 2 SA est un **relais forcing pour un tour**. Elle demande à l'ouvreur de préciser la force de son ouverture.

AVEC QUEL SORTE DE JEU RÉPOND-ON 2 SA ?

Répondez 2 SA à chaque fois que vous possédez **au moins un espoir de manche** dans la couleur de votre partenaire. Vous pouvez également utiliser le relais avec un espoir de chelem.

Attitude de l'ouvreur sur 2 SA		
• Minimum	⇒	Il annonce 3 ♥ ou 3 ♠. **Il répète sa couleur d'ouverture**.
• Non minimum	⇒	Il aura le choix entre : – **annoncer une force** au palier de **3** - As ou Roi - – **annoncer un singleton** au palier de **4** – **annoncer 3 SA** sans As ni Roi annexe, ni singleton.

Illustrons par quelques exemples les différentes réponses de l'ouvreur :

①

♠ A D 10 8 3 2
♥ 5 3
♦ V 7 4
♣ 8 6

2 ♠	2 SA
[3 ♠]	

2 **Faible** minimum

②

♠ 7 2
♥ R D 10 8 6 3
♦ A 5
♣ 10 6 4

2 ♥	2 SA
[3 ♦]	

Bon **2 Faible** avec l'As de ♦

③

♠ A D 10 9 8 7
♥ 5
♦ D V 10
♣ V 7 4

2 ♠	2 SA
[4 ♥]	

Bon **2 Faible** et **courte** à ♥

④

♠ 5
♥ A R V 7 4 2
♦ D 6 4
♣ 8 7 4

2 ♥	2 SA
[4 ♥]	

4 ♥ : **courte à ♠**, réponse économique en dessous de la manche.

ATTENTION ⇒ Avec un 2 faible à Cœur – non minimum – et **un singleton Pique**, répondez 4 ♥ sur 2 SA :

⑤

♠ A D V 9 8 7
♥ D 5
♦ 10 9 8
♣ 9 7

2 ♠	2 SA
[3 SA]	

Maximum, **bonne couleur** sans force annexe.

SUITE DES ENCHÈRES APRÈS 2 SA

- **Toute nouvelle couleur du répondant est forcing :**

2 ♥	2 SA	L'enchère de 3 ♠ est
3 ♣	[3 ♠]	forcing pour un tour.

- Après une première réponse positive, l'ouvreur maximum peut annoncer un singleton sur une nouvelle couleur du partenaire.

Exemple :

♠ 10 9 4
♥ R D 10 9 8 5
♦ A 8 4
♣ 7

2 ♥	2 SA
3 ♦	3 ♠
[4 ♣]	

4 ♣ = **courte** à ♣ L'**annonce d'une force est prioritaire**. L'ouvreur annonce son singleton au tour suivant.

Cette façon de procéder permet au répondant, c'est-à-dire la main forte, de juger de l'efficacité de ses cartes et de demander facilement un excellent chelem.

Voici maintenant les deux jeux et la séquence complète :

Ouest		Est
♠ 10 9 4	N	♠ A R 6 2
♥ R D 10 9 8 5	O E	♥ A 6 2
♦ A 8 4	S	♦ R D V 5
♣ 7		♣ V 4

OUEST	EST
2 ♥	2 SA
3 ♦	3 ♠
4 ♣	6 ♥

Est peut en effet compter 6 levées à Cœur, 4 levées à Carreau et 2 levées à Pique. Il sait que son partenaire est court à Trèfle et possède une robuste couleur. Il n'a aucun mal à annoncer 6 ♥.

NOUVEAU ⇒ je vous conseille de jouer le retour au palier de 3 **non forcing**.

2 ♥ 2 SA

3 ♦ 3 ♥ **non forcing**

N'oubliez pas de le signaler à votre partenaire habituel.

C'est à l'ouvreur de prendre la décision finale : passer, demander la manche à 4 ♥ ou proposer 3 SA.

- Le relais à 2 SA permet également de jouer 3 SA avec un fit en majeure :

Ouest		Est
♠ A D 10 8 4 3	N	♠ R V 2
♥ 7 4	O E	♥ R D V
♦ R 8	S	♦ A 6 2
♣ 7 4 2		♣ D 10 9 5

OUEST	EST
2 ♠	2 SA
3 ♦	3 SA

Le **répondant peut compter 9 levées** quelle que soit l'entame, alors que 4 ♠ peuvent chuter.

2. Les changements de couleur

RÈGLE ⇒ le changement de couleur est forcing pour 1 tour. Il faut détenir un jeu puissant pour faire une enchère forcing en face d'une ouverture faible.

Voici deux exemples :

① 2 ♥ [2 ♠]

♠ A R V 9 6 2
♥ 3
♦ A D 8 2
♣ 6 4

② 2 ♠ [3 ♣]

♠ 3
♥ A D 8 2
♦ D 4
♣ A R V 10 6 4

• Le changement de couleur **ne dénie pas un fit dans la couleur d'ouverture**.

2 ♥	3 ♣ (encadré)	♠ A 9 3 ♥ A 10 5 ♦ A 8 ♣ A R V 10 5

– Si l'ouvreur possède la Dame de Trèfle et une robuste couleur à Cœur, le grand chelem est sur table.

• **Attitude de l'ouvreur sur un changement de couleur ⇒**

– L'ouvreur doit soutenir avec trois cartes.

♠ 8 6 2 ♥ A D 10 9 8 4 ♦ 10 9 ♣ V 8	2 ♥ 3 ♠ (encadré)	2 ♠

– Sans soutien, il peut répéter sa couleur ou **nommer une force avec un bon 2 faible** :

♠ R D 10 8 6 2 ♥ 10 4 ♦ A 10 5 ♣ 9 2	2 ♠ 3 ♦ (encadré)	3 ♣

Sur 3 ♣ l'ouvreur **nomme sa force à ♦** – 3 ♦ – pour permettre à son partenaire d'annoncer **3 SA avec l'arrêt à ♥**.

TESTS SUR LE 2 MAJEUR FAIBLE

1. Votre jeu en Sud : Votre réponse

♠ R 9 7 5 2 ♥ 10 ♦ A D 10 7 ♣ R V 7	Nord 2 ♥	Sud ?	(1) passe (2) 2 ♠ (3) 2 SA

2. Votre jeu en Sud : Votre réponse

♠ D 8 5 ♥ V 9 8 2 ♦ 9 5 ♣ A D 10 8	Nord 2 ♠	Sud ?	(1) passe (2) 3 ♠ (3) 4 ♠

3. Votre jeu en Sud : Votre réponse

♠ A 10 5 ♥ V 9 7 ♦ A 10 8 ♣ R D 7 3	Nord 2 ♥	Sud ?	(1) 2 SA (2) 3 ♥ (3) 4 ♥

4. Votre jeu en Sud : Votre réponse

♠ V 10 8 ♥ R V 9 6 ♦ A R 9 ♣ A V 7	Nord 2 ♠	Sud ?	(1) 2 SA (2) 3 SA (3) 4 ♠

5. Votre jeu en Sud :

	Nord	Sud	Votre réponse
♠ A R V 8 7 2 ♥ 8 ♦ A R ♣ V 10 9 5	2 ♥	?	(1) 2 ♠ (2) 2 SA (3) 3 ♠

6. Votre jeu en Nord :

	Nord	Sud	Votre réponse
♠ 8 ♥ R V 10 9 6 2 ♦ 7 6 2 ♣ D V 5	2 ♥ ?	2 SA	(1) passe (2) 3 ♥ (3) 4 ♥

7. Votre jeu en Nord :

	Nord	Sud	Votre réponse
♠ R D V 8 7 2 ♥ 7 5 ♦ 8 3 ♣ R 9 4	2 ♠ ?	2 SA	(1) 3 ♣ (2) 3 SA (3) 4 ♠

8. Votre jeu en Nord :

	Nord	Sud	Votre réponse
♠ 8 6 4 ♥ A R V 9 4 2 ♦ 7 ♣ V 10 2	2 ♥ ?	2 SA	(1) 3 SA (2) 4 ♦ (3) 4 ♥

9. Votre jeu en Nord :

	Nord	Sud	Votre réponse
♠ A D V 9 7 2 ♥ D 8 ♦ 10 5 ♣ V 7 6	2 ♠ ?	2 SA	(1) 3 ♠ (2) 3 SA (3) 4 ♠

10. Votre jeu en Nord : Votre réponse

	Nord	Sud	
♠ 8			(1) 3 ♦
♥ R D 10 9 6 2			(2) 3 SA
♦ A 10 3	2 ♥	2 SA	(3) 4 ♥
♣ 10 9 8	?		

RÉPONSES

Test n° 1

(1) 10
(2) 2
(3) 3

Avec un singleton à Cœur et seulement 13 points H, vous n'avez qu'une seule enchère : passe.

Test n° 2

(1) 2
(2) 10
(3) 4

Avec la Dame de ♠ troisième, **vous devez soutenir à 3 ♠**. C'est une enchère de barrage destinée uniquement à gêner vos adversaires. Votre partenaire passera quel que soit son jeu.

Test n° 3

(1) 10
(2) 3
(3) 5

Utilisez le Relais à 2 SA avec 14 points H en levées de tête et trois cartes à ♥. Si l'ouvreur est minimum, vous pourrez vous arrêter à 3 ♥.

Test n° 4

(1) 10
(2) 5
(3) 8

Il est bien tentant de conclure à 4 ♠, mais il n'y a pas d'urgence. **Répondez 2 SA pour obtenir des renseignements supplémentaires** et pourquoi pas trouver une manche à SA.

Test n° 5

(1)	10	Répondez 2 ♠, **changement de couleur forcing pour un tour**. Le changement de couleur est une enchère forte, **il faut en effet détenir un jeu puissant pour faire une enchère forcing sur un 2 faible**.
(2)	4	
(3)	2	

Test n° 6

(1)	0	Vous devez répéter votre couleur ; répondez 3 ♥ pour indiquer une ouverture minimum.
(2)	10	
(3)	4	

Test n° 7

(1)	10	Vous possédez une bonne couleur d'ouverture et le Roi de ♣. **Annoncez votre force au palier de 3**, la réponse de 3 ♣ garantit l'As ou le Roi.
(2)	5	
(3)	2	

Test n° 8

(1)	4	Nommez directement votre singleton au palier de 4 – 4 ♦ – avec un 2 faible maximum sans As ou Roi dans une autre couleur.
(2)	10	
(3)	4	

Test n° 9

(1)	5	Avec un 2 faible maximum sans force annexe – As ou Roi – ni singleton, **vous devez répondre 3 SA**.
(2)	10	
(3)	4	

Test n° 10

(1)	10	Priorité à la force annexe – **As ou Roi** – lorsque vous êtes maximum avec un gros honneur et un singleton. Annoncez 3 ♦, vous indiquerez s'il y a lieu votre contrôle à ♠ au tour suivant.
(2)	0	
(3)	5	

VOTRE RÉSULTAT

- **de 85 à 100 : SUPER - Vous êtes au point sur le 2 FAIBLE.**
- **de 60 à 84 : Bien. Concentrez-vous davantage.**
- **moins de 60 : Relisez les réponses sur le 2 FAIBLE.**

RÉPONSES SUR 2 TRÈFLES FORT INDÉTERMINÉ

- Dans la grande majorité des cas, **le répondant utilisera la réponse conventionnelle de 2 ♦**. C'est un relais forcing :

2 ♣	2 ♦	Relais forcing

- **Les autres réponses** ⇒ 2 ♥, 2 ♠, 3 ♣ et 3 ♦ **sont des réponses naturelles et précises**

Elles indiquent un espoir de chelem ⇒

2 ♥ et 2 ♠	=	montrent une couleur cinquième par au moins **deux gros honneurs**
3 ♣ et 3 ♦	=	montrent une couleur sixième par au moins **deux gros honneurs**

Voici un exemple :

2 ♣	2 ♠	♠ R D V 7 3 ♥ 10 4 ♦ A 9 8 3 ♣ 8 4

La réponse de 2 ♠ est forte, elle montre une majeure cinquième et deux gros honneurs à Pique.

- **Sur une réponse positive** ⇒ la suite des enchères est **naturelle**.

Si l'ouvreur annonce 2 SA, il n'y a plus de Stayman ou de Texas.

Dans plus de 90 % des cas, le début des enchères sera :

2 ♣	2 ♦ RELAIS

Voici les principales redemandes de l'ouvreur sur 2 ♦ :

- 2 ♥ = 2 Fort à Cœur,
- 2 ♠ = 2 Fort à Pique,
- 2 SA = SUPER 2 SA (22-23),
- 3 ♣ = Unicolore fort à Trèfle,
- 3 ♦ = Unicolore fort à Carreau.

Vous pouvez également utiliser la redemande conventionnelle suivante ♥♥ (voir page 17) :

- 3 SA = Puissant bicolore majeur (5 ♠ + 5 ♥)

– Nous venons d'étudier les réponses sur 2 SA avec le Stayman et le Texas.

Utilisez les mêmes réponses sur le SUPER 2 SA **en tenant compte de la force de l'ouvreur.**

SUITE DES ENCHÈRES APRÈS 2 ♥ ET 2 ♠

Vous devez répondre, comme après une ouverture de 2 Fort, c'est-à-dire en donnant la priorité aux soutiens en majeure à partir de trois cartes.

Voici la valeur des différents soutiens :

1. **Le soutien à 4 ♥ ou 4 ♠ ⇒ de 6 à 9 points S**

2 ♣	2 ♦
2 ♥	4 ♥

♠ D 10 6 2
♥ V 10 9
♦ 7 4
♣ R 8 7 3

Le soutien à 4 ♥ est **un arrêt**.

2. **Le soutien forcing ⇒ à partir de 10 points S**

A partir de 10 S en face de l'équivalent d'un 2 Fort, vous possédez ce qu'on appelle un espoir de chelem. Afin de ne pas brusquer les enchères, donnez un soutien simple à 3 ♥ ou 3 ♠.

RÈGLE ⇒ le soutien simple est un soutien forcing avec un espoir de chelem – à partir de 10 points S.

Exemple :

2 ♣	2 ♦
2 ♠	[3 ♠]

♠ R 9 8 4
♥ A 10 8
♦ D V 6 2
♣ 7 4

3. **Le Splinter ♥♥**

La convention Splinter s'est généralisée et je vous conseille d'utiliser le Splinter en réponse après une ouverture de 2 ♣ Fort indéterminé et une redemande à 2 ♥ ou 2 ♠ pour indiquer :

- la valeur d'un soutien forcing (à partir de 10 points S),
- quatre atouts,
- **une courte** dans **la couleur du Splinter**.

Exemple :

2 ♣	2 ♦
2 ♠	[4 ♣]

♠ R 9 8 4
♥ A 10 8 4
♦ D V 6 2
♣ 7

4 ♣ : **Splinter** – courte à ♣

NOTE ⇒ vous pouvez également utiliser le Splinter après une ouverture de 2 ♦ **et une redemande à 2 ♠**.

Les réponses à sans-atout

1. La réponse de 2 SA ⇒ 4 à 8 H artificielle et forcing pour un tour

Comme sur l'ouverture de 1 à la couleur, cette réponse peut se faire avec n'importe quelle distribution.

2 ♣	2 ♦
2 ♠	2 SA

♠ 6 2
♥ 8 3
♦ A 10 8 6
♣ 10 9 7 4 3

Vous ne devez pas passer sur 2 ♠ avec un As.

2. La réponse naturelle de 3 SA ⇒ 9-10 H

Cette réponse de 3 SA indique un jeu régulier et des arrêts dans les autres couleurs.

Le changement de couleur

Le changement de couleur au palier de 3 est positif – au minimum 8 points H – et indique une bonne couleur.

Exemple :

2 ♣	2 ♦
2 ♠	3 ♦

♠ V 10
♥ D V 10
♦ R V 9 8 6
♣ D 6 3

Suite des enchères après 3 ♣ et 3 ♦

L'ouvreur possède un unicolore fort à Trèfle ou à Carreau – **en général** sept **cartes**.

- **Le répondant doit en priorité s'orienter vers la manche à sans-atout.**

2 ♣	2 ♦
3 ♦	3 SA

♠ D 10 8 6
♥ R 9
♦ 7 2
♣ R 8 6 4 3

- **Le changement de couleur à 3 ♥ ou à 3 ♠ est forcing** et montre un minimum de cinq cartes.

- **Les soutiens à 4 ♣ ou 4 ♦** ⇒ dépassant la manche à 3 SA, sont des soutiens forcing avec un espoir de chelem.

Suite des enchères après la redemande conventionnelle de 3 SA ♥♥

Après la redemande de l'ouvreur à 3 SA qui montre un puissant **bicolore 5-5 majeur**.

- **Rectifiez à 4 ♥ ou à 4 ♠ avec un jeu faible**.

2 ♣	2 ♦
3 SA	4 ♠

♠ 10 8 5
♥ 9 2
♦ R 10 7 3
♣ D V 6 2

Répondez 4 ♠, c'est un arrêt.

• **Annoncez un contrôle à 4 ♣ ou 4 ♦** avec un fit dans une des deux majeures et un espoir de chelem.

2 ♣	2 ♦
3 SA	[4 ♣]

♠ 7 3
♥ V 10 9 4
♦ V 8 6 2
♣ A R 5

4 ♣ indique un contrôle à ♣ et un espoir de chelem, ici à Cœur.

EN CAS D'INTERVENTION ADVERSE

Nous n'avons pas encore étudiés **les enchères compétitives**, mais vous savez déjà probablement **qu'une intervention adverse modifie les réponses.**
Enchères du répondant après une intervention du joueur n° 2 ⇒

• **Le contre** → c'est un **contre Spoutnik** avec un minimum de 5-6 points H (voir page 323)

S	O	N
2 ♣	2 ♠	CONTRE

♠ 9 7
♥ D 10 7 2
♦ A 8
♣ 10 8 6 5 3

Contre = Spoutnik avec un soutien à Cœur – l'autre majeure.

• **L'annonce d'une nouvelle couleur** → **naturel et forcing de manche**, avec une bonne couleur au moins cinquième.

S	O	N
2 ♣	2 ♥	2 ♠

♠ R D 10 7 2
♥ 8
♦ D 10 7 3
♣ 9 8 4

RÉPONSES SUR 2 CARREAUX FORCING DE MANCHE

L'ouverture de 2 ♦ a remplacé l'ouverture de 2 ♣ **Albarran**.

Voici les réponses les plus fréquentes ⇒

- 2 ♥ = **Pas d'As et moins de 8 points.**
- 2 ♠ = **Un As.**
- 2 SA = **A partir de 8 points H ou deux Rois, sans As.**
- 3 SA = **Deux As.**

Vous pouvez également utiliser les réponses suivantes ♥♥ :

- 3 ♣ = **Un As et du jeu** (1 Roi ou 2 Dames)
- 3 ♦, 3 ♥, 3 ♠ = Six cartes dans la couleur commandées par Roi-Dame-Valet.

Voici trois exemples :

① 2 ♦ — 2 ♠ (1 As)

♠ V 8
♥ A 8 7 3
♦ D V 6 2
♣ 9 8 3

② 2 ♦ — 2 SA (avec 2 Rois)

♠ R 10
♥ R V 8 7 3
♦ 5 2
♣ 10 9 4 3

③ 2 ♦ — 3 ♣

♠ A 10 8 7
♥ R 10 5
♦ 8 3
♣ D 9 7 2

3 ♣ = 1 As et du jeu (♥♥).

LA SUITE DES ENCHÈRES

L'ouverture de 2 ♦ a créé **une situation forcing à la manche**.

> **RÈGLE** ⇒ lorsque l'ouvreur de 2 ♦ saute directement à la manche sur la réponse de son partenaire, **c'est qu'il manque deux As.**

Exemple :

♠ A R D V 9 6 3
♥ R D V 10
♦ R
♣ 4

2 ♦	2 ♠
[4 ♠]	

4 ♠ = il manque deux As

- **De la même façon, le saut de l'ouvreur à 3 SA** ⇒

2 ♦	2 ♥
[3 SA]	

145

n'indique en aucun cas un jeu plus fort que la redemande à 2 SA, mais uniquement le désir de **jouer 3 SA et aucun autre contrat**.

Nous allons maintenant étudier la suite des enchères :

1. Quand l'ouvreur de 2 ♦ fait la redemande à 2 SA,
2. Quand l'ouvreur de 2 ♦ nomme sa couleur.

1. **Sur la redemande de 2 SA**

- Je vous conseille, pour plus de simplicité, de jouer les mêmes réponses que sur l'ouverture de 2 SA.

Une seule différence : la redemande à 2 SA de l'ouvreur de 2 ♦ est illimitée.
Elle démarre à **24 points H** et n'a donc pas de limite maximum.

Voici un exemple de séquence complète :

Ouest		Est
♠ A R 10 ♥ A D 10 8 ♦ A D V ♣ R V 8	N O E S	♠ 7 4 ♥ V 9 5 3 ♦ 8 6 4 ♣ A 9 5 2

OUEST	EST
2 ♦	2 ♠ (1 As)
2 SA	3 ♣ (Stayman)
3 ♥	4 ♥

La réponse de 2 ♠ – 1 As – est très économique. **Elle permet la redemande à 2 SA de l'ouvreur**, et l'utilisation du Stayman ou du Texas.

- Sur 2 SA, le répondant dispose de tout l'espace nécessaire pour rechercher, grâce au Stayman, **la présence d'un fit 4-4 à Cœur**.

2. **L'ouvreur annonce sa couleur**

Si le répondant possède un jeu faible sans intérêt particulier, il devra faire une enchère à sans-atout au palier minimum.

- **avec une bonne couleur** – en principe au moins cinquième – il pourra annoncer sa couleur,
- **avec un jeu de soutien** – c'est le cas le plus intéressant – le répondant avec une ou deux bonnes cartes, devra donner un soutien forcing.

RÈGLE ⇒ tout soutien en dessous de la manche est une enchère encourageante, plus forte qu'un soutien direct à la manche.

Après le début d'enchères :

2 ♦	2 ♥
2 ♠	?

vous soutiendrez à 4 ♠ *avec le jeu suivant :*

2 ♦	2 ♥
2 ♠	4 ♠

♠ 10 9 3
♥ V 10 8 4
♦ 7 2
♣ D 7 4 3

Par contre, vous soutiendrez à 3 ♠ *avec :*

2 ♦	2 ♥
2 ♠	3 ♠

3 ♠ = soutien forcing

♠ D 8 6 2
♥ R 10 8
♦ 7 5 4 2
♣ 10 9

Après une intervention adverse

Après une intervention du joueur n° 2, les réponses sont modifiées :

- **Le contre** indique un minimum de 5 points H ou un As,
- **L'annonce d'une couleur** est naturelle avec une bonne couleur cinquième,
- **Le cue-bid** indique **un As et un net espoir de chelem.**
- Enfin, une enchère **à sans-atout avec saut** montre **deux As.**

2 ♦	3 ♥	4 SA

♠ A 10 8 6
♥ 7 3
♦ A 9
♣ V 8 6 4 3

4 SA = **la réponse à saut de 4 SA montre 2 As**

- **Une notion importante après une intervention du joueur n° 4** ⇒ le **passe forcing**.

En passant sur l'intervention, l'ouvreur donne la parole à son partenaire. Le répondant sera dans l'obligation de faire **une enchère autre que passe**.

♠ 6
♥ A R V 5
♦ A R D 4
♣ A R D 9

S	O	N	E
2 ♦	passe	2 ♥	3 ♠
passe			

L'ouvreur, qui a envie de jouer un chelem dans les trois autres couleurs **passe sur** 3 ♠. C'est **un passe forcing**.

NOTES ⇒

- **Si l'ouvreur contre 3 ♠**, il s'agit d'un contre punitif,

- **Si l'ouvreur annonce 3 SA**, c'est qu'il a envie de jouer ce contrat et tient les Piques.

BARRAGES - OUVERTURES ET RÉPONSES

LES OUVERTURES DE BARRAGE

Les enchères de barrage ont pour principal but de gêner le camp adverse.

Elles sont faites avec des jeux faibles en points H et une longueur robuste au moins 7e.
Une bonne enchère de barrage se fait en principe avec peu ou pas de levées de défense.

> **ATTENTION :** tenez compte **des vulnérabilités en présence** avant de faire une ouverture de barrage. Tenez également compte **des cartes intermédiaires.**

LES OUVERTURES DE 3 ♣ ET 3 ♦

Je vous conseille de jouer les ouvertures de barrage en mineure **plus constructives que les ouvertures en majeure**.

- Ouvrez de 3 ♣ ou 3 ♦ avec une robuste couleur 7e, **commandée par deux gros honneurs**.
  En effet, votre partenaire doit pouvoir annoncer 3 SA s'il possède les bonnes cartes.

Voici deux exemples d'ouvertures :

♠ V 10 8 ♥ 9 ♦ R D 10 9 8 6 4 ♣ 7 2	♠ V 10 ♥ 10 8 3 ♦ 5 ♣ A R V 8 6 4 2

Le jeu de gauche correspond à une ouverture de 3 ♦ non vulnérable et *le jeu de droite* à une ouverture de 3 ♣ quelles que soient les vulnérabilités en présence.

LES OUVERTURES DE 3 ♥ ET 3 ♠

Les ouvertures de 3 ♥ et 3 ♠ sont d'excellents barrages qui gênent le camp adverse, particulièrement l'ouverture de 3 ♠.

Voici deux exemples :

♠ 7 ♥ R D V 10 6 4 2 ♦ D 8 3 ♣ 6 2	♠ A D 10 9 8 4 2 ♥ 5 ♦ 10 9 8 ♣ 6 3
Ouvrez de 3 ♥	Ouvrez de 3 ♠

- **Non vulnérable contre vulnérable :** vous pouvez ouvrir de 3 avec des jeux plus faibles.

Voici deux exemples :

♠ D V 10 9 6 3 2 ♥ 3 ♦ 4 ♣ V 9 4 3	♠ A V 9 8 5 4 3 ♥ 4 2 ♦ 10 8 3 ♣ 5

Ouvrez de 3 ♠ non vulnérable contre vulnérable.

L'OUVERTURE DE 3 SANS-ATOUT

Cette ouverture montre classiquement un type de main très précis.

- **Une couleur septième maîtresse à ♣ ou à ♦**
- **Un arrêt** dans une couleur annexe : R x (x) ou D V x

Voici un exemple :

♠ 10 8 2 ♥ R 5 ♦ 7 ♣ A R D V 8 6 2	Ouvrez de 3 SA

– Le partenaire de l'ouvreur peut « enlever » à 4 ♣ avec un jeu très faible, pour jouer au palier de 4 dans la mineure de l'ouvreur.

LES OUVERTURES AU NIVEAU DE 4

Ces ouvertures faites à un palier plus élevé indiquent toujours **des jeux sans levées de défense dans les autres couleurs** avec :

- soit **une couleur septième, très robuste**,
- soit **une bonne couleur huitième.**

– Tenez compte des vulnérabilités en présence.

Voici deux exemples d'ouvertures au palier de 4 :

♠ 5 ♥ A R D 10 9 8 7 ♦ 6 ♣ V 10 6 2	♠ R D 10 9 8 6 4 2 ♥ 5 ♦ 4 ♣ D V 3
Ouvrez de 4 ♥	Ouvrez de 4 ♠

NOTE ⇒ en troisième et quatrième position, c'est-à-dire lorsque votre partenaire a passé d'entrée, vous pourrez ouvrir de 4 ♥ ou de 4 ♠ avec des jeux plus forts.

RÉPONSES SUR UNE OUVERTURE DE BARRAGE

- **Sur une ouverture de 3 ♣ et 3 ♦ :**

– Le répondant devra **en priorité envisager une manche à sans-atout**.

Voici un exemple :

3 ♣	3 SA	♠ A 10 7 2 ♥ A D 10 ♦ R 8 4 ♣ D 8 5

– Si le répondant a un jeu très fort et qu'il ne peut faire une enchère à sans-atout, il pourra nommer une nouvelle couleur.

RÈGLE ⇒ les changements de couleur sont forcing sur une ouverture de barrage.

3 ♦	3 ♠	♠ A D V 8 6 2 ♥ A R 5 ♦ V 5 ♣ R 8

- **Sur une ouverture de 3 ♥ et 3 ♠**

Les ouvertures majeures, plus efficaces que les ouvertures mineures, peuvent être faites avec des jeux plus faibles.

– Sur 3 ♥ et 3 ♠ le changement de couleur montre un espoir de chelem.

UN CONSEIL ⇒
Ne reparlez qu'avec des As et des Rois ou bon soutien et tenez compte des vulnérabilités en présence.

3 ♥ [4 ♥]

♠ A R 7 2
♥ V
♦ A 10 9 6 3
♣ R 8 5

Annoncez 4 ♥, vous possédez assez de bonnes cartes.

Par contre, avec le jeu suivant :

3 ♥ [passe]

♠ R D 4
♥ V 5
♦ D V 9 5
♣ R V 10 6

Vous devez passer. Vos Rois, Dames et Valets ne serviront pas à grand-chose pour un contrat au palier de 4.

UNE RÈGLE POUR L'OUVREUR ⇒

Quand vous ouvrez en barrage, vous avez déjà fait tout votre travail. A moins d'un cas exceptionnel, vous n'aurez plus aucune enchère à faire.

LA DEUXIÈME ENCHÈRE DU RÉPONDANT

A sa première redemande, l'ouvreur a précisé :

– **sa distribution**,
– **la force de son jeu**.

1. VOUS POSSÉDEZ ASSEZ DE RENSEIGNEMENTS

UN CONSEIL ⇒
annoncez directement le **contrat final**, quand les renseignements que vous avez obtenus sont suffisants.

2. VOUS AVEZ BESOIN DE RENSEIGNEMENTS SUPPLÉMENTAIRES

C'est le cas le plus fréquent. Vous aurez le plus souvent besoin de renseignements supplémentaires pour connaître la nature du contrat final – **atout ou sans-atout** – et la hauteur du contrat final – **partielle ou manche**.

Avant d'étudier ensemble les principales situations après la première redemande de l'ouvreur, sachez que les joueurs de compétition ont un dicton :

une ouverture + une ouverture = une manche

Cela veut dire que si votre partenaire a ouvert et que vous avez vous-même une valeur d'ouverture, il est normal d'annoncer la manche.

RAPPEL :

Il faut un minimum de ⇒

- **25 points H** pour 3 SA,
- **27 points DH** pour 4 ♥ ou 4 ♠.

Voici le plan de la deuxième enchère du répondant :

PLAN DU CHAPITRE

- **LE FIT EST TROUVÉ**

  1. **L'ouvreur vient de vous soutenir**
  2. **Vous possédez un jeu de soutien**

- **LA RECHERCHE DU CONTRAT**

  1. **La recherche du fit de huit cartes en majeure**
  2. **L'ouvreur a fait une redemande à sans-atout**
  3. **L'ouvreur a nommé deux couleurs**
  4. **L'ouvreur a répété sa couleur**

LE FIT EST TROUVÉ

1. L'OUVREUR VIENT DE VOUS SOUTENIR

Vous venez donc de trouver une couleur d'atout **et possédez dans votre camp un fit d'un minimum de huit cartes**.

a) Votre couleur est majeure

Vous avez trouvé la nature du contrat final (sauf cas exceptionnel). Le seul problème qui reste est de trouver la hauteur du contrat final : **manche ou partielle**.

Vous savez qu'il faut 27 points DH pour annoncer une manche à Cœur ou à Pique.

Voici maintenant un bref rappel des valeurs du soutien de l'ouvreur :

- **le soutien simple** ⇒ 14 à 16 S,
- **le soutien à saut** ⇒ 17 à 19 S.

1) Si le total de vos points et des points de l'ouvreur donne **un total minimum de 27 DH** : demandez la manche à 4 ♥ ou 4 ♠,

2) S'il n'y a **pas d'espoir de manche** : passez,

3) Si vous **avez un espoir de manche** en face d'un soutien simple maximum : utilisez l'enchère d'essai (voir page 91).

b) Votre couleur est mineure

Je vous le répète une fois de plus : évitez les manches en mineure. Avec un **espoir ou une certitude de manche : orientez-vous vers la manche à sans-atout**.

1) **La manche à sans-atout est évidente**

1 ♥	2 ♣	♠ A V 9
3 ♣	**[3 SA]**	♥ 7 6
		♦ R V 9
		♣ R D 9 6 2

Annoncez 3 SA avec 14 points H et **des tenues dans les deux autres couleurs**.

2) **Vous ne tenez qu'une seule couleur ⇒ Nommez la couleur que vous tenez.**

Exemple :

1 ♥	2 ♣	♠ V 10 9
3 ♣	**[3 ♦]**	♥ D 2
		♦ A R V
		♣ R 10 8 6 3

3 ♦ = « **Je tiens les Carreaux – Tenez-vous les Piques ?** »

Mettez-vous maintenant à la place de l'ouvreur *avec successivement les trois jeux suivants* :

1	2	3
♠ A D 6	♠ 8 5	♠ D 6
♥ R 10 8 6 3	♥ A R V 10 3	♥ A 10 6 4 3
♦ 9	♦ 3 2	♦ 9 2
♣ A 9 7 5	♣ A 9 7 5	♣ A D 7 4

– *Avec le jeu* ①, annoncez 3 SA, **vous possédez un double arrêt à Pique**,
– *Avec le jeu* ②, répétez votre belle majeure 5e, annoncez 3 ♥,
– *Avec le jeu* ③, votre enchère est un peu plus délicate. Avec la Dame de ♠ seconde, vous ne pouvez pas annoncer 3 SA et votre distribution ne se prête pas tellement à jouer une manche au palier de 5.

– Sur 3 ♦, **annoncez 3 ♠ avec la Dame de ♠ seconde.**

Cette enchère de 3 ♠ montre **un demi-arrêt** à Pique.

Voici les deux demi-arrêts ⇒ **D x et V x x**

Avec un demi-arrêt dans votre main, si votre partenaire possède également un demi-arrêt ⇒
votre camp arrête la couleur.

Reprenons les deux jeux l'un en face de l'autre :

Ouest		Est
♠ D 6	N	♠ V 10 9
♥ A 10 6 4 3	O E	♥ D 2
♦ 9 2	S	♦ A R V
♣ A D 7 4		♣ R 10 8 6 3

OUEST	EST
1 ♥	2 ♣
3 ♣	3 ♦
3 ♠	3 SA

L'enchère de 3 ♠ n'est pas une enchère forte. Elle permet de ne pas dépasser la manche à 3 SA.

- N'oubliez pas que la recherche de la meilleure manche est une des bases de la NOUVELLE Super Majeure 5e.

3) **Vous possédez un jeu de soutien dans la majeure d'ouverture**

Voici un exemple après le même début d'enchères :

1 ♥	2 ♣
3 ♣	4 ♥

♠ R V
♥ V 10 7
♦ A V 9 8
♣ R 10 7 4

Avec 13 points H et un fit à Cœur, **demandez directement la manche**.

- **Avec un jeu plus fort ⇒ A partir de 16 points S**

Soutenez au palier de 3, c'est-à-dire annoncez 3 ♥ ou 3 ♠. Il s'agit d'un soutien forcing que nous étudierons plus en détails dans la suite de cet ouvrage.

Sachez dès à présent que le soutien forcing en majeure est une enchère qui montre un espoir de chelem et qui demande à l'ouvreur d'entrer ou non dans la zone de chelem.

Voici un exemple :

1 ♥	2 ♣
3 ♣	3 ♥

♠ 9 2
♥ R D 5
♦ A 8 3
♣ A V 10 7 6

Il s'agit d'une séquence de **double fit**.

Après le soutien à 3 ♣ de l'ouvreur, vous possédez un net espoir de chelem. Le soutien forcing permet **l'échange économique des contrôles** – une des bases des enchères de chelem en NOUVELLE Super Majeure 5e (voir page 211).

2. VOUS POSSÉDEZ UN JEU DE SOUTIEN

Dans ce chapitre, nous allons étudier les différents soutiens du répondant lors de sa deuxième enchère, quand l'ouvreur n'a pas donné **de signe de force** à sa première redemande.

Voici les différents cas :

1. L'ouvreur a fait **la redemande d'1 SA**,
2. L'ouvreur a **répété sa couleur**,
3. L'ouvreur a annoncé **une majeure en 1 sur 1**,
4. L'ouvreur a annoncé **un bicolore économique**.

Avant de rentrer dans le détail, voici la **valeur des soutiens du répondant** :

- **6-10 S** pour le soutien **simple**,
- **11-12 S** pour le soutien **au palier de 3**,
- **13-15 S** pour le soutien **à 4 ♥ ou 4 ♠.**

1. L'ouvreur a fait la redemande d'1 SA

- **Le soutien simple au palier de 2** ⇒ **6-10 S**

Voici un exemple :

1 ♦	1 ♥
1 SA	[2 ♦]

♠ V 9 7
♥ 10 8 7 4 3
♦ A D 6 2
♣ 9

Soutenez à 2 ♦ avec quatre cartes à ♦.

NOTE ⇒
la redemande à 1 SA garantit quatre cartes à Carreau.
En effet, avec trois cartes à Carreau seulement, c'est-à-dire avec 4 ♥ et 4 ♠, l'ouvreur aurait soutenu à 2 ♥.

• Le soutien au palier de 3

– Après l'ouverture d'1 ♥ :

Après le début d'enchère suivant :

1 ♥	1 ♠
1 SA	

Le soutien à 3 ♥ est classiquement **non forcing** (*) **avec 11-12 S.**

Exemple :

1 ♥	1 ♠
1 SA	3 ♥

♠ A D 10 9 3
♥ D 8 7
♦ V 10 6 4
♣ 3

Sur 1 SA, le répondant peut soutenir à 4 ♥ à partir de 13 S.

– L'ouverture est mineure :

RÈGLE ⇒
Après la première réponse par un changement de couleur, **le soutien à saut de la mineure d'ouverture est forcing de manche.**

Ce soutien forcing est le plus souvent utilisé pour la recherche d'un fit 5-3 en majeure.

Voici un exemple :

1 ♦	1 ♠
1 SA	3 ♦

♠ R V 9 8 3
♥ R 10 8
♦ A D 7 6
♣ V

Sur 3 ♦, une priorité pour l'ouvreur ⇒ soutenir à Pique avec trois cartes.

(*) Le soutien à 3 ♥ est forcing pour ceux qui ont adopté la convention **Ping-Pong** (voir page 387).

2. **L'ouvreur a répété sa couleur**

- Passez avec un jeu minimum,
- Soutenez au palier de 3 avec **un espoir de manche** (11-12 S).

Voici un exemple :

1 ♦	1 ♥	♠ 10 8
2 ♦	[3 ♦]	♥ A 10 8 4
		♦ R 10 9
		♣ R 9 7 6

Soutenez à 3 ♦, la manche à 3 SA est probable si votre partenaire n'est pas minimum avec une tenue à Pique.

Après une réponse 2 sur 1

- **Le soutien au palier de 3** en majeure n'est **pas forcing** après la répétition de la couleur d'ouverture.

Voici un exemple :

1 ♥	2 ♦	♠ 10 8 2
2 ♥	[3 ♥]	♥ R 10 8
		♦ A R 9 8 6
		♣ 7 3

Il s'agit d'**une proposition de manche**.

NOTE ⇒
si vous jouez avec votre partenaire le 2 SA FITTÉ – une convention – ♥♥ – le soutien au palier de 3 est **un soutien forcing** (voir page 369).

- **Le soutien au palier de 4** se fait à partir de 13 S.

Voici un exemple :

1 ♥	2 ♦
2 ♥	4 ♥

♠ R 8 7
♥ D V 7
♦ A R 9 8 6
♣ 10 6

3. **L'ouvreur a annoncé une majeure en 1 sur 1**

Vous devez posséder quatre atouts pour soutenir **une majeure annoncée en 1 sur 1**.

- **Soutenez au niveau de 2 avec 6-10 S**

1 ♦	1 ♥
1 ♠	2 ♠

♠ D V 8 3
♥ A 9 6 2
♦ 7 4
♣ 8 6 2

- **Soutenez au palier de 3 avec 11-12 S**

1 ♦	1 ♥
1 ♠	3 ♠

♠ A V 10 4
♥ R 10 7 3
♦ D 10 9
♣ 8 2

- **Soutenez au palier de 4 avec 13-15 S**

1 ♦	1 ♥
1 ♠	4 ♠

♠ R 9 8 3
♥ A R 10 9 4
♦ 6
♣ R 10 8

- **Si vous possédez un jeu plus fort ⇒ A partir de 16 S**

Vous êtes trop fort pour un soutien direct. Il n'existe pas de soutien forcing après le début en 1 sur 1. Vous devez utiliser la **4e couleur forcing** (voir page 178).

1 ♦	1 ♥	♠ R D 9 8
1 ♠	[2 ♣]	♥ A R 10 7 4
		♦ 8 2
		♣ R 10

Annoncez 2 ♣ – **4e couleur forcing** – vous soutiendrez à Pique **au tour suivant**.

4. **L'ouvreur a annoncé un bicolore économique**

- La valeur des soutiens reste la même, après une réponse en 1 sur 1.

Voici un exemple :

1 ♥	1 ♠	♠ A R 10 9 2
2 ♦	[3 ♥]	♥ D 9 8
		♦ 10 8
		♣ V 5 2

3 ♥ : proposition de manche non forcing.

- Après une réponse 2 sur 1 :

– **avec 11-12 S** ⇒ Soutenez au palier de 2

1 ♥	2 ♣	♠ R 9 7
2 ♦	[2 ♥]	♥ 10 8 6
		♦ 7 5
		♣ A D V 6 3

– **avec 13-15 S** ⇒ Soutenez à 4 ♥ ou 4 ♠

1 ♥	2 ♣	♠ D V 10
2 ♦	[4 ♥]	♥ R 10 8
		♦ A 5
		♣ R 10 7 6 4

– **si vous avez un jeu plus fort** ⇒ **A partir de 16 S**
Soutenez avec saut à 3 ♥ ou 3 ♠

Il s'agit d'un soutien forcing **avec un espoir de chelem**.

1 ♥	2 ♣	♠ A 5
2 ♦	[3 ♥]	♥ R 10 9 5
		♦ V 2
		♣ A R 10 6 4

Le soutien forcing – nous en avons déjà parlé – permet l'échange économique des contrôles **en dessous du palier de la manche**.

RAPPEL ⇒ après une réponse par un changement de couleur, **le soutien à saut de la mineure d'ouverture est forcing de manche**.

Voici un exemple :

1 ♦	1 ♥	♠ A 5
2 ♣	[3 ♦]	♥ R D 10 8 2
		♦ R D 7 4
		♣ 6 3

Sur 3 ♦, l'ouvreur devra en priorité soutenir à ♥ avec trois cartes.

LA RECHERCHE DU CONTRAT

La première redemande de l'ouvreur ne vous a pas encore permis de découvrir un fit de huit cartes en majeure :

- Si vous avez répondu 1 ♥ ou 1 ♠ avec **une majeure 5ᵉ** et un espoir ou certitude de manche ⇒
  il vous reste la possibilité de **rechercher un fit 5-3 en majeure**.

- Si vous avez répondu 1 ♠ avec cinq cartes à Pique et quatre cartes à Cœur, vous avez la possibilité de rechercher ⇒

  - **un fit 5-3 à Pique,**
  - **un fit 4-4 à Cœur.**

- Si vous avez nommé une mineure au palier de 2 avec un bicolore 5-4 et une majeure 4ᵉ ⇒

  recherchez en priorité le fit 4-4 en majeure.

Les deux possibilités pour le répondant sont dans l'ordre :

1. la recherche du **fit de huit cartes en majeure**,

2. la recherche de **la manche à sans-atout**.

1. LA RECHERCHE DU FIT DE HUIT CARTES EN MAJEURE

La recherche du fit 5-3 en majeure est une des bases de la NOUVELLE **Super Majeure 5e.**

- Avec un espoir ou une certitude de manche, **vous devez rechercher en priorité un fit de trois cartes dans votre majeure**.

Vous devez rechercher un fit 5-3, **même si vous possédez une distribution régulière** (5-3-3-2).

Voici un exemple :

1 ♦	1 ♠
1 SA	?

♠ R V 8 7 2
♥ A 7 3
♦ D 2
♣ R 10 8

Ne répondez pas 3 SA sous prétexte que vous possédez une distribution régulière et une valeur d'ouverture.
Avec ce jeu, vous devez rechercher en priorité un fit 5-3 à Pique. Nous verrons bientôt comment vous devez procéder.

Voici les conventions et enchères forcing que vous avez à votre disposition pour rechercher la meilleure manche et donc un fit de huit cartes en majeure :

- L'ouvreur a fait la redemande d'1 SA :
  - **nouvelle couleur forcing ou économique,**
  - **le 2 ♣ Ping-pong ou le 2 ♣ Roudi** (voir page 387).
- L'ouvreur a nommé deux couleurs :
  - **la 4e couleur forcing.**
- L'ouvreur a répété sa couleur :
  - **la 3e couleur forcing conventionnelle,**
  - **une nouvelle couleur forcing.**

– Avant de terminer, voici un exemple de **recherche de fit 4-4 en majeure** après un changement de couleur 2 sur 1 :

1 ♥	2 ♦
2 ♥	2 ♠

♠ D 10 9 8
♥ 8
♦ A R 9 8 4
♣ A V 5

N'annoncez pas 3 SA, donnez la **priorité à la recherche du fit 4-4** à Pique.

● N'oubliez pas que la recherche de la manche en majeure est **l'objectif n° 1 de la Nouvelle Super Majeure 5**^e^.

NOTE ⇒
2 ♠ est une nouvelle couleur forcing de manche. En effet le répondant annonce **un bicolore cher**. Il ne s'agit pas d'une « troisième couleur forcing conventionnelle » (voir page 188).

2. L'OUVREUR A FAIT UNE REDEMANDE A SANS-ATOUT

A. L'OUVREUR A ANNONCÉ 1 SANS-ATOUT

L'ouvreur possède **12 à 14 points H** et un jeu régulier.

1. **Avec une distribution régulière**

- **Jusqu'à 10 H ⇒ passez**
  Le total de vos points montre qu'il n'y a pas d'espoir de manche.

- **Avec 11-12 H ⇒ répondez 2 SA**

1 ♣	1 ♠
1 SA	2 SA

♠ R D 10 9
♥ V 7 3
♦ R 10 8 6
♣ D 9

L'ouvreur décidera du contrat final, il demandera la manche s'il est maximum.

- **A partir de 13 H (ou 12 bien faits) ⇒ annoncez 3 SA**

1 ♣	1 ♥
1 SA	3 SA

♠ R V 8 7
♥ D 10 8 2
♦ A 10 9
♣ R 5

Demandez la manche à sans-atout. La redemande à 1 SA dénie quatre cartes à ♠.

Reprenons l'exemple de la page 167 :

1 ♦	1 ♠
1 SA	?

♠ R V 8 7 2
♥ A 7 3
♦ D 2
♣ R 10 8

Pour rechercher le fit 5-3 à ♠, vous avez le choix entre ⇒

- nommer une nouvelle couleur forcing – **3 ♣ – une mineure de trois cartes**,
- ou utiliser une des deux conventions suivantes : **le Ping-pong** ou **le Roudi** que nous étudierons page 387.

Reprenons ce jeu avec celui de l'ouvreur dans le système classique :

Ouest		Est
♠ D 9 3	N	♠ R V 8 7 2
♥ V 2	O E	♥ A 7 3
♦ A R 7 3	S	♦ D 2
♣ D V 7 4		♣ R 10 8

OUEST	EST
1 ♦	1 ♠
1 SA	3 ♣
3 ♠	4 ♠

– 3 ♣ : **nouvelle couleur forcing** avec trois cartes
– 3 ♠ : soutien avec trois cartes

Le contrat de 4 ♠ est de loin le meilleur. Vous pouvez le constater par vous-même.

2. Avec une distribution bicolore

- **Jusqu'à 12 points DH environ** ⇒

Annoncez une **nouvelle couleur économique**

1 ♣	1 ♠	♠ R 10 8 7 4
1 SA	2 ♥	♥ A V 6 2
		♦ 8 7 2
		♣ 4

2 ♥ montre 5 cartes à ♠ et 4 cartes à ♥.
La redemande à 1 SA ne dénie pas 4 cartes à ♥.

– Si le répondant possède une distribution bicolore et une deuxième couleur **non économique**, il devra répéter sa couleur.

1 ♣	1 ♥	♠ V 10 8 3
1 SA	2 ♥	♥ R D 9 8 2
		♦ 5
		♣ 10 8 4

Ne passez pas sur 1 SA avec une belle majeure 5e. Répétez votre couleur.

- **A partir de 13 DH** ⇒

Annoncez une **nouvelle couleur forcing**

1 ♥	1 ♠	♠ A R 7 6 2
1 SA	3 ♣	♥ V 5
		♦ 8 4
		♣ R D V 7

3 ♣ – nouvelle couleur forcing pour **rechercher le fit 5-3 à Pique**.

3. **Avec un jeu unicolore** – A partir de six cartes

- **Sans espoir de manche** – jusqu'à 10 DH ⇒ **Répétez votre couleur**

1 ♦	1 ♠
1 SA	[2 ♠]

♠ D 10 8 7 3 2
♥ A 6 5
♦ 3
♣ 8 6 4

- **De 11 à 13 DH** ⇒ **Répétez votre couleur avec saut**

1 ♣	1 ♠
1 SA	[3 ♠]

♠ A D 10 8 6 2
♥ R 10 9
♦ 10 7 3
♣ 4

La répétition avec saut est une proposition de manche.

- **Avec certitude de manche**

– **Avec une mineure longue, orientez-vous si possible vers la manche à sans-atout**. Il sera le plus souvent bien joué de demander 3 SA avec une belle mineure.

1 ♣	1 ♦
1 SA	[3 SA]

♠ A D 8
♥ 7 5
♦ A D 10 8 4 2
♣ 10 3

Le contrat de 3 SA est un excellent pari.

– **Avec une majeure 6ᵉ** ⇒ Demandez directement la manche à 4 ♥ ou 4 ♠

1 ♣	1 ♠
1 SA	[4 ♠]

♠ D V 9 8 7 6
♥ A 7 3
♦ R 10 8
♣ R

B. L'OUVREUR A ANNONCÉ 2 SA (AVEC SAUT)

L'ouvreur possède un jeu régulier de **18-19 points H**.

1. Avec un jeu régulier ou semi-régulier

Demandez 3 SA à partir de 6 points H.

- Avec une majeure 5e, **vous devez rechercher le fit 5-3 en majeure → l'autre mineure**.

> UNE CONVENTION : **annoncez l'autre mineure pour rechercher un fit 5-3 en majeure avec un jeu régulier.**

Exemple :

1 ♦	1 ♥
2 SA	3 ♣

♠ D 5
♥ R D 9 8 3
♦ D 9 7
♣ 9 6 3

3 ♣ – l'autre mineure – pour rechercher le fit 5-3 à ♥.

2. Avec un jeu bicolore

Si vous possédez une distribution irrégulière avec une majeure 5e, nommez votre deuxième couleur au palier de 3 : **c'est une enchère forcing**.

- Cette façon de procéder est le plus souvent utilisée **pour rechercher un fit 5-3 en majeure**.

Exemple :

1 ♥	1 ♠
2 SA	3 ♣

♠ R D 9 6 2
♥ V
♦ 9 7 3
♣ R 10 8 5

UN CAS PARTICULIER IMPORTANT :
LE BICOLORE PIQUE-CŒUR

• **Avec 5 Piques et 4 Cœurs :**

Avec un minimum de 7 DH, répondez 3 ♥ forcing **pour rechercher** ⇒

① **un fit 5-3 à Pique,**
② **un fit 4-4 à Cœur.**

Voici un exemple :

1 ♦	1 ♠
2 SA	3 ♥

♠ R 10 8 7 3
♥ A V 10 5
♦ 8
♣ V 6 4

RAPPEL ⇒ la redemande à 2 SA peut fort bien se faire avec 4 cartes à Cœur.

• **Avec un bicolore majeur 5-5**

– **sans espoir de chelem** ⇒ **Répondez 4 ♥**

1 ♦	1 ♠
2 SA	4 ♥

♠ R 10 8 4 3
♥ D V 10 8 5
♦ 8 2
♣ 9

L'ouvreur doit passer ou rectifier à 4 ♠.

– **avec espoir de chelem** ⇒ **Répondez 3 ♥**

1 ♦	1 ♠
2 SA	3 ♥

♠ R V 9 8 4
♥ A V 10 9 6
♦ R 5
♣ 4

Annoncez 3 ♥ – **forcing** – pour laisser les enchères ouvertes.

3. Avec un jeu unicolore

– S'il s'agit d'une mineure ⇒ Annoncez 3 SA
– Avec une majeure 6e ⇒ Répondez 4 ♥ ou 4 ♠

1 ♦	1 ♠
2 SA	4 ♠

♠ A D 9 7 6 3
♥ 10 8 4
♦ 6
♣ V 9 4

RÈGLE ⇒ toute réponse sur une enchère encourageante en dessous de la manche est forcing.

- Avec un unicolore plus fort, c'est-à-dire avec un espoir de chelem ⇒

Répétez votre couleur au palier de 3.

1 ♣	1 ♠
2 SA	3 ♠

♠ R D 10 6 4 2
♥ 5
♦ R 10 8
♣ R 7 6

3 ♠ : répétition forcing avec espoir de chelem.

4. Avec un jeu de soutien

- Sans espoir de chelem ⇒ Soutenez l'ouvreur s'il s'agit d'**une majeure**.

1 ♥	1 ♠
2 SA	4 ♥

♠ A D 10 8 6
♥ V 10 5
♦ D 7 4
♣ 10 8

- Avec un jeu de soutien plus fort ⇒
Donnez un soutien forcing au palier de 3

1 ♥	1 ♠
2 SA	3 ♥

♠ A D 10 8 3
♥ R 9 8
♦ A V 10
♣ 9 2

C. L'OUVREUR A ANNONCÉ 2 SA (15-17 H)

Il s'agit de la redemande à 2 SA de l'ouvreur d'1 ♥ ou d'1 ♠ après une réponse 2 sur 1.

L'ouvreur possède l'équivalent de l'ouverture d'1 SA avec une majeure 5ᵉ et le répondant un strict minimum de 10 points H. **Une conclusion logique :** vous allez jouer au moins la manche.

- Toutes les enchères du répondant en dessous du palier de la manche sont donc logiquement forcing. Elles indiquent le plus souvent **un espoir de chelem**.

1. **La répétition de la couleur**

1 ♥	2 ♦
2 SA	3 ♦

♠ A D 8
♥ D 5
♦ A R 9 8 6 2
♣ 6 4

3 ♦ montre une robuste couleur 6ᵉ et un espoir de chelem.

2. **Le soutien forcing**

1 ♥	2 ♦
2 SA	3 ♥

♠ R D 9
♥ A 9 8
♦ A D 10 9 6
♣ 7 4

3 ♥ : **soutien forcing** avec espoir de chelem.

Un cas particulier

Après le début d'enchère suivant :

1 ♦ → 2 ♣

Ne passez pas sur 2 SA, demandez la manche à 3 SA.

- La réponse de 2 ♣ garantissant au maximum 10 points H et une bonne couleur 5e ou 11 points H, vous devez prendre le pari de demander la manche à sans-atout.

1 ♦	2 ♣
2 SA	3 SA

♠ A V 10
♥ 8 6
♦ 9 7 3
♣ A D 7 6 5

La redemande à 2 SA de l'ouvreur annonce un jeu régulier de 12 à 14 points ; c'est--à-dire un jeu pas assez fort pour ouvrir d'1 SA.

- **Toutes les redemandes en dessous de la manche sont forcing :**

1 ♦	2 ♣
2 SA	3 ♦

♠ 8
♥ A V 5
♦ A 10 8 2
♣ R V 9 8 6

3 ♦ : **soutien forcing.**

3. L'OUVREUR A ANNONCÉ DEUX COULEURS

Commençons par étudier une notion essentielle : **la quatrième couleur forcing**.

LA QUATRIÈME COULEUR FORCING

Vous avez répondu par un changement de couleur et l'ouvreur a nommé une nouvelle couleur. **Trois couleurs** ont été annoncées.
Si, à ce stade des enchères vous nommez la couleur qui reste, c'est-à-dire la **quatrième couleur**, vous faites **une enchère conventionnelle qui s'appelle la quatrième couleur forcing**.

Exemple :

1 ♣	1 ♥
1 ♠	2 ♦

QUAND DEVEZ-VOUS UTILISER LA 4e COULEUR FORCING ?

1. Quand vous avez besoin de **renseignements supplémentaires** pour la manche ou pour le chelem,
2. **Avec un jeu assez fort** pour obliger le partenaire à reparler.

ATTENTION ⇒
si la 4e couleur nécessite une force minimum, elle ne garantit rien concernant votre distribution éventuelle, ni sur vos forces ou longueur dans cette 4e couleur.

- **La 4e couleur a pour but de demander à l'ouvreur des précisions sur sa force et sa distribution.**

Deux sortes de quatrième couleur

1. La 4e couleur forcing économique

Forcing pour un tour. Elle nécessite **un minimum de 11 DH**.

1 ♥	1 ♠
2 ♣	[2 ♦]

♠ D V 9 8 6
♥ V 10
♦ 10 9 4
♣ A R 5

2 ♦ : 4e couleur économique.

2. La 4e couleur forcing chère

Forcing à la manche. Elle nécessite **un minimum de 13 DH**.

1 ♦	1 ♥
2 ♣	[2 ♠]

♠ A 10 8
♥ A R D 7 5
♦ 10 9 8
♣ V 4

2 ♠ : 4e couleur chère forcing de manche.

- Un cas particulier : la 4e couleur **en 1 sur 1** ⇒

1 ♣	1 ♦
1 ♥	[1 ♠]

Sur 1 ♥, annoncez 1 ♠ – **4e couleur forcing** :

– avec 4 cartes à Pique ⇒ **à partir de 7 H**
– sans 4 cartes à Pique ⇒ **à partir de 10 H**.

Voici deux exemples :

♠ D 10 8 3 ♥ V 10 5 ♦ R D 10 9 4 ♣ 6	♠ 8 4 2 ♥ R 10 2 ♦ A R 9 8 7 ♣ V 4

– *Avec le jeu de gauche*, 1 ♠ est une enchère naturelle avec 4 cartes à Pique et 8 points H,
– *Avec le jeu de droite*, annoncez également 1 ♠ pour rechercher des renseignements supplémentaires et en priorité : **une tenue à Pique pour jouer à sans-atout**.

A. L'OUVREUR A ANNONCÉ UN BICOLORE ÉCONOMIQUE

1. Avec un jeu régulier ou semi-régulier

Voici la force des réponses à sans-atout

- 1 SA ⇒ **6 à 10 H** (si le palier le permet)
- 2 SA ⇒ **11-12 H** (parfois 10)
- 3 SA ⇒ à partir de **13 H** (ou **12 bien faits**)

Voici un exemple de réponse d'1 SA

1 ♣	1 ♥
1 ♠	1 SA

♠ V 5 2
♥ A 10 7 6 4
♦ 9 5 3
♣ D 7

Avec 7 points H, vous ne devez pas passer sur 1 ♠.
La redemande en 1 sur 1 peut se faire avec un jeu régulier de 18 ou 19 points H.
Répondez 1 SA, c'est une **roue de secours** qui ne garantit pas l'arrêt dans la 4e couleur et qui peut également se faire avec un jeu irrégulier.

- Pour répondre 2 ou 3 SA, il est indispensable **de tenir solidement la 4e couleur**.
- **Si vous ne tenez pas la couleur non annoncée** et que vous désirez jouer la manche à sans-atout ⇒
nommez la 4e couleur forcing.

Supposons qu'après le début d'enchères :

1 ♦	1 ♥
1 ♠	?

vous possédiez successivement les deux jeux suivants :

♠ R 5 ♥ R D 10 7 ♦ D 7 2 ♣ R V 8 7	♠ R 10 2 ♥ A D V 7 ♦ R V 5 ♣ 9 8 7

– *Avec le jeu de gauche*, c'est-à-dire avec 14 H et un double arrêt à Trèfle – la 4e couleur – **vous annoncez 3 SA**,
– *Avec le jeu de droite*, toujours avec 14 points H, vous ne pouvez pas annoncer 3 SA sans tenir les Trèfles. **Utilisez la 4e couleur forcing** et répondez 2 ♣ pour **rechercher une tenue** dans cette couleur.

2. Avec un unicolore

Pour répéter votre couleur sur l'annonce d'un bicolore, vous devez posséder **au minimum une couleur sixième convenable**.

- **Répétez votre couleur** de 6 à 10 DH,
- **Répétez votre couleur avec saut** avec 11 à 13 DH et une robuste longueur,
- A partir de 14 points DH, nommez directement la manche à 4 ♥ ou 4 ♠, ou utilisez **la 4e couleur forcing**.

Exemple :

1 ♦	1 ♥	♠ A 10 8
2 ♣	[4 ♥]	♥ R D V 9 7 4
		♦ 8
		♣ R 10 5

3. Avec un bicolore inverse

- Vous pouvez revenir au palier de 2 dans la première couleur de l'ouvreur. Il s'agit d'une **enchère de préférence**.

Exemple :

1 ♥	1 ♠	♠ D V 8 7
2 ♣	[2 ♥]	♥ A 10
		♦ 10 9 7 4 2
		♣ 8 7

2 ♥ n'est pas une enchère de soutien mais **une enchère de préférence** qui ne montre aucun fit particulier.

> **L'enchère de préférence** peut se faire avec un jeu d'environ 6 à 9 H et **une distribution régulière ou irrégulière**.

- Avec un espoir ou une certitude de manche ⇒
Utilisez la **4e couleur forcing**.

Exemple :

1 ♥	1 ♠	♠ A D 10 9 8
2 ♣	[2 ♦]	♥ 10
		♦ R 10 8 7 4
		♣ D 2

B. L'OUVREUR A ANNONCÉ UN BICOLORE CHER

Le bicolore cher (18 à 23 DH) est **forcing pour un tour**.

A moins d'un jeu strictement minimum chez le répondant, une manche sera jouée.

LE COUP DE FREIN A 2 SANS-ATOUT

Utilisez, après un bicolore cher de l'ouvreur, le **2 SA coup de frein**. C'est une convention très pratique :

- Elle permet de vous arrêter à 3 ♣ ou 3 ♦ si vous êtes minimum,
- Elle permet également d'utiliser les soutiens forcing à 3 ♣ ou 3 ♦ – des enchères économiques très utiles pour la recherche d'un chelem.

Utilisez **le 2 SA coup de frein** avec ⇒
– **soit une enchère naturelle** (6 à 8 points H)
– **soit un jeu faible** pour vous arrêter à 3 ♣ ou 3 ♦

Le 2 SA coup de frein, comme le bicolore cher, est forcing pour un tour.

Sur 2 SA, l'ouvreur devra :

- Avec un bicolore cher **minimum** ⇒ **Répéter sa couleur d'ouverture**,
- Avec un bicolore cher **maximum** ⇒ Faire une autre enchère.

Dans ce cas, il aura le choix entre :

– **soutenir son partenaire,**
– **conclure à 3 SA,**
– **annoncer la 4e couleur.**

Voici un exemple de séquence complète :

♠ 8 ♥ R 10 9 ♦ R D V 5 ♣ A R V 9 8	N O E S	♠ A 9 6 2 ♥ 8 7 4 ♦ 9 6 2 ♣ D 7 3

OUEST	EST
1 ♣	1 ♠
2 ♦	2 SA
3 ♣	passe

Sur **le 2 SA coup de frein**, l'ouvreur répète sa couleur d'ouverture – 3 ♣ – ce sera le contrat final.

Voici un exemple où l'ouvreur est maximum :

♠ A 10 8 ♥ A R V 5 ♦ 7 ♣ A R 10 8 6	1 ♣ 2 ♥ 3 ♠	1 ♠ 2 SA

L'ouvreur maximum donne un soutien avec 3 cartes, **le soutien à** 3 ♠ est forcing.

Les autres réponses sur le bicolore cher ⇒

– La réponse de 3 SA : à partir de 9 points H et de solides tenues dans la 4e couleur.

1 ♦ 2 ♥	1 ♠ 3 SA	♠ R 10 9 8 ♥ V 5 ♦ 8 3 ♣ R D 10 9 7

– La répétition d'une majeure : à partir de 5 cartes.

1 ♣	1 ♥	♠ 10 7 4
2 ♦	[2 ♥]	♥ A D V 9 3
		♦ 7 4 3
		♣ D 5

– Le soutien forcing à 3 ♣ ou 3 ♦.

Le 2 SA coup de frein permet, rappelons-le, de donner un soutien forcing à 3 ♣ ou 3 ♦

Exemple :

1 ♣	1 ♥	♠ R 7 2
2 ♦	[3 ♣]	♥ A D 8 4
		♦ 7 2
		♣ D 10 8 6

Le soutien à 3 ♣ est une enchère très encourageante. **L'ouvreur devra en tenir compte** et éviter d'annoncer 3 SA s'il possède un espoir de chelem.

– Le répondant peut également utiliser la quatrième couleur forcing, **pour obtenir des renseignements supplémentaires** avec un jeu fort :

Exemple :

1 ♦	1 ♠	♠ A D 10 4
2 ♥	[3 ♣]	♥ D 7 2
		♦ V 5
		♣ A 7 6 2

Avec 13 points H, le répondant utilise la **quatrième couleur forcing**.

C. L'OUVREUR A ANNONCÉ UN BICOLORE AVEC SAUT

RAPPEL ⇒
le bicolore avec saut (20 à 23 DH) est forcing à la manche.

1. Le répondant tient la 4e couleur

A moins de posséder un jeu très fort ou une majeure 5e, le répondant annoncera 3 SA :

1 ♥	1 ♠
3 ♣	3 SA

♠ D V 8 7
♥ 10
♦ R V 9 7 3
♣ D 8 2

2. Avec une majeure 5e

Le répondant annoncera la 4e couleur forcing pour obtenir des renseignements supplémentaires.

Voici un exemple de séquence complète :

O		E
♠ A R 8	N	♠ D V 9 6 3
♥ R D 10 9 3	O E	♥ V 5
♦ D	S	♦ 9 8 6
♣ A D 6 3		♣ R 7 4

OUEST	EST
1 ♥	1 ♠
3 ♣	3 ♦
3 ♠	4 ♠

Quelques commentaires :

– 3 ♦ : **4e couleur forcing** pour obtenir des renseignements supplémentaires,
– 3 ♠ : soutien avec 3 cartes,
– 4 ♠ : Est demande la manche.

Sur 4 ♠, l'ouvreur doit passer ; il a en effet déjà annoncé un jeu très fort.

3. Avec un soutien

Le répondant peut donner **un soutien forcing avec un espoir de chelem** :

1 ♠	2 ♣
3 ♦	[3 ♠]

♠ R 9 7
♥ R 8 4
♦ 6 3
♣ A R 10 8 7

Vous possédez **un espoir de chelem** en face d'un bicolore avec saut. Donnez un **soutien forcing** à 3 ♠ pour permettre **l'échange économique des contrôles**.

4. L'OUVREUR A RÉPÉTÉ SA COULEUR

L'ouvreur a répété sa couleur. Elle sera le plus souvent sixième.

Nous allons étudier maintenant une convention nouvelle pour certains d'entre vous. **Je vous conseille de l'utiliser**, si vous possédez un minimum d'expérience, **avec votre partenaire habituel**.

LA TROISIÈME COULEUR FORCING

Après une ouverture d'1 ♣ ou d'1 ♦ et une réponse d'1 ♥ ou d'1 ♠, lorsque l'ouvreur répète sa couleur, utilisez la **troisième couleur forcing conventionnelle**.

La nouvelle **couleur au-dessus** de la répétition de la mineure d'ouverture est **conventionnellement forcing : c'est la 3e couleur forcing**.

Comme la 4e couleur économique **elle est conventionnelle et forcing pour un tour**.

- Utilisez la 3e couleur forcing à partir d'un strict minimum de 10 H, dans **les trois situations suivantes** :

1 ♣	1 ♥	1 ♣	1 ♠	1 ♦	1 ♠
2 ♣	[2 ♦]	2 ♣	[2 ♦]	2 ♦	[2 ♥]

- Comme la 4e couleur, la 3e couleur forcing ne garantit ni arrêt, ni longueur dans la couleur.
Elle est utilisée pour demander des renseignements supplémentaires.

Voici trois exemples de troisième couleur forcing :

①

1 ♣	1 ♥
2 ♣	[2 ♦]

♠ D 9
♥ R D 10 7 2
♦ A 10 9
♣ 8 6 2

– Le répondant recherche le fit 5-3 à ♥

②　1 ♣　1 ♥
　2 ♣　[2 ♦]

♠ 10 8 4
♥ A R 6 2
♦ A 10 8
♣ D 7 5

– Le répondant recherche **l'arrêt à ♠** pour jouer 3 SA.

③　1 ♦　1 ♠
　2 ♦　[2 ♥]

♠ A D V 5
♥ A 8
♦ A V 7 5
♣ 10 9 4

– Le soutien à 3 ♦ n'est pas forcing. Le répondant utilise la 3e couleur forcing pour donner **un soutien forcing au tour suivant**.

Suite des enchères

1. L'ouvreur a répété sa couleur

– passez avec un jeu faible,
– soutenez une couleur majeure avec 11/12 S

1 ♥　1 ♠
2 ♥　[3 ♥]

♠ A R 8 7 4
♥ R 8
♦ 10 9 7 2
♣ 8 6

L'ouvreur possède un minimum de **six cartes à Cœur**. Proposez la manche en soutenant à 3 ♥.

- En face d'une ouverture mineure : orientez-vous si possible vers **une manche à sans-atout** :

1 ♣	1 ♥
2 ♣	2 SA

♠ R 10 9
♥ D 10 8 6
♦ A 5
♣ V 10 8 3

– Avec un jeu plus fort : **demandez directement la manche à 3 SA** :

1 ♣	1 ♥
2 ♣	3 SA

♠ R 10 9 4
♥ A D 10 8
♦ R 5 2
♣ V 10

- En face d'une ouverture majeure

– Si vous possédez un jeu fort sans soutien et sans la possibilité de conclure à 3 SA, annoncez une nouvelle couleur :

1 ♠	2 ♦
2 ♠	3 ♣

♠ 8 5
♥ D 5
♦ A R 7 6 2
♣ A V 7 3

La réponse de 3 ♣ **forcing à la manche** permettra d'obtenir des renseignements supplémentaires pour jouer :

– 4 ♠ si l'ouvreur possède une majeure 6e,
– 3 SA s'il possède un arrêt ou un demi-arrêt à ♥.

- Enfin, n'oubliez pas d'utiliser la nouvelle couleur forcing pour rechercher un fit 4-4 en majeure :

1 ♦	2 ♣
2 ♦	2 ♠

♠ R V 10 5
♥ R 2
♦ V 10
♣ A R 7 6 2

2 ♠ – **nouvelle couleur forcing de manche** – est utilisée ici pour rechercher **un fit 4-4 à ♠.**
Vous pouvez également annoncer 2 ♠ avec une force à ♠ dans le but de rechercher un arrêt à Cœur pour jouer 3 SA.

UN CAS PARTICULIER IMPORTANT

Le répondant peut utiliser la 3e couleur forcing de façon **naturelle** sur la répétition des Carreaux **avec 5 Piques et 4 Cœurs.**

Exemple :

1 ♦	1 ♠
2 ♦	2 ♥

♠ A V 9 7 4
♥ A 10 9 8
♦ 7 2
♣ R 5

Dans ce cas, il a besoin d'être soutenu si l'ouvreur possède quatre cartes à Cœur. L'enchère de 2 ♥ est utilisée pour **rechercher un fit 4-4 à Cœur.**

RAPPEL : **l'ouvreur ne doit pas dépasser 3 SA.** La 3e couleur forcing peut fort bien se faire **avec deux ou trois cartes.**

Une difficulté : l'ouvreur, s'il possède quatre cartes à Cœur **doit soutenir à Cœur sans dépasser le palier de 3 SA.**

- **Il n'a qu'une seule enchère possible ⇒ le soutien à 3 ♥.**

2. L'ouvreur a répété sa couleur avec saut

Il possède une robuste couleur au moins sixième et un jeu fort (18 à 20 points DH).

- Le plus souvent, vous n'aurez aucune difficulté pour trouver le bon contrat.

Exemples :

①

1 ♣	1 ♥
3 ♣	**[3 SA]**

♠ V 10 8 7
♥ A 10 8 3
♦ D V 5
♣ 10 9

Avec 8 points H, le contrat de 3 SA est un excellent pari.

②

1 ♠	2 ♦
3 ♠	**[4 ♠]**

♠ 9 8
♥ A D 10 5
♦ R V 8 7 2
♣ V 6

Soutenez à 4 ♠, votre partenaire possède une robuste majeure 6e.

> **RAPPEL DE LA RÈGLE ⇒**
> Toute enchère du répondant sur une enchère encourageante de l'ouvreur est forcing.

- Si vous désirez obtenir des renseignements supplémentaires, vous pouvez :
  - répéter une longueur 6e,
  - nommer une nouvelle couleur.

Exemple :

1 ♣	1 ♠
3 ♣	**[3 ♦]**

♠ R V 10 8 2
♥ 10 9
♦ A D 7 6
♣ 8 3

La réponse de 3 ♦ – **nouvelle couleur forcing** – permet de trouver le fit 5-3 à Pique ou de jouer 3 SA, si l'ouvreur tient les Cœurs.

LA SUITE DES ENCHÈRES

Il est impossible de traiter toute la suite des enchères « possibles » après la deuxième enchère du répondant.

Dans ce chapitre nous allons voir ensemble ce que doit faire l'ouvreur – **d'1 à la couleur** – dans l**es situations les plus fréquentes**.

VOICI LE PLAN DE CE CHAPITRE

- **Attitude de l'ouvreur** ⇒

① **Sur une enchère de préférence** (non forcing)

② **Sur la quatrième couleur forcing**

③ **Sur la troisième couleur forcing**

④ **Sur un soutien forcing en majeure**

⑤ **Sur un soutien forcing en mineure**

Mettez-vous une fois de plus à la place de l'ouvreur, pour ce début du troisième tour d'enchères.
Vous allez devoir examiner à nouveau votre jeu pour trouver la bonne enchère.

① SUR UNE ENCHÈRE DE PRÉFÉRENCE

Vous venez d'être « soutenu » dans votre première couleur, après avoir annoncé **un bicolore économique**. Il s'agit d'**une enchère de préférence** (voir page 182).

Voici un exemple :

1 ♥	1 ♠
2 ♣	[2 ♥]

– La réponse de 2 ♥ est une enchère de préférence qui indique 6 à 9 points H et – en principe – seulement deux cartes à ♥.

Vous devez donc passer sur 2 ♥, à moins d'être « maximum » de votre bicolore économique

> **RÈGLE ⇒ toute nouvelle enchère de l'ouvreur sur une enchère de préférence indique une ouverture forte**, c'est-à-dire dans la zone maximum du bicolore économique.

Supposons qu'après le début d'enchères ci-dessus, *vous possédiez successivement les deux jeux suivants* :

♠ 10	♠ R 10 5
♥ A D 10 8 7	♥ A D 7 4 2
♦ A D 9	♦ 7
♣ R D 9 8	♣ A R 9 8

– **Avec le jeu de gauche sur 2 ♥** annoncez 2 SA.
C'est une enchère forte mais **non** forcing qui montre **16 ou 17 points H** et **un net arrêt à Carreau**, la couleur non annoncée.

– **Avec le jeu de droite** soutenez à 2 ♠. C'est une enchère qui indique que vous êtes maximum de la zone du bicolore économique et que vous possédez trois cartes à ♠.

- **Dans les deux cas → c'est votre partenaire qui décidera du contrat final.**

② SUR LA QUATRIÈME COULEUR FORCING

La quatrième couleur forcing – qui ne garantit aucune distribution particulière – a pour but de demander à l'ouvreur des précisions sur sa force et sur sa distribution.

DEUX PRIORITÉS POUR L'OUVREUR

1. **Soutenir avec 3 cartes la majeure** de son partenaire, pour retrouver un fit 5-3 en majeure.
2. **Faire une enchère à sans-atout** avec un arrêt dans la quatrième couleur. 195

- **L'ouvreur devra également préciser sa force et faire un saut s'il est maximum.**

Voici plusieurs exemples :

①

♠ A 9 8 4
♥ R 10 5
♦ A D 7
♣ 10 9 3

1 ♣	1 ♥
1 ♠	2 ♦
2 ♥	

Sur 2 ♦ – **quatrième couleur forcing** – priorité au soutien à 2 ♥, même avec **un double arrêt dans la quatrième couleur** et une distribution 4-3-3-3.

②

♠ D
♥ R 10 8 7 2
♦ A V 10
♣ R 10 9 3

1 ♥	1 ♠
2 ♣	2 ♦
2 SA	

Répondez 2 SA sur 2 ♦ avec **un double arrêt** à Carreau et une ouverture minimum.

③

♠ R 10 9 8
♥ A D 7
♦ A D V 7 3
♣ 8

1 ♦	1 ♥
1 ♠	2 ♣
3 ♥	

Sur 2 ♣ vous devez soutenir avec saut la majeure de votre partenaire avec trois cartes, dans la zone maximum de la redemande à 1 ♠.

④

♠ A D 10 9 7
♥ A V 10 8 5
♦ D 5
♣ 3

1 ♠	2 ♦
2 ♥	3 ♣
3 ♥	

Répétez votre deuxième couleur – 3 ♥ – pour préciser votre distribution et annoncer cinq cartes à Cœur (ou plus).

- La répétition de la deuxième couleur de l'ouvreur indique un bicolore au moins 5-5.

APRÈS LA QUATRIÈME COULEUR À 1 ♠

La quatrième couleur en 1 sur 1 à 1 ♠ (voir page 179) peut se faire ⇒
– **avec** quatre **cartes à ♠** et un minimum de 7 points
– sans quatre cartes à ♠ et un minimum de 10 points H

1 - Les redemandes à sans-atout

L'ouvreur dispose d'un espace suffisant pour préciser sa force avec un jeu régulier ou semi-régulier. Il annonce ⇒

- **1 SA** → de **12 à 14 points H**
- **2 SA** → de **15 à 17 points H** et cinq cartes à Trèfles
- **3 SA** → avec **18 ou 19 points H**

2 - Le soutien de la quatrième couleur à 1 ♠

L'ouvreur doit soutenir la quatrième couleur avec quatre cartes lorsqu'il s'agit d'une couleur majeure, en prenant soin de ne pas dépasser le palier de 3 SA.

- Le soutien à 2 ♠ montre une ouverture minimum
- Le soutien à 3 ♠ se fait à partir d'environ 18 points S

3 - Les soutiens forts de la quatrième couleur à 1 ♠ ♥♥♥

Pour préciser à la fois sa force et sa distribution l'ouvreur annonce ⇒

- **3 ♥ conventionnel** avec quatre cartes à ♠ – à partir de 18 points S et une distribution tricolore.

- 3 ♠ qui montre une distribution 4-4-3-2, 18 ou 19 points H et quatre cartes à ♠.

Voici un exemple :

♠ A R 10 7 ♥ D V 10 5 ♦ 3 ♣ A D V 6	1 ♣ — 1 ♦ 1 ♥ — 1 ♠ **3 ♥**

3 ♥ = **soutien fort à ♠**, avec un singleton ou une chicane à ♦. Le soutien conventionnel à 3 ♥ permet au répondant de donner un soutien forcing à 3 ♠ pour montrer économiquement des ambitions de chelem.

③ SUR LA TROISIÈME COULEUR FORCING

Sur la troisième couleur forcing conventionnelle, deux priorités pour l'ouvreur ⇒

1. **Soutenir avec trois cartes la majeure du répondant**
2. Faire – si possible – **une enchère à sans-atout**

Voici deux exemples :

①

♠ A 10 ♥ V 9 7 ♦ D 5 ♣ A D 8 7 4 3	1 ♣ — 1 ♥ 2 ♣ — 2 ♦ **2 ♥**

Sur 2 ♦ – troisième couleur forcing – soutenez à 2 ♥.

②

♠ 9 ♥ D V 8 ♦ A D 10 7 4 2 ♣ A 10 7	1 ♦ — 1 ♠ 2 ♦ — 2 ♥ **2 SA**

Sur 2 ♥ annoncez 2 SA avec **des tenues à Cœur et à Trèfle** – les deux couleurs non nommées.

NOTE ⇒ sur la troisième couleur forcing, l'ouvreur s'il est maximum à la possibilité de faire **une enchère à sans-atout avec saut** ou de **soutenir avec saut** la **majeure** du répondant.

④ SUR UN SOUTIEN FORCING EN MAJEURE

Le problème de la nature du contrat final ne se pose plus.
Vous allez jouer à Cœur ou à Pique.
Le soutien forcing du répondant indique – au minimum – un espoir de chelem.

Sur le soutien forcing l'ouvreur ⇒

1. **Annonce 4 ♥ ou 4 ♠ s'il est minimum**

2. **Fait une autre enchère**, dès qu'il possède une ouverture convenable ou maximum.

Après le début d'enchères suivant :

1 ♠	2 ♣
2 ♥	3 ♠

Donnons successivement à l'ouvreur les deux jeux ci-dessous :

Jeu de gauche	Jeu de droite
♠ A V 9 8 7	♠ A D 9 7 3
♥ R D 10 7	♥ R D V 7
♦ D 8	♦ A 10
♣ V 6	♣ 9 8

– **Avec le jeu de gauche**, l'ouvreur minimum annonce 4 ♠.
– **Avec le jeu de droite**, l'ouvreur entre dans la zone du chelem, **il déclenche les enchères de contrôle** (voir page 211) et annonce 4 ♦.

⑤ SUR UN SOUTIEN FORCING EN MINEURE

- Après un soutien forcing en mineure, la nature du contrat final est prioritaire ⇒

Il s'agit d'abord de trouver la meilleure manche.

Voici quelques exemples :

①

♠ A 10 8
♥ 5
♦ R D V 9 8
♣ A 9 5 2

1 ♦	1 ♠
2 ♣	3 ♦
3 ♠	

Sur 3 ♦ donnez la priorité au soutien à 3 ♠ pour **retrouver un fit 5-3 en majeure.**

②

♠ D 9 7 2
♥ 9 7
♦ A D 3
♣ A V 9 8

1 ♣	1 ♥
1 ♠	3 ♣
3 SA	

Avec une ouverture minimum et un double arrêt à Carreau, **annoncez 3 SA.**

③

♠ V 10 4
♥ D
♦ R V 9 8 7
♣ A D 10 4

1 ♦	1 ♥
2 ♣	3 ♦
3 ♠	

Vous ne devez pas – si possible – dépasser le palier de 3 SA **avec une ouverture minimum.** Il est en effet dangereux de s'orienter vers une manche à 5 ♦.
Sans arrêt à Pique, annoncez 3 ♠ qui indique **un demi-arrêt** à ♠ (voir page 158).
Votre partenaire annoncera 3 SA **avec l'autre demi-arrêt** – à moins de posséder un jeu exceptionnel.

Supposons que votre partenaire détienne le jeu suivant :

1 ♦	1 ♥
2 ♣	3 ♦
3 ♠	3 SA

♠ D 3 2
♥ A R 8 6
♦ A D 10 4
♣ 7 4

Il annoncera 3 SA, **de loin le meilleur contrat de manche**.

④

♠ R 8
♥ R 10 4
♦ R 10 9 8 6 3
♣ A 3

1 ♦	1 ♠
2 ♦	2 ♥
2 SA	3 ♦
3 ♥	

Votre partenaire a utilisé **la troisième couleur forcing** ; son soutien à 3 ♦ est un soutien forcing (voir page 189).

Vous avez déjà indiqué une ouverture plutôt minimum, avec **un As et trois Rois**, vous devez faire **une enchère** encourageante. **Annoncez 3 ♥** – votre partenaire possède le jeu de la page 189 :

♠ A D V 5
♥ A 8
♦ A V 7 5
♣ 10 9 4

Vous avez un excellent **grand chelem** à jouer.

LA ZONE DU CHELEM

Avant de passer au chapitre concernant les conventions de chelem, je tiens à vous donner quelques principes généraux qui vous permettront de savoir dans quelles situations vous devez penser au chelem, c'est-à-dire comment utiliser « tout le matériel » que vous avez appris dans les pages précédentes.

Ensuite, quelques conseils pratiques vous aideront à déterminer à la table si vous devez **entrer ou non dans la zone du chelem**.

Il n'y a pas de recette infaillible. **Seul votre jugement, lié à l'expérience**, vous permettront de prendre le plus souvent possible la bonne décision.

SUR QUELS CRITÈRES ALLEZ-VOUS BASER VOTRE JUGEMENT ?

Ce chapitre doit vous servir de **guide** pour savoir si vous devez entrer ou non **dans la zone du chelem**, c'est-à-dire indiquer à votre partenaire qu'un chelem est possible, ou même parfois prendre directement la direction des opérations.

Voici quelques indications générales sur les chelems :

Un **petit chelem** rapporte ⇒

- **500** Non vulnérable
- **750** Vulnérable

Un **grand chelem** rapporte ⇒

- **1 000** Non vulnérable
- **1 500** Vulnérable

Ce bénéfice très important et le plaisir d'annoncer un chelem font prendre à beaucoup de bridgeurs un grand nombre de risques et parfois même leur fait demander des chelems inexistants.

Il est assez difficile à l'enchère d'apprécier exactement la probabilité de réussite d'un chelem. Vous devez néanmoins savoir :
qu'il faut demander un petit chelem avec **au moins une chance sur deux** de réussite et un grand chelem avec **au moins deux chances sur trois**.

Pour qu'un chelem ait une chance non négligeable de réussite, il faut que votre ligne comporte une force minimum en points DH ou H.

LES 33 POINTS DH ou H

- En principe, **il faut une force minimum de 33 points DH** pour demander un petit chelem à l'atout.

- En ce qui concerne les chelems à sans-atout, il faut également **un minimum de 33 points H pour annoncer 6 SA**.

Contrairement aux manches qui doivent être demandées dès que vous connaissez un fit de huit cartes ou plus en majeure et un total de 27 DH, vous ne devez envisager un chelem **que si d'autres conditions sont remplies**.

La hauteur des paliers des enchères permet aux deux joueurs de dialoguer, rendant ainsi la demande des chelems plus difficile, mais également **plus précise** que la demande de manches.

La suite du chapitre est divisée en deux parties ⇒

I. **Le matériel**
II. **Les conseils pratiques**

I. LE MATÉRIEL

Dans la majorité des cas, vous envisagerez un chelem à l'atout après une enchère de soutien de votre partenaire ou lorsque vous possédez vous-même un net soutien.

- Dans la NOUVELLE Super Majeure 5e, les soutiens forcing ont été **pratiquement généralisés** (notamment pour ceux qui utilisent le 2 SA Fitté).
- L'utilisation des Splinters et pour les paires expérimentées la généralisation des Splinters pour l'ouvreur et pour le répondant, permet aux deux joueurs de savoir qu'ils risquent d'être « dans la zone du chelem ».
- Vous devez également envisager un chelem après une séquence de double fit.

Dans toutes ces situations, il suffit parfois d'une plus-value ou d'une bonne carte – **appelée « carte clé »** – pour envisager d'entrer dans la zone du chelem.

Voici un exemple après un Splinter de l'ouvreur (page 378)

1 ♥	1 ♠
4 ♣	?

♠ D 10 8 6 5 2
♥ 7 2
♦ A 6
♣ V 6 4

Le Splinter est une convention précise qui permet d'annoncer d'excellents chelems **avec peu de points H** dans la ligne. Le partenaire du joueur qui fait un Splinter peut en effet juger de l'efficacité de ses honneurs et de sa distribution.

- **A ce niveau des enchères, le compte des points H – ou même DH – doit être remplacé par le jugement.**

Reprenons l'exemple ci-dessus, vous possédez ⇒

– un gros honneur sixième à Pique,
– l'As dans le résidu du partenaire (qui est court à ♣).

Avec un minimum d'expérience, vous comprendrez que votre jeu est trop fort pour vous contenter de répondre 4 ♠. ⇒ **vous devez entrer dans la zone du chelem**.

Comment entrer dans la zone du chelem ?
Annoncez 4 ♦, votre contrôle le plus économique.

Voici maintenant les deux jeux et la séquence complète :

Ouest		Est
♠ A R 9 3	N	♠ D 10 8 6 5 2
♥ A R D 10 8	O E	♥ 7 2
♦ D 10 9	S	♦ A 6
♣ 5		♣ V 6 4

OUEST	EST
1 ♥	1 ♠
4 ♣	4 ♦
4 SA	5 ♦
6 ♠	

4 SA est un Blackwood – la réponse de 5 ♦ indique un AS ou 1 CLÉ (Blackwood 5 CLÉS, une convention ♥♥♥ voir page 399).

EN RÉSUMÉ ⇒
Sur ces conventions utilisées avant l'entrée dans la zone du chelem : soutien forcing, Splinters, double fit, … vous devez prendre **un minimum de temps pour réexaminer votre jeu** et voir si vous possédez un jeu assez fort pour déclencher les enchères de chelem.

II. LES CONSEILS PRATIQUES

Pour gagner un chelem, vous ne devez perdre qu'une seule levée.
Vous verrez bientôt comment déterminer – grâce aux **enchères de contrôle** – que vos adversaires n'ont pas deux levées à encaisser dans une couleur.

Ensuite, le **Blackwood** vous permettra de connaître le nombre d'As de votre camp.

Avant d'utiliser ces conventions, c'est-à-dire d'entrer dans ce qu'on appelle la zone du chelem, vous allez devoir exercer votre jugement.

VOICI LE PLAN :

1. **Les atouts**
   - le nombre d'atouts,
   - la qualité des atouts.
2. **Une longueur annexe**
   - les cartes clés
3. **Le bon singleton**

1. LES ATOUTS

- **Le nombre d'atouts**

UN CONSEIL ⇒
Entrez dans la zone du chelem lorsque vous avez la certitude que votre camp possède **un minimum de 9 atouts**.

Ce neuvième atout est **très important**. Nous en avons déjà parlé lors du compte des points S.

Voici un exemple :

1 ♥	1 ♠
2 ♣	?

♠ A V 10 9
♥ R 10 8 7
♦ A D 5
♣ R 3

Avec quatre atouts par le Roi et tous les contrôles en face d'une ouverture **majeure 5e**, il est facile de déterminer que vous possédez un jeu **zone de chelem**.

– Les chelems avec 8 atouts

En l'absence du neuvième atout, le contrat sera plus difficile à jouer, **particulièrement en cas de fit 4-4**.

Voici un exemple :

1 ♣	1 ♥
2 ♥	?

♠ A V 10 9
♥ R 10 8 7
♦ A D 5
♣ R 3

Vous possédez *le même jeu que dans l'exemple ci-dessus*, mais la situation est différente. Dans l'exemple précédent, vous saviez que votre camp **possédait un total minimum de 9 atouts**. Dans cet exemple, vous savez que votre camp possède un total de **8 atouts et pas plus**.
Avec le Roi quatrième, vous ne possédez pas **encore** un atout de chelem.

> UN CONSEIL ⇒
> **Soyez prudent lorsque vous envisagez un chelem avec un fit 4-4.**

• La qualité des atouts

Pour jouer un chelem, vous devez non seulement posséder un total important d'atouts, mais également **des atouts solides**.

N'oubliez pas qu'une levée perdante à l'atout ne peut en principe pas disparaître. **Après un soutien forcing**, par exemple, vous devez tenir compte également de **la solidité de votre couleur**.

Voici trois exemples après le début d'enchères suivant :

1 ♠	2 ♣
2 ♦	3 ♠
?	

1	2	3
♠ V 9 7 6 2	♠ D V 9 8 6	♠ A V 9 8 5 3
♥ A D	♥ A 5	♥ 4
♦ A R 7 4	♦ A R 6 3	♦ A R 10 2
♣ D 3	♣ D 2	♣ 7 3

- *Avec le jeu* ①, **vos atouts sont médiocres**. Vous devez donc être **particulièrement prudent**. Si vous jouez en compétition, je vous conseille de faire **l'enchère conventionnelle de 3 SA**, que nous étudierons page 396.
- *Avec le jeu* ②, c'est-à-dire avec une couleur d'atout convenable, vous pouvez entrer dans la zone du chelem et annoncer un contrôle.
- *Avec le jeu* ③, c'est-à-dire six belles cartes à Pique en face d'un soutien forcing, il ne vous manque plus que la connaissance du **contrôle à Trèfle** pour prendre la direction des opérations.

2. UNE LONGUEUR ANNEXE

Nous avons déjà parlé de séquences de double fit après une ouverture en majeure et une réponse 2 sur 1 (voir page 159).
Avec un double fit, il est possible de réussir des chelems sans que votre camp possède un très grand nombre de points H ou DH.
Il est également assez fréquent de réussir d'excellents chelems lorsque votre camp possède **une solide longueur annexe**.

Voici un exemple avec les deux jeux :

Ouest		Est
♠ V 2	N	♠ D
♥ A V 10 8 7	O E	♥ R D 9 3
♦ A R 7 2	S	♦ 10 8
♣ R 3		♣ A V 10 8 7 4

Et le début des enchères :

1 ♥	2 ♣
2 ♦	3 ♥
?	

L'enchère de 3 ♥, rappelons-le, est **un soutien forcing** qui montre un espoir de chelem. Avec le Roi de Trèfle second dans la couleur annoncée par votre partenaire, vous possédez ce que l'on appelle **une carte clé**, c'est-à-dire une carte qui vous permet de savoir **que vous devez entrer dans la zone du chelem.**

LE ROI SECOND ⇒
Lorsque vous possédez **le Roi second dans la longueur de votre partenaire**, vous possédez la meilleure « **tenue** » possible dans cette couleur.

- **Si votre partenaire possède l'As cinquième**, vous n'aurez pas de perdante dans cette couleur.
- **S'il possède la Dame cinquième**, vous n'aurez que l'As à perdre et l'utilisation du Blackwood vous permettra de savoir le nombre d'As de votre camp.

Dans les deux cas, disposant d'un minimum de 9 atouts, vous pourrez affranchir par la coupe la longueur de votre partenaire.

- **En règle générale, tous les honneurs dans les couleurs communes et dans la couleur longue sont importants** lorsqu'il s'agit de demander ou non un chelem.

3. LE BON SINGLETON

Lorsque vous possédez un singleton – ou une chicane – **dans la couleur non nommée**, il s'agira souvent d'un élément décisif qui vous permettra d'entrer dans la zone du chelem ou parfois même de prendre la **direction des opérations**.

Voici un exemple :

Ouest		Est
♠ A D 10 9 7	N / O E / S	♠ R 8 6 2
♥ A D 9 8		♥ 6
♦ D 9 3		♦ A R V 10 2
♣ 7		♣ D 9 2

Et le début des enchères :

1 ♠	2 ♦
2 ♥	3 ♠
?	

Sur 3 ♠, avec un singleton Trèfle – la couleur non nommée – et également la Dame de Carreau – carte utile – **entrez dans la zone du chelem** en annonçant 4 ♣.

Voici maintenant la séquence complète :

1 ♠	2 ♦
2 ♥	3 ♠
4 ♣	4 SA
5 ♥	6 ♠

LES CONSEILS PRATIQUES

- **Tenez compte du nombre d'atouts** au moment d'envisager un chelem et réévaluez **le 9ᵉ atout**.
- **Tenez compte de la qualité de vos atouts** et **soyez prudent** avec des **atouts médiocres** ou en cas de **fit 4-4**.
- **Réévaluez vos gros honneurs dans la couleur de votre partenaire** et particulièrement **le Roi second**.
- Entrez dans la zone du chelem **avec une courte dans la couleur non nommée**.

LES DEUX CONVENTIONS DE BASE DES CHELEMS

Vous avez réussi à déterminer **que votre camp possédait environ un minimum de 33 points DH**, c'est-à-dire une force suffisante pour envisager un chelem et que les atouts de votre camp sont également assez robustes.

Avant de demander le chelem, vous devez réunir les deux conditions suivantes :

1. **Déterminer que vous n'avez pas deux levées à perdre dans la couleur** ⇒ vous allez devoir utiliser **les contrôles**

2. **Connaître le nombre d'As dans votre camp** ⇒ vous allez utiliser une des plus anciennes conventions : **le Blackwood**

1. LES CONTROLES

Nous avons déjà évoqué ce terme de nombreuses fois au cours de cet ouvrage. Vous avez également pu constater que les enchères de soutien au palier de 3 – **soutien forcing** – montraient le plus souvent des jeux plus forts que les soutiens au palier de la manche.

Cette façon d'annoncer permet **un échange économique de renseignements** dans le cas où l'un des joueurs envisage le chelem.

Cet échange économique permet l'annonce des contrôles avant la manche.

Voici un exemple de cette façon de procéder :

♠ R 10
♥ A R 9 7 4
♦ A D 8 2
♣ 5 4

1 ♥	2 ♣
2 ♦	3 ♥
?	

Le soutien forcing à 3 ♥ montre un espoir de chelem. Il annonce clairement : « **partenaire, si vous n'êtes pas minimum, un chelem est possible** ». Avec vos 18 points DH et une belle couleur d'atout, vous savez que vous êtes dans la zone du chelem. Transmettez ce message à votre partenaire en annonçant 3 ♠, **c'est une enchère de contrôle**.

– Une enchère de contrôle montre **l'As** ou **le Roi** ou **une courte** dans la couleur.

• Les enchères de contrôle

Les enchères de contrôle commencent après une enchère de soutien.

Ce soutien peut être un soutien forcing ou une enchère de soutien comme un Splinter.

> **RÈGLE ⇒**
> **Le déclarant déclenche les enchères de contrôle après avoir été soutenu.**

Voici deux exemples :

1 ♠	3 ♠
[4 ♣]	

1 ♠	2 ♦
2 ♥	3 ♠
[4 ♣]	

Dans ces deux exemples, 4 ♣ est **une enchère de contrôle.**

Les enchères de contrôle peuvent également débuter au palier de 3. Vous venez d'en voir un exemple à la page précédente.

Le joueur qui fait la première enchère de contrôle annonce ⇒

- **qu'il entre dans la zone du chelem,**
- **son contrôle le plus économique.**

- **L’entrée dans la zone du chelem**

Reprenons l’exemple concernant le contrôle à 3 ♠ :

♠ R 10 ♥ A R 9 7 4 ♦ A D 8 2 ♣ 5 4	1 ♥ 2 ♦ 3 ♠	2 ♣ 3 ♥

En annonçant 3 ♠, l’ouvreur indique que son camp est assez fort, compte tenu des informations précédentes, pour demander un chelem.

- **Le contrôle le plus économique**

♠ 10 2 ♥ A R 8 5 3 ♦ R D 10 5 ♣ A 3	1 ♥ 2 ♦ 4 ♣	2 ♣ 3 ♥

En annonçant 4 ♣, vous indiquez :

- que vous êtes assez fort pour entrer dans la zone du chelem,
- **que vous contrôlez les Trèfles** et pas les Piques – **couleur sautée**.

RÈGLE ⇒
Le fait de « sauter » une couleur dénie – sauf cas exceptionnel – le contrôle de cette couleur.

Supposons que votre partenaire possède le jeu suivant :

♠ D V 5
♥ D V 10 2
♦ A
♣ R D 10 8 2

Il sait que vous ne possédez pas de contrôle à Pique. Il va donc revenir à 4 ♥, le contrat final.

RÈGLE ⇒
Lorsqu'un des deux joueurs s'aperçoit qu'une couleur n'est pas contrôlée, il doit arrêter les enchères de chelem et revenir au minimum dans la couleur d'atout commune.

Voici un autre exemple :

1 ♥	2 ♣
2 ♦	3 ♥
4 ♣	4 ♠

♠ A 8
♥ R V 10 5
♦ 10 8 2
♣ A D V 5

Cette fois-ci, vous contrôlez les Piques – couleur sautée par votre partenaire – mais vous n'avez pas de contrôle à Carreau.

Que devez-vous faire ?

Il s'agit d'un cas particulier où les renseignements obtenus montrent que vous êtes assez fort pour annoncer 4 ♠ (contrôle à Pique), **dépassant la manche à 4 ♥**.

RÈGLE ⇒
Le fait de poursuivre les enchères de contrôle indique en général qu'il risque de manquer un contrôle.

Voici le jeu de votre partenaire et la séquence complète :

Ouest		Est
♠ V 5 ♥ A D 9 8 4 ♦ A D 9 3 ♣ R 6	N O E S	♠ A 8 ♥ R V 10 5 ♦ 10 8 2 ♣ A D V 5

OUEST	EST
1 ♥	2 ♣
2 ♦	3 ♥
4 ♣	4 ♠
4 SA	5 ♠
6 ♥	

Quelques commentaires :

4 SA = avec le contrôle à ♦, l'ouvreur pose le Blackwood

5 ♠ = 2 As et le Roi de ♥ (**Blackwood moderne**)

L'ouvreur sait que son partenaire ne possède pas de contrôle à Carreau. Il ne fait pas de tentative de grand chelem.

Vous avez vu que l'ouvreur, connaissant tous les contrôles, devait passer à l'étape suivante ⇒

c'est-à-dire la demande des As en utilisant le Blackwood.

2. LE BLACKWOOD

Pour connaître le nombre d'As de votre camp, utilisez la convention Blackwood. **Faire un Blackwood, c'est annoncer conventionnellement 4 SA.**

1. Voici les réponses au Blackwood classique :

- 5 ♣ = **0 ou 4 As**
- 5 ♦ = **1 As**
- 5 ♥ = **2 As**
- 5 ♠ = **3 As**

2. Voici les réponses au Blackwood moderne :

- 5 ♣ = **0 ou 3 As** (30)
- 5 ♦ = **4 ou 1 As** (41)
- 5 ♥ = **2 As**
- 5 ♠ = **2 As + le Roi d'atout**

Le Blackwood moderne est également appelé, pour des raisons mémotechniques, **le Blackwood 30-41**.

Voici deux exemples pour illustrer l'utilisation du Blackwood :

1. **Le Blackwood classique**

	N O E S	
♠ A R V 9 8 3		♠ D 10 6
♥ 6 4		♥ R D 10 3
♦ A 10 2		♦ 3
♣ R 5		♣ A D V 9 2

OUEST	EST
1 ♠	2 ♣
3 ♠	4 SA
5 ♥	6 ♠

Le répondant fitté avec tous les contrôles est assez fort pour poser directement le Blackwood.

2. Le Blackwood moderne

Ouest		Est
♠ R 10 9 2 ♥ A 5 ♦ 10 9 3 ♣ A V 8 2	N O E S	♠ A V 8 6 4 3 ♥ R D V 10 ♦ A ♣ R 5

OUEST	EST
1 ♣	1 ♠
2 ♠	4 SA
5 ♠	7 ♠

La réponse de 5 ♠ montre deux As et le Roi de ♠. Est a tous les éléments pour demander directement le grand chelem.

RÉPONSES AU BLACKWOOD AVEC UNE CHICANE

1 - **Avec un As et une chicane ⇒ faites un saut économique au palier de 6 dans votre chicane.**

Voici l'explication du « **saut économique** » : après vous avoir **soutenu à Cœur**, votre partenaire annonce 4 SA.

Supposons que vous possédiez successivement les deux jeux suivants :

①	②
♠ R 10 2 ♥ R D 8 6 4 3 ♦ – ♣ A 10 6 2	♠ – ♥ A D V 9 4 2 ♦ R 8 6 ♣ D V 10 4

- *Avec le jeu n° ①*, **répondez 6 ♦** ⇒ cette enchère signifie que vous possédez 1 As et une chicane à Carreau.
- *Avec le jeu n° ②*, **répondez 6 ♥** ⇒ cette enchère signifie que vous possédez 1 As et une chicane à Pique, **couleur plus chère que les Cœurs**. En effet, vous ne pouvez pas annoncer 6 ♠ sur 4 SA, un contrat au-dessus de 6 ♥.

2 - **Avec deux As et une chicane ⇒ Répondez 5 SA**.

C'est une réponse peu fréquente, mais que vous pouvez retrouver, *par exemple*, après un Splinter :

♠ A R 8 7 ♥ – ♦ A R 10 9 7 3 ♣ D 8 2	1 ♦ 1 ♠ 4 ♥ 4 SA **5 SA**

Répondez 5 SA. Votre partenaire comprendra sans difficulté après votre Splinter que vous possédez **2 As et une chicane à Cœur**.

NOTE ⇒ de plus en plus de joueurs de compétition utilisent le Blackwood 5 CLÉS que vous retrouverez page 399.

LES CHELEMS À SANS-ATOUT

La plupart des situations et des conventions que nous avons vues ou étudiées ensemble concernaient les chelems à l'atout.

Il peut arriver que le petit chelem à sans-atout soit le seul contrat pour votre camp. Ce sera le plus souvent après une enchère à sans-atout ou dans le cas où vous n'avez pas trouvé de couleur d'atout commune.

Les chelems à sans-atout, après une ouverture ou une redemande à sans-atout – **relativement précises** – sont le plus souvent assez faciles à annoncer.

- La difficulté consiste à **rechercher le total de 33 points H**.

LE 4 SA QUANTITATIF

RÈGLE ⇒
Après une ouverture ou une enchère à sans-atout, l'enchère de 4 SA montre un espoir de chelem à sans-atout.

Le **4 SA quantitatif espoir de chelem** est utilisé pour rechercher un total **de 33 points H** dans votre camp.

Voici trois exemples sur l'ouverture d'1 SA de votre partenaire :

1	2	3
♠ R D 8 3	♠ A 8 6	♠ A R 4
♥ A D 5	♥ R 9 5	♥ V 10 2
♦ A D 10	♦ R V 7	♦ A 8 6
♣ D 9 8	♣ D V 9 8	♣ A V 6 2

- *Avec le jeu* ①, c'est-à-dire **19** points H, vous savez que votre camp possède un minimum de ⇒ 19 + 15 = 34 points H. **Répondez 6 SA**.
- *Avec le jeu* ②, c'est-à-dire **14** points H, vous savez que votre camp possède un maximum de ⇒ 17 + 14 = 31 points H. Le chelem est exclu. Répondez **3 SA**.
- *Avec le jeu* ③, c'est l'exemple le plus délicat, vous savez que votre camp possède **17** + 15 à 17 = 32 à 34 points H. La décision revient à votre partenaire.
- Répondez **4 SA quantitatif espoir de chelem à sans-atout**.

La réponse de 4 SA n'est pas forcing. C'est l'ouvreur qui décidera ou non de la poursuite des enchères.

Voici d'autres exemples classiques d'utilisation du 4 SA **quantitatif espoir de chelem** :

2 SA	[4 SA]

1 ♦	1 ♠
1 SA	[4 SA]

1 ♠	3 SA
[4 SA]	

 Dans ces trois exemples, la réponse de 4 SA montre un espoir de chelem. Elle dit en quelque sorte au partenaire « **passez** si vous êtes **minimum** », « demandez le **chelem** si vous êtes **maximum** ».

NIVEAU ♥♥

- Le 4 SA quantitatif espoir de chelem peut être utilisé après une ouverture d'1 SA ou 2 SA et l'utilisation **du Stayman ou du Texas**.

Exemple **après un Stayman** :

1 SA	2 ♣
2 ♥	[4 SA]

♠ A V 10 8
♥ D 5
♦ R D V 9
♣ R 6 2

Dans cette situation, 4 SA indique quatre cartes à Pique – l'autre majeure – et environ **16-17** points H avec en principe une distribution 4-4-3-2.

Exemple **après un Texas** :

1 SA	2 ♥	♠ A D 10 6 4
2 ♠	4 SA	♥ A 3
		♦ D V 5
		♣ R 9 2

4 SA montre environ 16 points H et **cinq cartes à Pique**.

NOTE ⇒
L'ouvreur doit décider du contrat final : il peut passer, demander le chelem à 6 SA ou « soutenir » à 5 ou 6 ♠.

- Vous pouvez également utiliser le 4 SA espoir de chelem après **un Ping-pong** (voir page 384) ♥♥♥

1 ♣	1 ♠
1 SA	2 ♣
2 ♦	4 SA

Après le Ping-Pong, l'enchère de 4 SA montre un espoir de chelem avec cinq cartes à Pique, et un jeu régulier de 18-19 points H.

LE 5 SA FORCING ♥♥

Dans toutes les situations où l'enchère de **4 SA est quantitative ; je vous conseille d'adopter la réponse de** 5 SA forcing.

- L'enchère de 5 SA FORCING a pour but de laisser l'**ouvreur** – et parfois le répondant – **décider du meilleur petit chelem**.

		♠ V 5
2 SA	3 ♦	♥ A D 9 7 3
3 ♥	5 SA	♦ A 10 4
		♣ D V 5

La réponse de 5 SA permet de retrouver un fit 5-3 ou 5-4 à Cœur ou même un fit 5-3 en mineure ou, sans fit, de jouer 6 SA.

TABLEAU DES CHELEMS A SANS-ATOUT

OUVERTURES ET REDEMANDES		RÉPONSES 4 SA avec	RÉPONSES 6 SA à partir de
Ouverture 1 SA	15-17	**16-17**	**18**
Ouverture 2 SA	20-21	**12**	**13**
2 ♣ 2 ♦ 2 SA	22-23	**10**	**11**
2 ♦ 2 ♥/2 ♠ 2 SA	à partir de 24	**7-8**	avec **9-11**
Redemande 1 SA et 1 ♦ 2 ♣ 2 SA	12-14	**19-20**	**21**
Redemande 2 SA avec saut	18-19	**14**	**15**
Redemande 2 SA sans saut	15-17	**16-17**	**18**

LE GRAND CHELEM

Voici les trois conditions nécessaires pour demander un grand chelem ⇒

① **Détenir les quatre contrôles en premier pour un contrat à l'atout ou les quatre As pour jouer à sans-atout.**
② **Posséder un nombre impressionnant d'atouts et une distribution exceptionnelle, ou un nombre impressionnant de points H.**
③ **Pouvoir compter treize levées.**

Les deux conventions que nous allons étudier dans ce chapitre : le Joséphine et le Blackwood aux Rois concernent les demandes de grand chelem.

LE JOSÉPHINE

⇒ **est utilisé pour la recherche de deux gros honneurs à l'atout chez le partenaire**.

Cette convention a été inventée dans les années 30 par le célèbre champion et écrivain américain **Elie Culbertson**, en l'honneur de sa femme **Joséphine**, une des plus grandes championnes de l'époque.

Aujourd'hui encore, elle est utilisée par tous les bridgeurs.

Pour utiliser le Joséphine ⇒

- annoncez directement **5 SA** après un soutien à l'atout de votre partenaire,
- ou **6 ♣** après un Blackwood aux As.

LES RÉPONSES AU JOSÉPHINE	
• **Avec deux gros honneurs** ⇒	**Annoncez le grand chelem**
• Dans les autres cas ⇒	Revenez au palier de 6 dans la couleur d'atout.

Voici un exemple :

1 ♥	4 ♥
5 SA	[7 ♥]

♠ R 10
♥ A D 10 7 4
♦ 8 2
♣ V 10 7 3

Demandez le grand chelem avec deux gros honneurs à Cœur.

Voici un exemple après un Blackwood :

♠ R 7 4 2
♥ A 8
♦ R D V 4
♣ 9 6 2

1 ♦	1 ♠
2 ♠	4 SA
5 ♦	6 ♣
[6 ♠]	

Revenez à 6 ♠ avec un seul gros honneur dans la couleur d'atout.

UNE CONVENTION SPÉCIALE POUR LES CHELEMS A CŒUR OU A PIQUE ♥♥♥

• Sur le Joséphine à 6 ♣ ou à 5 SA ⇒

répondez 6 ♦ avec un gros honneur à l'atout.

Voici un exemple de séquence complète :

♠ A R 8 6 4 ♥ A 3 ♦ A D V 4 2 ♣ 5	N O E S	♠ D 10 7 3 ♥ D 4 ♦ R 9 ♣ A D 7 6 4

OUEST	EST
1 ♠	2 ♣
3 ♦	3 ♠
4 ♣	4 ♦
4 SA	5 ♦
6 ♣	6 ♦
7 ♠	

Quelques commentaires :

- 3 ♠ = Soutien forcing
- 4 ♣ = Contrôle à Trèfle. L'ouvreur recherche le contrôle ♦
- 4 ♦ = Le Roi de ♦ est probablement **une carte clé**
- 4 SA = L'ouvreur a tous les éléments pour poser le Blackwood
- 6 ♣ = Joséphine
- 6 ♦ = **Un gros honneur**

L'ouvreur connaît la Dame de ♠, il peut maintenant demander le grand chelem.

LE BLACKWOOD AUX ROIS

Contrairement au Blackwood aux As, le Blackwood aux Rois donne deux renseignements sur votre jeu :

1 - **Votre camp possède les quatre As,**
2 - **Votre jeu est assez fort pour envisager un grand chelem.**

Sur le Blackwood à 5 SA, le répondant peut annoncer ses Rois ou, s'il pense détenir les cartes nécessaires, **demander le grand chelem**.

- **Voici les réponses au Blackwood aux Rois à 5 SA (BW moderne).**

  - **6 ♣ = 3 ou 0 Rois**
  - **6 ♦ = 1 Roi**
  - **6 ♥ = 2 Rois**

ATTENTION ⇒
Si vous utilisez le Blackwood moderne ⇒ **n'annoncez pas deux fois** le Roi d'atout si vous avez répondu 5 ♠.

- Si vous jouez le Blackwood classique, les réponses sont légèrement différentes :

  - 6 ♣ = **0 ou 4 Rois**
  - 6 ♦ = **1 Roi**
  - 6 ♥ = **2 Rois**
  - 6 ♠ = **3 Rois**

 Voici un exemple de demande directe du grand chelem :

Ouest		Est
♠ D V 8	N	♠ A R 10 7 6 3
♥ A R 10 9	O E	♥ 6 2
♦ A D V 10 3	S	♦ R 5
♣ 4		♣ A 7 3

OUEST	EST
1 ♦	1 ♠
2 ♥	3 ♠
4 SA	5 ♠
5 SA	7 ♠

Quelques commentaires :

- 2 ♥ = Bicolore cher forcing pour un tour
- 3 ♠ = Robuste majeure 6e
- 4 SA = L'ouvreur prend la direction des opérations avec un net soutien à ♠
- 5 ♠ = 2 As et le Roi de ♠
- 5 SA = **Blackwood aux Rois**
- 7 ♠ = une enchère évidente avec **le Roi de ♦**

Le fait de posséder une carte clé, comme le Roi de ♦ dans cet exemple, c'est-à-dire **une plus-value d'une importance capitale** doit vous faire demander directement le grand chelem.

NOTE ⇒
En cas de double fit, il peut y avoir **une ambiguïté sur la meilleure couleur d'atout** pour jouer le grand chelem.

• Dans ce cas, si vous désirez jouer le grand chelem, que ce soit sur le Joséphine ou sur le Blackwood à 5 SA ⇒
Répondez 7 ♣.

Ce **saut économique** permettra à votre partenaire de choisir la meilleure couleur d'atout.

Voici un exemple :

1 ♥	2 ♦
3 ♦	3 ♥
4 SA	5 ♥
5 SA	[7 ♣]

♠ A 10
♥ A V 8 4
♦ R D 10 9 5
♣ V 8

Répondez 7 ♣ pour laisser votre partenaire choisir le meilleur grand chelem : 7 ♦ ou 7 ♥.

CHELEMS ⇒ DE LA THÉORIE À LA PRATIQUE

PLAN DU CHAPITRE

1. **Les chelems après l'ouverture de 1 à la couleur**
2. **Les chelems après l'ouverture de 1 ou 2 SA**
3. **Les chelems après l'ouverture d'un 2 faible**
4. **Les chelems après l'ouverture de 2 ♣ ou 2 ♦**

I. LES CHELEMS APRÈS L'OUVERTURE DE 1 A LA COULEUR

228 • Pour demander un chelem à l'atout après une ouverture de 1 à la couleur, vous devez déterminer ⇒

1. **Que votre camp possède le minimum requis de 33 points DH,**
2. **Que vous contrôlez les autres couleurs,**
3. **Le nombre d'As de votre camp.**

Si l'utilisation des enchères de contrôle et du Blackwood pose peu de problèmes, **c'est le plus souvent dans la recherche du total de 33 points DH** que vous aurez des difficultés.

Nous avons vu au cours de cet ouvrage plusieurs exemples concernant les soutiens forcing et les Splinters. Il nous reste à étudier les quatre principaux cas suivants :

1. L'ouvreur possède un jeu fort,
2. Le répondant possède un jeu fort,
3. Après la quatrième couleur forcing,
4. Après la troisième couleur forcing.

1. L'OUVREUR POSSÈDE UN JEU FORT

A sa deuxième enchère, l'ouvreur a fait une enchère forte. Ce sera le plus souvent assez facile de déterminer si vous vous trouvez ou non dans la zone du chelem.

Ouest		Est
♠ A V 9	N	♠ R 10 2
♥ R 10 9	O E	♥ A D 8 7 6 2
♦ R V 10 8	S	♦ D 9 5
♣ A D V		♣ 3

OUEST	EST
1 ♦	1 ♥
2 SA	3 ♥
3 ♠	4 SA
5 ♠	6 ♥

Quelques commentaires :

- 3 ♥ = La répétition sur l'enchère encourageante de 2 SA est forcing. **Elle montre des ambitions de chelem**.
- 3 ♠ = Soutien à ♥ et **contrôle à ♠**
- 4 SA = Blackwood moderne
- 5 ♠ = 2 As et le Roi de ♥

2. LE RÉPONDANT POSSÈDE UN JEU FORT

1. Le changement de couleur avec saut

Le changement de couleur avec saut est une réponse précise qui facilite la demande de chelem.

L'ouvreur sait tout de suite, **dès qu'il est fitté**, qu'il se trouve dans la zone du chelem.

Ouest		Est
♠ 8 7	N	♠ R 5
♥ D 10 9	O E	♥ A R V 8 7 4
♦ R D 10 3	S	♦ A V 5
♣ A D 5 2		♣ V 4

OUEST	EST
1 ♦	2 ♥
3 ♥	3 ♠
4 ♣	4 SA
5 ♦	6 ♥

Avec 13 points H et la Dame de ♥ troisième, l'ouvreur donne **un soutien forcing à 3 ♥**. Après un échange de contrôles, le répondant demande le chelem.

2. Après l'annonce d'un bicolore fort

Avec une distribution bicolore, vous savez que vous ne pouvez pas faire un changement de couleur avec saut.
C'est donc dans la suite des enchères que vous pouvez indiquer un espoir de chelem.

Ouest		Est
♠ D V 3	N	♠ A R 10 9 5
♥ A D 9 8 2	O E	♥ 5
♦ A 10 4	S	♦ D 6
♣ 9 3		♣ A R 10 8 2

OUEST	EST
1 ♥	1 ♠
1 SA	3 ♣
3 ♠	4 ♣
4 ♦	4 SA
5 ♥	6 ♠

Le saut à 3 ♣ indique pour l'instant une certitude de manche. C'est après le soutien à 3 ♠ qu'Est peut **montrer ses ambitions en annonçant 4 ♣**.
Sur 4 ♣, l'ouvreur bien fitté avec deux As annonce son contrôle à Carreau. Il entre dans la zone du chelem.

3. Le chelem et la 4e couleur forcing

Après une majeure nommée en 1 sur 1, **il n'y a pas de soutien forcing**. Pour montrer des ambitions de chelem, **le répondant passe par la 4e couleur forcing** avant **de soutenir**.

Ouest		Est
♠ R 10 4	N	♠ A 3
♥ A V 10 8	O E	♥ R 9 7 6
♦ V	S	♦ A R 10 9 6
♣ A R 9 7 2		♣ V 4

OUEST	EST
1 ♣	1 ♦
1 ♥	1 ♠
2 SA	3 ♥
3 ♠	4 SA
5 ♥	6 ♥

Le répondant, trop fort pour un soutien direct à 4 ♥, annonce 1 ♠ – **4e couleur en 1 sur 1**.

Rappel de la valeur des redemandes à sans-atout sur 1 ♠ :

- 1 SA = **12-14 H**
- 2 SA = **15-17 H**
- 3 SA = **18-19 H**

Sur la donne, l'ouvreur – avec 16 points H et une tenue Pique – **fait un saut à 2 SA**. Cette enchère montre une force équivalente à l'ouverture d'1 SA et une distribution irrégulière – avec cinq cartes à Trèfle – puisque Ouest n'a pas ouvert d'1 SA.

Sur 2 SA, connaissant une ouverture plus forte que le minimum, Est donne un soutien forcing à 3 ♥. L'ouvreur qui possède de bons atouts et le contrôle à Pique, accepte le chelem et nomme son contrôle.

4. Troisième couleur et soutien forcing en mineure

La 3e couleur forcing a été adoptée par la grande majorité des joueurs. Elle fait partie du standard de la NOUVELLE Super Majeure 5e. Elle est très utile pour demander **les chelems en mineures**.

Ouest		Est
♠ A V 8	N	♠ R 5
♥ 7 4	O E	♥ A R 9 8 6
♦ R 10	S	♦ 7 2
♣ R D 9 8 4 2		♣ A 10 6 5

OUEST	EST
1 ♣	1 ♥
2 ♣	2 ♦
2 SA	3 ♣
3 ♦	3 ♥
3 ♠	4 SA
5 ♦	6 ♣

Quelques commentaires :

- sur 2 ♣, Est utilise la 3e couleur forcing conventionnelle à 2 ♦
- la redemande à 2 SA de l'ouvreur indique des arrêts à Pique et Carreau

Maintenant, Est peut donner un soutien forcing à 3 ♣.
La 3e couleur est utilisée pour donner un soutien forcing en mineure.

L'ouvreur, qui possède une bonne mineure sixième et qui contrôle les deux autres couleurs, **annonce son contrôle le plus économique** : 3 ♦.

Comme vous pouvez le constater, les enchères de contrôle en mineure peuvent débuter à un palier moins élevé, grâce à la 3e couleur.

Après l'échange des contrôles, Est **qui possède deux As** peut poser le Blackwood.

RÈGLE ⇒
Vous devez posséder deux As pour poser le Blackwood si vous désirez jouer un chelem à l'atout Trèfle.

Sinon, vous ne saurez pas quoi faire sur la réponse de 5 ♦ : 1 As.

- **Si vous ne possédez qu'un seul As** et que vous désirez jouer un chelem à l'atout, poursuivez les enchères de contrôles.

Votre partenaire pourra ainsi poser le Blackwood avec deux As.

II. LES CHELEMS APRÈS L'OUVERTURE DE 1 OU 2 SA

1. APRÈS L'OUVERTURE D'1 SA

La précision de l'ouverture d'1 SA (15 à 17 H) permet de savoir rapidement si votre jeu est ou non dans la zone du chelem.

- Quand l'ouvreur d'1 SA annonce un contrôle, il s'agit forcément **d'un As ou d'un Roi**, puisque par définition il possède une **distribution régulière**.

LES SAUTS AU PALIER DE 3

Les sauts à 3 ♦, 3 ♥ et 3 ♠ indiquent ⇒
- **une puissante couleur sixième,**
- **un net espoir de chelem.**

Voici deux exemples :

①

1 SA | 3 ♦ |

♠ R V 5
♥ 5
♦ R D 10 9 6 2
♣ A D 5

②

1 SA | 3 ♠ |

♠ A D V 9 8 7
♥ R 5
♦ R 10
♣ D 7 3

L'ouvreur doit, selon la force de son jeu et son soutien, faire une enchère encourageante dès qu'il n'est pas minimum.

Il peut ⇒

- annoncer 3 SA avec un jeu minimum et non fitté,
- soutenir au palier de 4 avec un fit,
- **annoncer son contrôle le plus économique** avec un soutien et une ouverture convenable.

NOTE ⇒
Avec une bonne ouverture d'1 SA, vous pouvez soutenir avec un gros honneur second.

Après le début d'enchères suivant :

1 SA	3 ♥
?	

① ♠ A R 3 / ♥ D 7 3 / ♦ R 10 8 4 / ♣ D V 5

Répondez 4 ♥ – Ouverture minimum avec un soutien à Cœur.

② ♠ A R 10 2 / ♥ D 7 2 / ♦ A 5 / ♣ R 10 8 3

Annoncez 3 ♠, votre contrôle le plus économique avec un soutien à Cœur et une ouverture d'1 SA bien faite pour jouer à la couleur.

RÈGLE ⇒
Après un Stayman, toute nouvelle couleur au palier de 3 du répondant est forcing. Elle indique souvent un espoir de chelem.

Ouest		Est
♠ A D 8	N	♠ R 10 2
♥ A D 10 8	O E	♥ R V 9 7
♦ R V 5	S	♦ A D 10 8 6
♣ V 7 2		♣ 3

OUEST	EST
1 SA	2 ♣
2 ♥	3 ♦
3 ♠	4 SA
5 ♥	6 ♥

- Sur la réponse au Stayman, Est – fitté à Cœur – annonce 3 ♦ nouvelle couleur forcing.

NOTE ⇒
La réponse de 3 ♦ est naturelle. Elle peut être faite avec **quatre cartes à Cœur** ou **quatre cartes à Pique**.

- 3 ♠ : l'ouvreur possède toutes les bonnes cartes. Il annonce son contrôle à Pique.
- Le répondant possède maintenant tous les éléments pour poser le Blackwood.

RAPPEL : après un Texas majeur, **toute nouvelle couleur au palier de 3 est forcing à la manche**.

Ouest		Est
♠ A V 10	N / O E / S	♠ R D 8 7 2
♥ D 10 4		♥ 9 7 3
♦ R D 9		♦ A V 10 8
♣ R D 6 4		♣ A

OUEST	EST
1 SA	2 ♥
2 ♠	3 ♦
3 ♠	4 ♣
4 ♦	4 ♠

- Sur 3 ♦ nouvelle couleur, l'ouvreur soutient à 3 ♠.
- C'est en annonçant 4 ♣ que le répondant **montre ses ambitions de chelem**.
- L'ouvreur poursuit les enchères de chelem et annonce 4 ♦ – contrôle à Carreau.
- Sans contrôle à Cœur, Est **revient automatiquement à 4 ♠**.
- Sur 4 ♠, l'ouvreur qui ne contrôle pas les Cœurs sait que son camp a au moins deux Cœurs à perdre. Discipliné, il passe sur 4 ♠.

NOTE ⇒
Remarquez l'échange économique des contrôles, qui permet de s'arrêter au palier de 4 avec deux ou trois Cœurs perdants.

2. APRÈS L'OUVERTURE DE 2 SA

Voici un exemple de recherche de chelem après un Texas majeur :

Ouest		Est
♠ R 10 8	N	♠ A D 9 7 4 2
♥ A R 2	O E	♥ 5
♦ R 10 8 2	S	♦ 9 3
♣ A R 7		♣ D 10 9 5

OUEST	EST
2 SA	3 ♥
3 ♠	4 ♣
4 ♦	4 ♥
4 SA	5 ♦
6 ♥	

- Après la rectification à 3 ♠ du Texas, le répondant annonce 4 ♣ – nouvelle couleur au palier de 4 – montrant des ambitions de chelem.
- Sur 4 ♣, l'ouvreur possède assez d'As et de Rois pour annoncer 4 ♦, son contrôle le plus économique.
- Avec six cartes à Pique commandées par As-Dame, Est continue les **enchères de contrôles**.
- L'ouvreur possède toutes les bonnes cartes, il pose le **Blackwood**.

III. APRÈS UNE OUVERTURE DE 2 FAIBLE

Le 2 faible est une ouverture précise qui peut conduire un partenaire très fort à demander sans trop de difficultés un excellent chelem.

1. Après un relais à 2 SA

Ouest		Est
♠ 5	N	♠ D 10 9 7 4
♥ A D 10 8 6 4	O E	♥ R V 7 2
♦ D 10 3	S	♦ A R V 7
♣ V 7 4		♣ –

OUEST	EST
2 ♥	2 SA
4 ♥	6 ♥

Séquence aussi rapide qu'efficace.

- 2 SA = Relais forcing, avec des ambitions de chelem.
- 4 ♥ = Ouest annonce économiquement **son singleton à Pique** et une bonne ouverture.
- 6 ♥ = Pas de difficulté pour le répondant, il connaît une courte à Pique et six Cœurs chez le partenaire.

2. Après un changement de couleur

Ouest		Est
♠ V 9 2	N	♠ A D 10 8 7 4
♥ A D 10 7 6 2	O E	♥ 4
♦ 3	S	♦ A 10 8 3
♣ 9 8 4		♣ A R

OUEST	EST
2 ♥	2 ♠
3 ♠	4 ♣
4 ♦	6 ♠

Encore une séquence rapide :

- 2 ♠ = Changement de couleur **forcing pour un tour**.
- 3 ♠ = Soutien avec trois cartes.
- 4 ♣ = Proposition de chelem avec un contrôle à Trèfle.
- 4 ♦ = Avec le Valet de ♠ troisième et l'As de Cœur, Ouest accepte la proposition de chelem et nomme son contrôle le plus économique.

Est a maintenant tous les éléments pour conclure.

3. Le Blackwood Spécial 2 Faible – ♥♥♥

Il s'agit d'un Blackwood direct sur l'ouverture de 2 ♥ ou de 2 ♠, basé sur la qualité de la couleur d'atout.

Sur la réponse directe de 4 SA ⇒

- 5 ♣ = ni l'As ni le Roi d'atout
- 5 ♦ = l'As ou le Roi d'atout
- 5 ♥ = As-Dame ou Roi-Dame d'atout
- 5 ♠ = As-Roi d'atout
- 5 SA = As-Roi-Dame d'atout

Voici un exemple après un Blackwood :

♠ 8 3
♥ A R 10 8 7 2
♦ D 7 2
♣ 9 4

2 ♥	4 SA
[5 ♠]	

La réponse conventionnelle de 5 ♠ montre **l'As et le Roi de Cœur.**

IV. APRÈS UNE OUVERTURE DE 2 ♣ FORT INDÉTERMINÉ ET DE 2 ♦ FORCING DE MANCHE

1. APRÈS UNE OUVERTURE DE 2 ♣ FORT INDÉTERMINÉ

• Après le relais à 2 ♦

Après un relais à 2 ♦ et une redemande en majeure de l'ouvreur, **la suite des enchères est pratiquement la même qu'après l'ouverture d'un 2 fort en majeure**.

Ouest		Est
♠ A R 5	N	♠ 7 2
♥ A D 10 8 7 2	O E	♥ R 9 6 3
♦ A D	S	♦ V 6 4 2
♣ 8 3		♣ A V 10

OUEST	EST
2 ♣	2 ♦
2 ♥	3 ♥
3 ♠	4 ♣
4 SA	5 ♦
6 ♥	

- 2 ♥ = 2 fort à Cœur.
- 3 ♥ = **Soutien forcing** avec espoir de chelem.
- 3 ♠ = Contrôle à Pique.
- Sur 3 ♠, le répondant annonce son contrôle à Trèfle.
- L'ouvreur peut maintenant conclure à 6 ♥, après un Blackwood.

- **Après une réponse positive**

Ouest		Est
♠ 8 ♥ A R V 9 7 4 ♦ A R 10 ♣ R V 4	N O E S	♠ R 10 2 ♥ 6 3 ♦ 8 6 ♣ A D 10 9 8 3

OUEST	EST
2 ♣	3 ♣
4 SA	5 ♦
6 ♣	

La réponse de 3 ♣ **est naturelle et positive**. L'ouvreur connaît chez son partenaire six cartes à Trèfle par As-Dame. Il a tous les éléments pour poser le Blackwood et conclure à 6 ♣.

2. APRÈS UNE OUVERTURE DE 2 ♦ FORCING DE MANCHE

- **Après une redemande à 2 SA**

Vous savez que vous devez jouer, comme après une ouverture de 2 SA, le Stayman et le Texas.
Une différence cependant, **la redemande à 2 SA de l'ouvreur de 2 ♦ est illimitée**. Le répondant doit en tenir compte dans la suite des enchères.

Ouest		Est
♠ A R 10 9 ♥ A D V 10 ♦ A R 5 ♣ A R	N O E S	♠ D 8 7 4 2 ♥ R 8 4 ♦ 7 4 ♣ 8 6 2

OUEST	EST
2 ♦	2 ♥
2 SA	3 ♥
3 ♠	3 SA
4 ♣	4 ♥
4 SA	5 ♦
6 ♣	7 ♠

Une séquence riche d'enseignements qui mérite quelques explications :

- 2 ♥ = pas d'As.
- 2 SA = redemande illimitée.
- 3 ♥ = Texas Pique.
- 3 ♠ = l'ouvreur rectifie le Texas **sans saut**. En effet, **un saut à 4 ♠ indiquerait qu'il manque deux As**.
- 3 SA = le répondant montre une distribution régulière.
- 4 ♣ = l'ouvreur indique un net soutien à Pique et des ambitions de chelem.
- 4 ♥ = avec 5 points H en face d'une ouverture illimitée, vous devez annoncer votre Roi de ♥.
- 4 SA = **Blackwood aux Rois.**
- 5 ♦ = 1 Roi.
- 6 ♣ = l'ouvreur fait un Joséphine pour savoir si son partenaire possède **un gros honneur à Pique**. En effet, après la réponse de 2 ♥, il ne peut pas posséder le Roi de ♥ et Roi-Dame de ♠, ni même en principe deux Rois.
- 7 ♠ = **avec la Dame de ♠ demandez le grand chelem**.

Il faut évidemment bien jouer au bridge pour penser à toutes ces inférences à la table. **Mais, croyez-moi, avec de l'expérience vous y arriverez**.

• Après une redemande à la couleur

Ouest		Est
♠ A R V 7 6 2	N	♠ D 10 9 5
♥ A D 8 3	O E	♥ 4
♦ A R D	S	♦ V 10 8 6
♣ –		♣ R 7 4 3

• 1re séquence **avec Splinter** :

OUEST	EST
2 ♦	2 ♥
2 ♠	4 ♥
7 ♠	

• 2e séquence **avec soutien forcing** :

OUEST	EST
2 ♦	2 ♥
2 ♠	3 ♠
4 ♣	4 ♥
5 SA	7 ♠

Dans la 1re séquence, Est utilise **le Splinter ♥♥♥** pour indiquer un bon soutien à Pique avec quatre atouts et **une courte à Cœur** (voir page 367). L'ouvreur n'a aucune difficulté pour demander le grand chelem.

Dans la séquence n° 2, pour ceux d'entre vous qui n'ont pas encore adopté le Splinter dans cette situation, le répondant donne **un soutien forcing** à 3 ♠ et annonce son contrôle à Cœur.

L'ouvreur est dans l'incertitude quant au nombre et à la qualité des atouts, son partenaire pouvant posséder trois cartes à Pique.
Il utilise le Joséphine à 5 SA.

Le répondant a maintenant tous les éléments pour demander le grand chelem en face d'une ouverture forcing de manche.

- **Après la réponse de 2 SA** (au moins 8 points H ou 2 Rois).

→ Les redemandes de l'ouvreur sont naturelles.

→ **La redemande de 3 SA est** forcing, elle indique un minimum de 24 points H et n'a pas de « limite supérieure ».
Elle indique également qu'**il ne manque pas deux As**.

Voici un exemple :

2 ♦	2 SA
3 SA	6 SA

♠ R 10 8
♥ D 7 3
♦ D V 9 7
♣ V 10 8

Avec un jeu régulier de 9 points H ⇒ **24 + 9= 33 H**, demandez 6 SA.

II

LES ENCHÈRES COMPÉTITIVES

Jusqu'à présent, nous n'avons pratiquement parlé que de l'ouvreur et de son partenaire le répondant.

Les deux joueurs du camp de la défense peuvent également se manifester.

Définition ⇒ les enchères compétitives débutent dès que l'un des joueurs de la défense se manifeste.

Les enchères compétitives ont beaucoup progressé. Les bridgeurs sont devenus nettement **plus agressifs** dans leurs interventions. C'est le domaine du bridge – avec les chelems – où il y a le plus de points à gagner.

Dans **les enchères compétitives**, on appelle :

- **le joueur n° 1 ⇒ l'ouvreur,**
- **le joueur n° 2 ⇒ le joueur à gauche de l'ouvreur,**
- **le joueur n° 3 ⇒ le répondant,**
- **le joueur n° 4 ⇒ le joueur à droite de l'ouvreur.**

LES INTERVENTIONS

L'intervention marque le début des enchères compétitives.

Dans ce premier chapitre, nous allons étudier les interventions après une ouverture de 1 à la couleur.

Avant d'entrer dans le détail de ces interventions, voici :

TROIS BONNES RAISONS POUR INTERVENIR

1. Jouer le contrat final

Le camp de la défense peut être largement majoritaire en points. **Le contrat final peut fort bien lui appartenir.** Il peut s'agir d'une partielle, d'une manche et parfois même d'un chelem.

En intervenant, vous pouvez également trouver une bonne défense – surtout non vulnérables contre vulnérables – contre une manche adverse.

2. Gêner vos adversaires

Une intervention « consomme » des paliers d'enchères du camp de l'ouvreur et peut gêner le développement de leurs enchères et donc vous rapporter un bon coup.

Voici un exemple classique :

S	O	N
1 ♣	1 ♠	?

Après une intervention à 1 ♠, Nord n'a pas la possibilité **d'annoncer une couleur au niveau de 1**.

3. Donner la bonne entame

Il est essentiel d'intervenir même si vous êtes minimum, dès que vous indiquez **la bonne entame**.

Voici un exemple :

1 ♦	1 ♥	♠ 10 7 2 ♥ A R V 9 8 ♦ 6 ♣ 10 9 7 3

Si c'est à votre partenaire d'entamer, **il trouvera sans difficulté la meilleure entame pour votre camp**.

VOICI LE PLAN DE CE CHAPITRE

1. L'intervention à la couleur
2. Le contre d'appel
3. L'intervention à 1 SA
4. Les interventions bicolores
5. Les interventions du joueur n° 4

- Les interventions **à la couleur** et **le contre d'appel** sont les interventions les plus fréquentes.

1. L'INTERVENTION À LA COULEUR

C'est la plus fréquente de toutes les interventions : la couleur nommée en intervention doit comporter **un minimum de cinq cartes**.

Toute intervention comporte évidemment un risque et donc, pour être efficace, l'intervention à la couleur doit avoir une valeur minimum.

L'INTERVENTION AU NIVEAU DE 1

Pour intervenir au niveau de 1, il faut ⇒
- **soit une robuste couleur – au moins cinquième,**
- **soit une valeur d'ouverture et une couleur cinquième.**

Voici deux exemples d'intervention à 1 ♠ sur une ouverture d'1 ♦

♠ A R 10 9 8	♠ D 9 8 7 3
♥ 10	♥ A 10 4
♦ V 7 2	♦ 8 2
♣ D 9 8 6	♣ A R 5

- *le jeu de gauche* comporte une robuste longueur cinquième ; l'intervention est évidente,
- intervenez également à 1 ♠ *avec le jeu de droite*, votre majeure 5e est peu robuste, **mais vous possédez une valeur d'ouverture**.

UN CONSEIL ⇒
Intervenez à 1 ♠ dès que possible. **L'intervention à 1 ♠ est très efficace** et peu dangereuse.
L'intervention à 1 ♠ peut également provoquer un soutien à Pique de votre partenaire et donc **élever le palier des enchères** et ainsi **gêner considérablement le camp adverse**.

L'INTERVENTION AU NIVEAU DE 2

Pour intervenir au niveau de 2, il faut un jeu plus fort que pour intervenir au niveau de 1.

> **Pour intervenir au niveau de 2, il faut ⇒**
> - **soit une couleur sixième très robuste (et environ 10 points H),**
> - **soit une solide couleur cinquième et la valeur d'une ouverture moyenne.**

Voici trois exemples d'intervention à 2 ♣ après l'ouverture d'1 ♦:

1	2	3
♠ D 10 3	♠ R 10	♠ A R 5
♥ V 7 5	♥ A D 5	♥ 6 2
♦ 8	♦ 8 2	♦ 8 4 3
♣ A R 10 9 8 6	♣ D V 10 8 7 3	♣ A D V 10 8

Vous pouvez constater en regardant ces trois jeux que la force en points H augmente quand la qualité de la couleur diminue.

UN CONSEIL ⇒
Évitez d'intervenir au niveau de 2 si vous êtes vulnérable avec une couleur médiocre.

L'INTERVENTION AVEC SAUT À 2 ♥ ET 2 ♠

L'intervention avec saut à 2 ♥ et 2 ♠ est utilisée comme une enchère de barrage. C'est l'équivalent d'un **2 faible**.

> **Intervenez avec saut à 2 ♥ et 2 ♠ avec ⇒**
> - **un unicolore sixième robuste,**
> - **environ 6 à 10 points H.**

UN CONSEIL ⇒
Comme pour une ouverture de 2 faible, tenez compte des vulnérabilités en présence et **des cartes intermédiaires**.

Voici deux exemples d'interventions avec saut sur l'ouverture d'1 ♣ :

♠ 8 ♥ R V 10 8 6 2 ♦ 9 5 3 ♣ A 9 8	♠ R D V 9 7 3 ♥ 4 ♦ D V 10 ♣ 8 7 3
Intervenez à 2 ♥	Intervenez à 2 ♠

Les interventions en barrage au palier de 3

Il s'agit de jeux légèrement plus forts qu'une ouverture de bar-
 rage au niveau de 3, comportant une couleur 7e robuste et en principe **pas ou peu de levées annexes**.

Exemples :

①

1 ♥ — [3 ♠]

♠ A D V 8 6 4 2
♥ 5
♦ 9 8
♣ D 7 4

②

1 ♠ — [3 ♦]

♠ 9 8
♥ 7
♦ R D V 10 8 7 4
♣ A 6 2

Dans *le premier exemple*, l'intervention a été faite avec un double saut et dans *le second* avec un simple saut.
Ces deux interventions correspondent à une bonne ouverture de barrage. Ici encore, tenez compte des vulnérabilités en présence.

NOTE ⇒
Les barrages **au niveau de 4** sont nettement plus dangereux et nécessitent 7 à 8 levées de jeu selon les vulnérabilités.

Exemple :

1 ♦ | 4 ♠

♠ A D V 8 6 4 2
♥ 5
♦ 9 8
♣ D 7 4

- **En intervenant à la couleur, vous risquez ⇒**

① d'être contré,
② de jouer un mauvais contrat,
③ d'indiquer une mauvaise entame.

Seule l'expérience vous permettra de vous tirer d'affaires dans les cas limites.

- **Sachez qu'une bonne intervention est basée sur la solidité de la couleur et sur une bonne distribution.**

Un autre risque consiste à jouer dans votre couleur d'intervention alors que votre camp pourrait trouver un excellent contrat dans une autre couleur. **Soyez donc prudent quand vous possédez de grandes forces dans les autres couleurs.**

2. LE CONTRE D'APPEL

Le contre d'appel est l'intervention **la plus économique**. Il permet, **sans élever le palier des enchères d'indiquer une valeur d'ouverture et une bonne distribution**.

Voici un exemple :

SUD	OUEST
1 ♣	Contre

Le contre d'appel demande au partenaire de faire une enchère : **il l'appelle à nommer une des trois couleurs non annoncées**.

Le contre d'appel est une intervention précise qui garantit une force minimum et donne des renseignements sur la distribution.

Valeur du contre d'appel ⇒
Pour faire un contre d'appel, il faut un minimum de 14 points DH et un soutien dans les trois autres couleurs.

- Pour contrer avec un jeu (vraiment) minimum, il est préférable de détenir quatre cartes dans la ou les majeures non annoncées, c'est-à-dire :
  - **Sur 1 ♣ ou 1 ♦** ⇒ **les deux majeures quatrièmes,**
  - **Sur 1 ♥** ⇒ **quatre cartes à Pique,**
  - **Sur 1 ♠** ⇒ **quatre cartes à Cœur.**

Voici un exemple de contre d'appel minimum :

1 ♦ [X]

♠ R 10 7 4
♥ A R 8 2
♦ 7 4
♣ D 10 9

Non vulnérable, n'hésitez pas à contrer l'ouverture d'1 ♦ **avec les deux majeures 4**[e].

Vous n'aurez pas toujours une distribution idéale pour faire un contre d'appel.
N'oubliez pas, au moment de contrer, que **vous demandez à votre partenaire de nommer une couleur**. Il doit donc pouvoir annoncer sa couleur sans trop de risques.

- **Si votre jeu est plus fort** qu'une valeur d'ouverture minimum, vous pouvez contrer dès que vous possédez un soutien dans la ou les majeures non nommées.

Exemple :

1 ♥ [X]

♠ A D 10 9
♥ V 7 6
♦ R 10
♣ A D 10 8

Contrez avec 16 points H et quatre cartes à Pique, malgré le doubleton à Carreau.

RÈGLE ⇒
Ne contrez pas une ouverture adverse avec une courte dans une majeure non nommée, à moins de posséder un jeu très fort.

Voici, pour terminer, trois exemples sur l'ouverture d'1 ♠ :

1	2	3
♠ 8 4 ♥ R V 10 7 ♦ A D 10 8 ♣ A 8 2	♠ 7 ♥ R V 9 6 2 ♦ A R 7 4 ♣ R 8 6	♠ 9 2 ♥ D V 10 4 ♦ A R 10 9 8 ♣ A D

Le jeu n° ① correspond à un contre d'appel classique avec un doubleton à Pique et quatre cartes à Cœur.

Le jeu n° ② comporte cinq cartes à Cœur. Le contre d'appel avec cette distribution est meilleur qu'une intervention à 2 ♥.

Contrez également avec *le jeu n°* ③ : 16 points H et quatre cartes à Cœur. Le contre d'appel, **plus efficace** qu'une intervention à 2 ♦, vous permettra de retrouver **le fit 4-4** ou **5-4 à Cœur**.

- **Une situation plus délicate ⇒**

Vous détenez un jeu fort et vous possédez **un doubleton** dans **une majeure non annoncée**.

Exemple :

1 ♣   X

♠ A 10
♥ R D V 5
♦ A R V 9
♣ D 8 2

Contrez l'ouverture d'1 ♣ avec 20 points H, malgré votre doubleton à Pique.

3. L'INTERVENTION PAR 1 SA

Intervenez à 1 SA avec ⇒ • **16 à 18 points H,** • **un jeu régulier,** • **une bonne tenue dans la couleur adverse.**

UN CONSEIL ⇒
Il est préférable, sur l'ouverture d'1 ♥ ou d'1 ♠ c'est-à-dire d'une majeure 5e, de posséder deux arrêts pour intervenir à 1 SA.

Voici deux exemples d'intervention à 1 SA sur une ouverture d'1 ♠ :

♠ D 10 9 7 ♥ A 10 ♦ A D 8 4 ♣ A V 5	♠ R D 10 ♥ D 5 ♦ A 8 2 ♣ A D 10 9 4

ATTENTION
Sur une ouverture mineure, si vous avez un net soutien **dans les deux majeures**, vous risquez en intervenant à 1 SA de passer à côté d'un bon contrat à Cœur ou à Pique.

Voici un exemple :

1 ♣	X	♠ R V 10 9 ♥ A D V 5 ♦ V 3 ♣ A V 8

17 points H avec quatre cartes à Cœur et quatre cartes à Pique. Il est mieux joué de contrer pour rechercher un fit en majeure : **priorité au contre d'appel avec les deux majeures quatrièmes**.

En intervenant à 1 SA, vous risquez d'être contré. Vulnérable, soyez prudent.

4. LES INTERVENTIONS BICOLORES

Si vous n'êtes pas encore un bridgeur expérimenté, je vous conseille de ne pas étudier à votre première lecture, ce chapitre sur les interventions bicolores.

Retenez seulement la règle suivante :

> **RÈGLE ⇒**
> **Sur l'ouverture d'1 ♣, l'intervention à 2 ♣ est naturelle et montre une longueur au moins sixième à Trèfle.**

VOICI LES INTERVENTIONS BICOLORES

Les interventions que nous allons étudier font partie du **Standard français. Vous devez les apprendre et les utiliser avec votre partenaire habituel**.

① **L'intervention à 2 SA** ⇒ indique un bicolore des deux couleurs les moins chères
② **L'intervention à 2 ♦** – sur 1 ♣ et 1 ♦ ⇒
indique un bicolore majeur
③ **L'intervention en cue-bid** – 1 ♥ et 1 ♠ ⇒
indique l'autre majeure + cinq cartes à ♣.
④ L'intervention à 3 ♣ – sur 1 ♥ et 1 ♠ ⇒
indique l'autre majeure + cinq cartes à ♦.

> 3 CONSEILS **pour bien utiliser les interventions bicolores** :
>
> 1. Une intervention bicolore garantit deux couleurs **au moins cinquièmes**.
> 2. Vous devez posséder **deux solides couleurs**.
> 3. **Vos honneurs** doivent être **concentrés** dans les deux couleurs du bicolore.

1. L'INTERVENTION BICOLORE A 2 SA

L'intervention à 2 SA indique **un bicolore des deux couleurs les moins chères**.

- Sur une ouverture d'1 ♥ ou d'1 ♠, l'intervention à 2 SA montre un **bicolore mineur**.

Voici un exemple non vulnérable :

1 ♥ 2 SA

♠ R 5
♥ 8
♦ D V 10 9 7
♣ R D 9 8 5

Voici un exemple vulnérable :

1 ♠ 2 SA

♠ 8 6
♥ –
♦ R D 10 9 7
♣ A D 8 7 4 2

- Sur une ouverture mineure, l'intervention à 2 SA montre **un bicolore avec cinq cartes à Cœur + l'autre mineure**.
  - sur 1 ♣ ⇒ 2 SA montre un bicolore ♦-♥
  - sur 1 ♦ ⇒ 2 SA montre un bicolore ♣-♥

Voici un exemple :

1 ♣ 2 SA

♠ 7
♥ R D 9 8 6
♦ A R V 7 4
♣ 8 2

Intervenez à 2 SA avec deux belles couleurs cinquièmes.

N'oubliez pas qu'en faisant une intervention bicolore, vous imposez à votre partenaire de jouer dans une de vos deux couleurs.

Pour intervenir efficacement, **vous devez tenir compte des vulnérabilités en présence**.

Il est bien joué de posséder ⇒

- un jeu **défensif** si vous êtes non vulnérable contre vulnérable,
- un jeu **d'attaque**, c'est-à-dire un jeu fort, si vous êtes vulnérable.

2. L'INTERVENTION BICOLORE A 2 ♦

Sur l'ouverture d'une mineure, l'intervention à 2 ♦ montre un minimum de **cinq cartes à Cœur** et de **cinq cartes à Pique**.

 Voici un exemple non vulnérable :

1 ♦	2 ♦

♠ D 10 9 8 7
♥ A D 10 6 4
♦ 3
♣ 9 8

2 ♦ = Bicolore ♠/♥ au moins 5-5.

L'intervention bicolore à 2 ♦ **est la plus économique. Elle permet en effet de s'arrêter à 2 ♥ ou 2 ♠.**

Voici un exemple vulnérable :

1 ♦	2 ♦

♠ A D V 8 2
♥ R V 10 6 4 3
♦ 8
♣ 4

Belle intervention vulnérable avec un bicolore 6-5 et six cartes à Cœur.

Par contre, *si vous possédez la main suivante* :

1 ♦ [1 ♠]

♠ R V 10 6 4 3
♥ A D V 8 2
♦ 8
♣ 4

L'intervention à 2 ♦ n'est pas une erreur, mais je vous conseille d'intervenir à 1 ♠ et d'annoncer les Cœurs au tour suivant avec **six cartes à Pique**, la couleur la plus chère, et 5 cartes à Cœur.

3. LE CUE-BID BICOLORE SUR UNE MAJEURE

Sur une ouverture majeure, le **cue-bid** à 2 ♥ ou 2 ♠ montre **l'autre majeure + cinq cartes à Trèfle** (au minimum).

Voici deux exemples :

①

1 ♥ [2 ♥]

♠ A V 10 8 7
♥ –
♦ V 5
♣ R D 9 8 7 3

Le cue-bid à 2 ♥ montre un bicolore ♠ - ♣.

②

1 ♠ [2 ♠]

♠ –
♥ A D V 8 7 3
♦ 5
♣ R D V 9 8 2

Intervenez à 2 ♠ → bicolore ♥-♣.

- **L'intervention bicolore est forcing. Elle n'a pas de limite supérieure.**

4. L'INTERVENTION BICOLORE A 3 ♣

L'intervention à 3 ♣, peu économique, indique un bicolore avec **l'autre majeure + cinq cartes à Carreau**.

Voici un exemple :

1 ♥	3 ♣	♠ A D 8 6 2 ♥ 5 ♦ R D 10 9 7 3 ♣ 8

Une bonne intervention bicolore à 3 ♣ avec six cartes à Carreau et cinq cartes à Pique.

Si vous possédez le jeu suivant :

1 ♥	1 ♠	♠ A D 8 6 2 ♥ 5 ♦ R D 10 9 7 ♣ 8 3

Avec un bicolore 5-5, **intervenez à ♠**. Il n'est pas question d'imposer un contrat au palier de 3 avec ce jeu, alors que vous possédez **une bonne intervention au niveau de 1**.

● Ces conventions de bicolores, utilisés par toutes les meilleures paires françaises, permettent de jouer des interventions bicolores extrêmement précises, d'où leur nom : **les bicolores précisés**.

● Avant d'utiliser cette méthode d'intervention, **une bonne mise au point avec votre partenaire** s'impose.

5. LES INTERVENTIONS DU JOUEUR N° 4

Le joueur n° 4, situé à la droite de l'ouvreur, peut intervenir après une ouverture adverse et une première réponse.

- **Pour les interventions à la couleur** avec ou sans saut, il n'y a pas de modification par rapport aux interventions du joueur n° 2.

- **Le contre d'appel :**
  Les adversaires ont nommé une couleur : le contre est d'appel avec une valeur d'ouverture et une courte dans la couleur adverse.

Exemples :

①

S	O	N	E
1 ♥	Passe	2 ♥	X

♠ A 10 8 4
♥ 5
♦ R D 10
♣ A 9 8 7 4

Le contre du soutien adverse montre une valeur d'ouverture et quatre cartes à Pique (l'autre majeure).

②

S	O	N	E
1 ♦	Passe	2 ♦	X

♠ A D 10 8
♥ R 9 8 7 4
♦ 7 2
♣ A 10

Avec ce jeu, il est mieux joué de contrer que d'intervenir à 2 ♥.

> **NOTE ⇒**
> Après un soutien en mineure, **le contre est orienté vers un contrat en majeure**.

Si les adversaires ont nommé deux couleurs :

Le contre d'appel montre ⇒

- **une valeur d'ouverture,**
- **un minimum de quatre cartes dans les deux autres couleurs.**

Exemple :

S	O	N	E
1 ♦	Passe	1 ♠	X

♠ 6
♥ A D 8 4
♦ V 7 6
♣ A D 10 8 4

Contrez avec cinq cartes à Trèfle et quatre cartes à Cœur.

- **L'intervention à 1 SA**

Soyez prudent, votre adversaire de droite a répondu sur l'ouverture. Le risque d'un contre **punitif** existe.

Évitez d'intervenir avec un jeu minimum.

Voici deux exemples d'intervention après une ouverture d'1 ♦ et une réponse d'1 ♠.

♠ A D 10
♥ V 10 5
♦ A R 4
♣ D V 10 9

♠ R 4 2
♥ 9 4
♦ A R 5
♣ R D V 8 6

Le jeu de gauche comporte 17 points H bien faits.
L'intervention à 1 SA avec *le jeu de droite* (16 points H et une belle couleur 5e à Trèfle) est peu risquée. En cas de contre, vous pourrez toujours vous replier à 2 ♣.

• Le cue-bid

L'intervention en cue-bid après deux couleurs.

LES DEUX RÈGLES ⇒
1. Le cue-bid de **la couleur d'ouverture** indique **un bicolore des deux autres couleurs**,
2. Le cue-bid de **la couleur de réponse** – en 1 sur 1 – est **une intervention naturelle**.

1. **Le cue-bid de la couleur d'ouverture**

Avec un bicolore des deux autres couleurs, faites un cue-bid de la couleur d'ouverture, en tenant compte des vulnérabilités en présence.

S	O	N	E
1 ♣	Passe	1 ♥	2 ♣

♠ A 10 9 7 2
♥ 6 4
♦ A D 10 9 7
♣ 3

L'intervention à 2 ♣ montre **un bicolore** au moins 5-5 ♠/♦

2. **Le cue-bid de la couleur de réponse**

Le cue-bid de la couleur de réponse en 1 sur 1 est **naturel**. Il indique une robuste couleur 6e et la valeur d'une intervention au palier de 2.

S	O	N	E
1 ♥	Passe	1 ♠	2 ♠

♠ R D V 9 8 7
♥ 8
♦ 9 2
♣ A V 6 3

2 ♠ = **Robuste couleur à Pique**.

NOTE ⇒

Vous pouvez également intervenir avec un bicolore inverse à 2 SA. Il s'agit d'un bicolore défensif avec en principe six cartes dans la couleur la moins chère.

S	O	N	E
1 ♣	Passe	1 ♠	2 SA

♠ 6
♥ D 10 9 8 3
♦ A D V 9 7 2
♣ 6

Intervenez à 2 SA avec un bicolore 6-5 et une puissante longueur mineure.

- **Le cue-bid après la réponse d'1 SA**

  – **après une ouverture d'1 ♣ ou d'1 ♦** ⇒
  le cue-bid montre les 2 MAJEURES

S	O	N	E
1 ♦	–	1 SA	2 ♦

♠ A D 9 8 6
♥ R V 10 7 3
♦ 6
♣ V 9

Sur 1 SA intervenez à 2 ♦ avec un 5-5 majeur.

  – **après une ouverture d'1 ♥ ou d'1 ♠** ⇒
  le cue-bid montre l'autre MAJEURE + **une mineure**.

S	O	N	E
1 ♥	–	1 SA	2 ♥

♠ A V 9 7 3
♥ 8
♦ A R V 9 2
♣ 7 3

L'intervention à 2 ♥ montre **cinq cartes à Pique** et une mineure au moins cinquième indéterminée.

TABLEAU DES INTERVENTIONS BICOLORES

LES BICOLORES PRÉCISÉS		
L'OUVERTURE ADVERSE	INTERVENEZ A	AVEC UN BICOLORE :
1 ♣	2 ♦	♥ - ♠
	2 SA	♦ - ♥
1 ♦	2 ♦	♥ - ♠
	2 SA	♣ - ♥
1 ♥	2 ♥	♣ - ♠
	2 SA	♣ - ♦
	3 ♣	♦ - ♠
1 ♠	2 ♠	♣ - ♥
	2 SA	♣ - ♦
	3 ♣	♦ - ♥

LE JOUEUR N° 4 **L'adversaire a nommé 2 couleurs**	LE CUE-BID DE LA COULEUR D'OUVERTURE INDIQUE UN BICOLORE DES 2 AUTRES COULEURS

TESTS DE CONTRÔLE

LES INTERVENTIONS

Voici 10 jeux. A chaque fois, je vous proposerai trois réponses différentes. A vous de trouver **la bonne interventon.**

1. Votre jeu en Ouest : — Votre intervention

♠ R V 10 9 6
♥ R 9 7 2
♦ 8
♣ R 9 7

Sud	Ouest
1 ♣	?

(1) passe
(2) contre
(3) 1 ♠

2. Votre jeu en Ouest : — Votre intervention

♠ A D 8 7 3
♥ 4
♦ A 10 7 2
♣ R D 8

Sud	Ouest
1 ♥	?

(1) passe
(2) contre
(3) 1 ♠

3. Votre jeu en Ouest : — Votre intervention

♠ A R 9 7 2
♥ R D 10
♦ 8
♣ A 9 7 3

Sud	Ouest
1 ♠	?

(1) passe
(2) contre
(3) 1 SA

4. Votre jeu en Ouest : — Votre intervention

♠ D 8 2
♥ A R 7 5
♦ R D 10
♣ R 9 7

Sud	Ouest
1 ♦	?

(1) contre
(2) 1 ♥
(3) 1 SA

5. Votre jeu en Ouest : — Votre intervention

♠ 5
♥ A 10 8 7
♦ A D 10 9 7
♣ A 8 2

Sud	Ouest
1 ♠	?

(1) passe
(2) contre
(3) 2 ♦

6. Votre jeu en Ouest : — Votre intervention

♠ A 8
♥ R D 9
♦ A D V 6 2
♣ R 9 7

Sud	Ouest
1 ♥	?

(1) contre
(2) 1 SA
(3) 2 ♦

7. Votre jeu en Ouest : — Votre intervention

♠ 5
♥ R D V 8 7 6
♦ R 10 9
♣ 9 7 6

Sud	Ouest
1 ♦	?

(1) passe
(2) 1 ♥
(3) 2 ♥

8. Votre jeu en Ouest : — Votre intervention

♠ 9
♥ V 10
♦ R D V 8 6
♣ A R V 7 6

Sud	Ouest
1 ♠	?

(1) 2 ♣
(2) 2 ♦
(3) 2 SA

9. Votre jeu en Ouest : — Votre intervention

♠ A V 9 7 6
♥ R D 10 8 4
♦ V 9
♣ 7

Sud	Ouest
1 ♣	?

(1) 1 ♠
(2) contre
(3) 2 ♦

10. Votre jeu en Ouest :

Votre jeu	Sud	Ouest	Votre intervention
♠ R 10 7 ♥ 8 ♦ A V 8 3 ♣ A R V 9 2	1 ♠	?	(1) 1 SA (2) 2 ♣ (3) 2 SA

RÉPONSES

Test n° 1

(1) 2 10 points H et une belle majeure cinquième, **une**
(2) 3 **intervention évidente à 1 ♠.**
(3) 10

Test n° 2

(1) 0 Avec ce type de jeu, **priorité à l'annonce de votre**
(2) 7 **majeure cinquième au palier de 1 : 1 ♠.**
(3) 10 Le contre d'appel n'est pas une erreur.

Test n° 3

(1) 10 16 points H et cinq belles cartes… dans la couleur
(2) 2 adverse ! **Tous les bridgeurs expérimentés savent**
(3) 0 **qu'il faut d'abord passer.**

Test n° 4

(1) 5 Une intervention classique à 1 SA, avec 17 points H,
(2) 0 une distribution régulière et **un double arrêt à**
(3) 10 **Carreau.**

Test n° 5

(1) 1 Contrez 1 ♠ avec **quatre cartes** à Cœur, une valeur
(2) 10 d'ouverture et un singleton à Pique.
(3) 4

Test n° 6

(1) 10 Votre jeu est trop fort pour 1 SA et 2 ♦. **Avec**
(2) 2 **19 points H**, **commencez par contrer**, vous ferez
(3) 1 une enchère à sans-atout au tour suivant.

Test n° 7

(1) 2 Unicolore robuste, intervenez avec saut à 2 ♥.
(2) 5 **Les interventions à saut sont utilisées avec l'équi-**
(3) 10 **valent d'un 2 faible.**

Test n° 8

(1) 2 Intervenez à 2 SA avec ce beau bicolore mineur
(2) 3 **5-5**, quelles que soient les vulnérabilités en présence.
(3) 10

Test n° 9

(1) 5 Intervenez à 2 ♦ avec un bicolore majeur **5-5**. Une
(2) 2 intervention « **économique** » qui permet de s'arrêter
(3) 10 à 2 ♥ ou 2 ♠ en face d'un jeu faible.

Test n° 10

(1) 2 Intervenez à 2 ♣ avec une belle couleur cinquième
(2) 10 et 16 points H.
(3) 4 L'intervention à 2 SA montre **un bicolore 5-5**.

VOTRE RÉSULTAT

– **de 80 à 100 : Super, excellentes interventions.**
– **de 60 à 79 : bon résultat. Révisez les bicolores.**
– **moins de 60 :** ce chapitre est très important, **relisez-le.**

RÉPONSES AUX INTERVENTIONS

Dans la NOUVELLE Super Majeure 5e, les ouvertures ont une valeur précise en points H ou en points DH. Il en est de même pour les réponses.

Par contre, pour les interventions à la couleur ou bicolores, vous savez que **vous devez tenir compte de la qualité de votre ou de vos couleurs et des vulnérabilités en présence**.

En réponse à une intervention, je vous conseille de **tenir compte en priorité du fit** que vous possédez dans la couleur nommée par votre partenaire et également de votre distribution.

D'une façon générale, que ce soit au moment d'intervenir ou de répondre à une intervention, vous devez tenir également compte de votre distribution : **c'est la clé des enchères compétitives**.

DEUX CONSEILS ⇒

① **Si vous ne possédez pas de fit, minimisez la force de votre jeu,**

② **Au contraire, avec un soutien et une bonne distribution, vous devrez vous manifester de la façon la plus nette possible.**

1. RÉPONSES À L'INTERVENTION A LA COULEUR

Votre partenaire est intervenu en annonçant une couleur. Vous ne connaissez pas grand-chose sur sa force. Vous savez uniquement qu'**il possède une bonne longueur au moins cinquième**.

Si vous possédez un jeu faible en points H sans soutien dans la couleur de votre partenaire, **vous devez absolument passer**.

- **Il n'est pas question de répondre obligatoirement à partir de 6 points H comme sur une ouverture de 1 à la couleur.**

Voici deux exemples après le début d'enchères suivant :

S	O	N	E
1 ♦	1 ♥	–	?

Jeu de gauche	Jeu de droite
♠ V 7 2	♠ D 8 7 4 3
♥ 8 6	♥ 5
♦ D 7 4 3	♦ R 3 2
♣ R 6 4 2	♣ D 7 3 2

- **Passez** avec *le jeu de gauche*. Ne répondez pas 1 SA avec 6 points H,
- **Passez** également avec *le jeu de droite*. Inutile d'annoncer votre médiocre couleur à Pique sur l'intervention à 1 ♥.

LES PRINCIPALES RÉPONSES

1. Le changement de couleur

Annoncez une nouvelle couleur en réponse avec :

– **soit une robuste couleur,**
– **soit un jeu fort, c'est-à-dire avec un espoir de manche.**

Dans le système classique, les changements de couleur sur une intervention sont :
- **non forcing** si la couleur est mineure,
- **forcing** si la couleur est majeure.

Si vous jouez en compétition, vous trouverez d'autres précisions page 405.

Exemples :

①

S	O	N	E
1 ♣	1 ♦	–	1 ♥

♠ V 7 2
♥ R D V 7 3
♦ D 2
♣ 8 6 4

Répondez 1 ♥ – **forcing** – avec cette belle majeure 5e.

②

S	O	N	E
1 ♣	1 ♦	–	1 ♠

♠ R 10 8 7 2
♥ A 10 5
♦ A 5
♣ 8 3 2

Répondez 1 ♠ – **forcing** – avec une majeure 5e et 11 points H.

2. Les réponses à sans-atout

– La réponse à sans-atout au palier minimum montre ⇒

- **8 à 12 points H** au palier de 1,
- **10-11 points H** au palier de 2.

– La réponse de **2 SA avec saut** est une enchère forte. Elle montre 13-14 H et **une bonne tenue dans la couleur adverse**.

S	O	N	E
1 ♥	1 ♠	–	2 SA

♠ 10 5
♥ A D 9 7
♦ R 10 8
♣ R V 7 2

Répondez 2 SA. C'est une réponse forte, mais **non forcing**.

3. Le soutien

Vous devez soutenir en priorité votre partenaire avec trois cartes et 7 à 10 points S, s'il est intervenu à 1 ♥ ou 1 ♠.

- **Le soutien simple** ⇒ **7 à 10 points S** et le plus souvent 3 atouts.

S	O	N	E
1 ♦	1 ♠	–	2 ♠

♠ D 9 3
♥ 10 6
♦ V 8 6 2
♣ A 7 6 3

Soutenez à 2 ♠, c'est un excellent barrage.

- **Le soutien avec saut** ⇒ **11-12 points S** et **4 atouts**.

Il s'agira le plus souvent d'un soutien avec un jeu de distribution pas forcément fort en points H.
Le soutien avec saut est également destiné **à gêner le camp adverse**.

Exemple :

S	O	N	E
1 ♣	1 ♥	–	3 ♥

♠ 8 2
♥ R 10 8 7
♦ A 10 7 6 4
♣ 9 8

- **Le soutien à la manche** à 4 ♥ ou 4 ♠ ⇒
A partir de 13 S et un puissant soutien.

Il s'agira le plus souvent d'un jeu irrégulier avec lequel vous voulez barrer le camp adverse.

4. **Le cue-bid de la couleur adverse**

Exemple :

S	O	N	E
1 ♥	1 ♠	–	2 ♥

Le cue-bid à 2 ♥ – **forcing pour un tour** – montre un minimum de 11 points DH. **Il garantit trois cartes dans la couleur du partenaire avec un espoir de manche.** Il peut se faire avec seulement deux cartes avec une certitude de manche.

Voici deux exemples après le début d'enchères précédent :

♠ R 10 8
♥ A 7 3 2
♦ 9 5
♣ R 10 9 7

♠ R V
♥ A 8 4 2
♦ A D 5
♣ R 10 6 2

Avec le jeu de gauche, faites un cue-bid **pour vérifier la force** de l'intervention de votre partenaire. Vous vous arrêterez à 2 ♠ s'il est minimum.
Avec le jeu de droite, faites un cue-bid **pour rechercher la meilleure manche** : 4 ♠ ou 3 SA.

Comment répondre au cue-bid ?

Le cue-bid demande des renseignements sur la force de votre intervention.

- **Avec une intervention minimum** ⇒ répétez votre couleur d'intervention.

Vous avez pu lire, à la page précédente, que le cue-bid permettait **de s'arrêter au palier minimum** en face d'une intervention faible.

- **Avec une intervention moyenne** ⇒
  - répétez votre couleur avec saut,
  - faites une enchère à sans-atout,
  - annoncez une nouvelle couleur.

- **Avec une intervention forte** ⇒
  - **annoncez directement la manche** à 4 ♥ ou 4 ♠,
  - faites une enchère à sans-atout (avec saut si possible),
  - nommez une nouvelle couleur avec saut,
  - sans distribution particulière, **faites un cue-bid**.

Voici quelques exemples de réponses au cue-bid après le début d'enchères suivant :

S	O	N	E
1 ♣	1 ♥	–	2 ♣
–	?		

Vous avez en Ouest *successivement les quatre jeux suivants* :

①
♠ 9 5 2
♥ A D 10 9 5
♦ R 10 8 4
♣ 10

9 points H. Votre intervention est minimum. **Appliquez la règle : répétez votre couleur** – 2 ♥.

②

♠ R 8
♥ A D 10 8 4
♦ V 10 9
♣ R 10 3

Répondez 2 SA pour indiquer **une valeur d'ouverture**, une distribution régulière et un **arrêt à Trèfle**

③

♠ A 8 7
♥ R D 9 8 7 2
♦ R 10 3
♣ 3

Vous êtes **trop fort** pour répondre 2 ♥. Répétez votre couleur avec saut 3 ♥

④

♠ R 10 3
♥ A R V 9 7
♦ A 9 8
♣ 6 2

Vous possédez une intervention maximum – **sans bonne enchère naturelle**. Montrez la force de votre jeu en faisant un **nouveau cue-bid** à 3 ♣

En quelque sorte, **vous renvoyez la balle** à votre partenaire.

N'OUBLIEZ PAS ⇒

- **de répéter votre couleur d'intervention** sur le cue-bid pour indiquer une intervention minimum.
- **de faire une autre enchère**, dès que vous possédez **une valeur d'ouverture**.

2. RÉPONSES AU CONTRE D'APPEL

Votre partenaire a contré l'ouverture adverse ⇒
Vous êtes obligé de parler.

En réponse au contre d'appel, vous devez ⇒
1. Préciser votre force,
2. Nommer en priorité une majeure.

Trois zones de réponses :

1. Les réponses faibles (de 0 à 8 points H),
2. Les réponses encourageantes,
3. Les réponses fortes.

1. Les réponses faibles

Avec un jeu faible, annoncez une couleur au palier le plus bas.

Exemple :

S	O	N	E
1 ♣	X	–	1 ♦

♠ 9 7
♥ V 9 7
♦ 10 9 7 4
♣ 8 6 5 2

Vous êtes obligé de parler. Nommez votre couleur quatrième.

- Annoncez en priorité une couleur majeure dans les deux cas suivants :

① Vous possédez quelques points H

S	O	N	E
1 ♣	X	–	1 ♠

♠ D 10 9 7
♥ 6 3
♦ A 8 4 2
♣ 7 4 2

La réponse d'1 ♠ est plus efficace que la réponse d'1 ♦.

② Avec une majeure quatrième et une mineure cinquième annonçable au palier de 2

S	O	N	E
1 ♥	X	–	1 ♠

♠ V 10 6 2
♥ 8 3 2
♦ 5
♣ D 7 6 4 3

Priorité à la majeure en 1 sur 1. Une réponse de 2 ♣ élèverait dangereusement et sans raison le palier des enchères.

- **Quand devez-vous nommer une couleur de trois cartes ?**

Avec un jeu faible sans couleur au moins quatrième autre que la couleur adverse. N'ayant pas le droit de passer sur un contre d'appel, **vous devez annoncer la première couleur où vous détenez trois cartes**.

Voici un exemple :

S	O	N	E
1 ♦	X	–	1 ♥

♠ 10 8 2
♥ D 7 3
♦ 10 9 6 4 2
♣ 5 2

La réponse d'1 ♥ n'a rien d'agréable. Elle est néanmoins **obligatoire**.

2. Les réponses encourageantes

Avec un jeu minimum, le contreur est tenu de passer sur une réponse faible. Si vous possédez un espoir de manche – **environ 10 points DH** – vous devez encourager votre partenaire et donc ne pas faire une réponse faible.

- **Toutes les réponses encourageantes sont non forcing.**

① L'annonce d'une couleur avec saut,
② La réponse d'1 SA,
③ Le double saut à 3 ♥ et 3 ♠.

① L'annonce d'une couleur avec saut

- Avec environ 10 points DH, nommez une majeure avec saut **à partir de quatre cartes**.

S	O	N	E
1 ♥	X	–	2 ♠

♠ R V 10 6
♥ V 7 4
♦ 8 2
♣ A 10 9 7

– Si vous avez le choix entre deux couleurs – **priorité à la majeure** – même si votre majeure est plus courte que votre mineure.

Voici un exemple :

S	O	N	E
1 ♣	X	–	2 ♠

♠ A D 10 8
♥ 7 4
♦ D 10 9 6 2
♣ 8 4

La réponse de 2 ♠ est beaucoup plus efficace que 2 ♦.

- L'annonce d'une mineure avec saut.

Pour nommer une mineure avec saut, il est préférable d'avoir un minimum de cinq cartes convenables.

S	O	N	E
1 ♥	X	–	3 ♦

♠ A 7 2
♥ 9 5
♦ A V 10 9 8
♣ 7 3 2

② La réponse d'1 SA

La réponse d'1 SA indique un jeu **de 7 à 9 points H** (parfois 10) et une tenue dans la couleur adverse.
Elle dénie une majeure 4e non nommée.

Voici un exemple :

S	O	N	E
1 ♦	X	–	1 SA

♠ D 8 3
♥ V 5
♦ D 10 8 2
♣ R 10 6 3

③ Le double saut à 3 ♥ ou 3 ♠

Le double saut à 3 ♥ ou 3 ♠ montre **un espoir de manche et une majeure 5e**.

Voici un exemple :

S	O	N	E
1 ♦	X	–	3 ♠

♠ D 10 8 7 2
♥ R 5
♦ A 6 2
♣ 9 7 3

La réponse de 3 ♠ montre une force en points H équivalente à un saut à 2 ♠, mais **garantit une majeure 5e**.

3. Les réponses fortes

a) La réponse directe à 4 ♥ ou 4 ♠

Voici un exemple :

S	O	N	E
1 ♦	X	–	4 ♠

♠ D V 9 7 5 2
♥ 8
♦ A 5
♣ V 8 6 2

Revalorisez votre majeure 6e et demandez directement la manche à 4 ♠.

b) Les réponses à SA avec saut

- La réponse de 2 SA montre 10/11 points H et une bonne tenue dans la couleur adverse. **Elle est non forcing.**

Exemple :

S	O	N	E
1 ♠	X	–	2 SA

♠ R V 7 4
♥ 10 9
♦ D 9 8 6
♣ A V 7

- La réponse de 3 SA montre un minimum de 12 points H et en principe un double arrêt dans la couleur adverse.

c) Le cue-bid

Le cue-bid de la couleur adverse est la seule enchère forcing.

Le cue-bid n'indique aucune distribution particulière, aucune force dans la couleur adverse. Il demande uniquement des précisions sur la force et la distribution du contreur.

RÈGLES ⇒

1. Le cue-bid d'une ouverture mineure est **forcing pour un tour**.
2. Le cue-bid d'une ouverture majeure est **forcing de manche**.

Voici deux exemples :

①

S	O	N	E
1 ♣	X	–	2 ♣

♠ R 10 9 7
♥ A D 10 6
♦ V 8 3
♣ 9 7

Dans cet exemple, Est fait un cue-bid avec les deux majeures quatrièmes pour **rechercher un fit 4-4 en majeure**.

②

S	O	N	E
1 ♥	X	–	2 ♥

♠ R 10 9
♥ 8 2
♦ A V 8 7 3
♣ A V 10

Avec une valeur d'ouverture, Est fait un cue-bid à 2 ♥.

Attitude du contreur sur le cue-bid

Le contreur doit tenir compte des deux règles précédentes pour répondre au cue-bid de son partenaire.

Il nommera en priorité une couleur longue, si possible une majeure et surtout, après une ouverture d'1 ♣ ou d'1 ♦, il fera une enchère forte avec un contre fort.

Donnons au contreur le jeu suivant, après le début d'enchère de l'exemple n° 1 :

♠ A V 3
♥ R 7 4 2
♦ A D 6 2
♣ 8 3

S	O	N	E
1 ♣	X	–	2 ♣
–	2 ♥		

Avec un contre minimum, le contreur nomme en priorité sa majeure 4e au palier le plus bas.

ATTITUDE DU CONTREUR APRÈS UNE RÉPONSE FAIBLE

En faisant un contre d'appel, vous obligez votre partenaire à parler quelle que soit la force de son jeu.
Après une réponse faible, **vous devez passer à moins de posséder un jeu fort**. 287

RÈGLE ⇒
Si le contreur fait une nouvelle enchère après une réponse faible, il indique un contre fort ou très fort.

Toute nouvelle enchère du contreur montre un minimum de 18 points DH.

Voici deux exemples :

①

S	O	N	E
1 ♦	X	–	1 ♥
–	1 ♠		

♠ R D 9 8 6
♥ A 10 5
♦ 8
♣ A R V 4

1 ♠ montre un **contre fort** et cinq cartes à Pique.

②

S	O	N	E
1 ♥	X	–	1 ♠
–	1 SA		

♠ A 8 3
♥ R D 9
♦ A D 10 6 2
♣ A 5

La redemande à 1 SA montre un jeu fort à partir de **18 points H bien faits jusqu'à 20 points** et une distribution régulière.

UN CONSEIL ⇒
Si vous avez fait une première réponse faible, revalorisez votre jeu après une nouvelle enchère du contreur. **N'oubliez pas qu'il possède un jeu fort, bien placé derrière l'ouvreur** et reparlez dès que vous détenez quelques cartes utiles.

Le passe punitif

- Vous possédez **un unicolore robuste dans la couleur contrée** par votre partenaire.

Voici un exemple :

S	O	N	E
1 ♣	X	–	passe

♠ V 10
♥ 8
♦ A 9 7 3
♣ R V 10 9 8 7

Avec cette longueur sixième très robuste à Trèfle, le meilleur contrat pour votre camp c'est 1 ♣ contré.
Passez, transformez le contre d'appel en contre punitif.

- Quand vous transformez un contre d'appel en contre punitif, c'est-à-dire avec une couleur longue et liée, vous supportez l'entame atout de votre partenaire.

Un conseil pour le contreur ⇒
entamez atout **quand votre partenaire transforme votre contre d'appel en** contre **punitif**.

UNE ERREUR A ÉVITER ⇒

Ne passez pas sur le contre d'appel sous prétexte que vous détenez une longueur dans la couleur adverse.

S	O	N	E
1 ♣	X	–	1 ♦

♠ 8 6 2
♥ 4
♦ 10 9 7 4
♣ R 8 6 4 2

LE PARTENAIRE DE L'OUVREUR A PARLÉ

RÈGLE ⇒ vous n'êtes pas obligé de parler.

1. Le partenaire de l'ouvreur nomme une couleur

- Commencez à vous manifester **avec une majeure 4e**, à partir de 4 ou 5 points H.

Exemples :

①

S	O	N	E
1 ♦	X	1 ♥	1 ♠

♠ A V 9 5
♥ 7 3
♦ 8 7 4
♣ 10 7 6 2

Ne passez pas, répondez 1 ♠.

②

S	O	N	E
1 ♣	X	1 ♠	2 ♥

♠ 9 3
♥ V 10 8 6 2
♦ 9 7 3
♣ A 10 5

Répondez 2 ♥, vous n'avez que 5 points H mais vous possédez une majeure 5e.

- Le contre punitif

Si vous possédez une longueur au moins quatrième dans la couleur nommée par l'adversaire et quelques points H, **contrez**. Il s'agit d'un contre punitif.

Ce contre indique ⇒

– **quatre cartes convenables dans la couleur,**
– un minimum de 6 points H.

S	O	N	E
1 ♥	X	1 ♠	X

♠ R V 9 7
♥ 8 2
♦ R 10 7 2
♣ 8 6 4

Contrez 1 ♠ pour indiquer à votre partenaire que vous possédez quatre cartes à Pique convenables et un peu de jeu.

2. Après un soutien adverse

- Nommez une couleur au palier de 2, surtout s'il s'agit **d'une majeure**.

S	O	N	E
1 ♥	X	2 ♥	2 ♠

♠ D 10 9 8
♥ 7 6 3
♦ R 10 8 5 4
♣ 8

Répondez 2 ♠. Priorité à l'annonce de l'autre majeure en enchères compétitives.

- **Le recontre**

Après un contre d'appel de votre partenaire, **si vous contrez le soutien adverse**, il s'agit d'un recontre. En quelque sorte, un nouveau contre d'appel.

Exemple :

S	O	N	E
1 ♦	X	2 ♦	X

♠ R V 8 6
♥ D 9 7 4
♦ 8 4 2
♣ D 5

Le **recontre** est un **contre d'appel orienté vers les majeures**. Il indique un minimum de 7-8 points H.

LE RECONTRE

- Après un soutien en mineure = **appel aux majeures**
- Après un soutien en majeure = **appel aux mineures**

3. **Le partenaire de l'ouvreur surcontre**

Le surcontre de l'ouvreur montre un minimum de 10 points H (voir page 355).

Sur le surcontre, **vous devez en principe passer** à moins de posséder ⇒

– soit **quatre cartes dans une majeure non annoncée**,
– soit une couleur longue.

S	O	N	E
1 ♥	X	XX	1 ♠

♠ V 9 8 5
♥ V 8 7 3 2
♦ 6 4
♣ 8 2

Répondez 1 ♠ avec quatre cartes dans l'autre majeure. Cette enchère **ne garantit pas une force minimum**. Elle est uniquement destinée à empêcher votre partenaire d'annoncer 2 ♣ ou 2 ♦.

3. RÉPONSES À L'INTERVENTION A 1 SA

L'intervention à 1 SA montre un jeu régulier de 16 à 18 points H et un net arrêt dans la couleur adverse.

Un facteur de décision important : le jeu de votre partenaire est bien placé derrière l'ouvreur. Le jeu de la carte en sera facilité. Je vous conseille donc de répondre 3 SA à partir de 8 points H.

Aujourd'hui, les bridgeurs **utilisent le Stayman et le Texas après l'intervention à 1 SA**, comme après l'ouverture d'1 SA.

Voici un exemple :

S	O	N	E
1 ♣	1 SA	–	2 ♣

♠ R V 10 9
♥ 8 2
♦ A D 7 6 4
♣ 5 3

Répondez 2 ♣ **Stayman** pour rechercher un fit 4-4 à Pique.

- Adoptez également le **Texas** et répondez :

- 2 ♦ avec **cinq cartes à Cœur**,
- 2 ♥ avec **cinq cartes à Pique**.

S	O	N	E
1 ♦	1 SA	–	2 ♦
–	2 ♥	–	–

♠ 8 2
♥ D V 9 6 4
♦ 7 4
♣ V 7 4 3

Répondez 2 ♦ pour vous arrêter à 2 ♥.

Une convention ♥♥♥

Les joueurs de compétition, **après une ouverture d'1 ♥ ou d'1 ♠**, utilisent toutes les réponses au palier de 2 en TEXAS ⇒

- 2 ♣ = Texas ♦
- 2 ♦ = Texas ♥ **ou cue-bid** sur 1 ♥
- 2 ♥ = Texas ♠ **ou cue-bid** sur 1 ♠
- 2 ♠ = Texas ♣

Si vous jouez en compétition, adoptez cette convention **après en avoir parlé à votre partenaire habituel**.

4. RÉPONSES À UNE INTERVENTION BICOLORE

Votre partenaire a fait une intervention bicolore.

Il a indiqué ⇒

1. **qu'il possédait deux couleurs au moins cinquièmes,**
2. **qu'il désirait jouer dans une de ses deux couleurs.**

En général, le joueur qui annonce un bicolore prend le pari de trouver un « **fit minimum** » dans l'une de ses deux couleurs.

Pour répondre à une intervention bicolore, **tenez essentiellement compte de votre fit** ou de votre misfit dans les couleurs du bicolore.

1. **Avec un jeu de soutien**

Soyez agressif avec un bon soutien.

N'hésitez pas à soutenir avec saut ou parfois même avec un double saut lorsque vous possédez un net soutien.

- Soutenez tout particulièrement lorsqu'il s'agit d'une couleur majeure et que **vous possédez un fit de quatre cartes ou plus** et des valeurs annexes utiles.

Voici deux exemples :

①

S	O	N	E
1 ♦	2 ♦	–	4 ♠

♠ R 10 8 3
♥ R 5
♦ 9 8 7 4
♣ A 6 2

Demandez directement la manche à 4 ♠, **avec quatre atouts** par le Roi, le Roi second dans la deuxième couleur du bicolore et 1 As.
N'oubliez pas que votre partenaire possède une distribution au moins 5-5.

②

S	O	N	E
1 ♥	2 ♥	–	3 ♠

♠ D V 10
♥ 9 8 6 2
♦ D 8 4 3
♣ A 5

Soutenez à 3 ♠. Vous ne possédez que trois atouts, mais vous détenez un net espoir de manche en face d'un bicolore ♠/♣.

2. **Avec un jeu non fitté ou un jeu faible**

Soyez prudent. Annoncez une des couleurs du bicolore de votre partenaire **au palier minimum**. Pour nommer cette couleur, tenez compte du nombre de cartes que vous possédez dans cette couleur et du palier des enchères.

Voici deux exemples :

①

S	O	N	E
1 ♣	2 ♦	–	2 ♠

♠ V 8 2
♥ 6 4
♦ R 10 9 7
♣ D 8 6 2

Répondez 2 ♠ avec un jeu faible et trois cartes à Pique en face d'un bicolore majeur.

②

S	O	N	E
1 ♠	2 SA	–	3 ♣

♠ D V 5 3 2
♥ R 10 9 7
♦ 10 5
♣ D 2

Une réponse peu agréable de 3 ♣, mais **obligatoire** en face d'un bicolore mineur au moins 5-5.

3. **Avec un jeu fort**

Si vous possédez un espoir ou une certitude de manche et parfois même un espoir de chelem, vous avez deux enchères forcing à votre disposition :

– le cue-bid de la couleur d'ouverture,
– le relais forcing à 2 SA après un cue-bid bicolore.

• **Le cue-bid de la couleur d'ouverture.**

Il est souvent utilisé pour rechercher la meilleure manche ou pour demander un chelem.

S	O	N	E
1 ♣	2 ♦	–	3 ♣

♠ A D 9 8 6
♥ 7 4
♦ R D 10 4
♣ A 5

Votre jeu est beaucoup trop fort pour vous contenter d'annoncer 4 ♠.

• **Le relais à 2 SA ♥♥**

Cette réponse forcing, le plus souvent orientée **vers un contrat à sans-atout**, demande des renseignements supplémentaires.

Exemple :

S	O	N	E
1 ♥	2 ♥	–	2 SA

♠ V 6
♥ A V 10 8
♦ R 10 9 7
♣ V 8 4

La manche à sans-atout est possible si votre partenaire est maximum, sinon il faudra vous arrêter à 3 ♣.

Donnons maintenant à Ouest successivement les deux jeux suivants :

♠ R 10 9 7 3
♥ 5
♦ D
♣ R D 10 7 6 2

♠ A 10 9 5 2
♥ 9
♦ A 4
♣ A D 10 9 6

– *avec le jeu de gauche*, Ouest annonce 3 ♣ pour indiquer qu'il est **minimum**. Ce sera le contrat final,

– *avec le jeu de droite* – 14 points H bien faits – Ouest doit faire une autre enchère que 3 ♣ : 3 ♦ ou 3 SA pour indiquer **une bonne intervention**.

DEUX CONSEILS ⇒

1. Avant de répondre à une intervention bicolore, n'oubliez pas de tenir compte :
   – **de votre soutien**
   – **des vulnérabilités en présence**
2. Soyez prudent en face d'une intervention non vulnérable contre vulnérable, votre partenaire peut détenir un jeu faible.

INTERVENTIONS SUR 1 SA ⇒ LE 2 ♣ LANDY

La précision et la force de l'ouverture d'1 SA rendent les interventions relativement plus dangereuses que sur une ouverture d'1 à la couleur.

Pour intervenir efficacement vous devez posséder ⇒
- **soit une très belle couleur sixième,**
- **soit une excellente distribution.**

LES CONTRES SUR 1 SA

Le contre punitif de l'ouverture d'1 SA a été abandonné au profit de contres conventionnels.

Voici à titre d'information les deux contres conventionnels – ♥♥♥ – les plus utilisés :

1. Le contre mineur/majeur
Il s'agit d'un contre d'appel bicolore avec :
- une mineure au moins cinquième
- une majeure au moins quatrième
- une force qui dépend des vulnérabilités en présence

2. Le contre court dans une mineure
Il s'agit d'un contre appel distributionnel avec
- une courte dans une mineure indéterminée
- un soutien de 4 CARTES (parfois 3) dans les majeures
- la valeur d'un contre d'appel sur 1 ♣ ou 1 ♦

La baisse de l'ouverture d'1 SA a rendu les interventions plus fréquentes. Pour plus de renseignements consultez **le Standard à Quatre** (La MAXI Super majeure 5e) aux Éditions du Rocher.

LE 2 ♣ LANDY

Le Landy est utilisé par la presque totalité des bridgeurs.

Le 2 ♣ Landy oriente le camp de la défense **vers un contrat en majeure**. C'est une convention basée sur la distribution.

2 ♣ LANDY = APPEL AUX MAJEURES

SUD	OUEST
1 SA	2 ♣

Voici trois exemples de Landy à 2 ♣ :

1	2	3
♠ R D 10 9 7 ♥ A D 10 8 4 ♦ V 10 ♣ 5	♠ R V 10 4 ♥ A R 8 6 2 ♦ R 7 4 ♣ 3	♠ A D 10 7 ♥ D V 10 9 ♦ A R 8 2 ♣ 4

Les deux premiers jeux comportent des bicolores majeurs 5-5 ou 5-4.
Le jeu n° ③ n'a pas de majeure 5e. Il possède cependant une excellente distribution avec les deux majeures 4e et 16 points H.

LES RÉPONSES AU LANDY

Le 2 ♣ Landy est un **appel aux majeures**. Votre partenaire attend de vous que vous annonciez une majeure en faisant ou non un saut selon votre force, un peu comme après une intervention bicolore.

- **Avec un jeu minimum**

Répondez 2 ♥ ou 2 ♠

S	O	N	E
1 SA	2 ♣	–	2 ♥

♠ D 5
♥ 10 9 4 2
♦ R V 7 4
♣ 6 5 2

Vous n'aurez pas toujours une majeure 4e. Dans ce cas, **annoncez si possible une majeure 3e** :

S	O	N	E
1 SA	2 ♣	–	2 ♠

♠ R 9 2
♥ 5 3
♦ V 8 2
♣ D 10 7 4 2

- **Le relais faible à 2 ♦ (♥)**

Cette réponse conventionnelle, que je vous conseille d'utiliser avec votre partenaire habituel, demande au joueur qui a fait un Landy **d'annoncer sa meilleure majeure**. Ce relais à 2 ♦ lui renvoie la balle.

Voici un exemple de séquence complète :

Ouest		Est
♠ D V 9 8 5	N	♠ 10 6 2
♥ A R 6 2	O E	♥ V 7 3
♦ R 9 3	S	♦ D V 6 2
♣ 10		♣ R 9 4

SUD	OUEST	NORD	EST
1 SA	2 ♣	–	2 ♦
–	2 ♠	–	–

Sur le Relais faible à 2 ♦, Ouest nomme sa majeure 5e vous permettant de **retrouver le fit 5-3 à Pique**.

- **Avec un jeu plus fort et une majeure quatrième**

Répondez ⇒

– 3 ♥ ou 3 ♠ avec **un espoir** de manche,
– 4 ♥ ou 4 ♠ avec **une certitude** de manche.

S	O	N	E
1 SA	2 ♣	–	3 ♠

♠ D 10 9 4
♥ 9 8
♦ R 10 4
♣ A 10 8 3

Vous possédez un jeu efficace en face d'un Landy à 2 ♣. Faites une proposition de manche à 3 ♠.

LES INTERVENTIONS A LA COULEUR

300 Les interventions à 2 ♦, 2 ♥, 2 ♠ (ou parfois 3 ♣) se font avec des unicolores d'au moins six cartes.

- **Pour intervenir** : tenez compte de la **solidité** de votre couleur, de votre **distribution** et des vulnérabilités en présence.

1 SA   2 ♠

♠ R D 10 8 7 3
♥ 9
♦ A V 10 5
♣ 8 7

NOTE ⇒ **Le cue-bid à 2 SA** ♥♥

Après une ouverture d'1 SA, il n'y a pas de cue-bid à la couleur.
Le cue-bid à 2 SA remplace le cue-bid à la couleur. Il est utilisé pour vérifier la force de l'intervention.

LES INTERVENTIONS SUR LE 2 FAIBLE

Le 2 faible a pris une place importante dans la NOUVELLE Super Majeure 5e. Vous avez appris comment ouvrir d'un 2 faible et également les réponses sur le 2 faible.

Dans ce chapitre, **vous allez apprendre comment vous défendre contre le 2 faible**.

Voici les principales interventions :

1. **L'intervention à la couleur,**
2. **Le contre d'appel,**
3. **L'intervention à 2 SA.**

1. **L'intervention à la couleur**

Pour intervenir sur un 2 faible, vous devez posséder **au minimum une valeur d'ouverture** et une bonne couleur cinquième pour intervenir à 2 ♠ et de **préférence sixième pour intervenir au palier de 3**.

Voici deux exemples :

①

2 ♥ | 2 ♠ |

♠ R D 10 8 7
♥ A 10 9
♦ 5
♣ R V 10 8

Cinq belles cartes à Pique et une valeur d'ouverture.

②

2 ♠	3 ♦	♠ 8 2 ♥ 5 ♦ A D V 9 8 4 ♣ A R 6 2

Robuste couleur sixième et bonne valeur d'ouverture.

2. **Le contre d'appel**

Le contre indique un jeu légèrement plus fort ou mieux distribué que le contre sur une ouverture majeure et **garantit l'autre majeure quatrième si le contre est minimum**.

2 ♥	X	♠ D V 9 8 ♥ 5 ♦ A R 8 2 ♣ R 10 9 8

Un bon contre d'appel avec un tricolore, singleton à Cœur.

2 ♠	X	♠ 8 2 ♥ A R 9 8 ♦ R 10 8 2 ♣ A V 5

Contrez avec 15 points H et quatre cartes à Cœur.

- **Avec un jeu plus fort**, vous pouvez contrer avec seulement trois cartes dans l'autre majeure :

2 ♥	X	♠ A R 4 ♥ 7 3 ♦ A D 10 ♣ R 9 8 7 6

Contrez 2 ♥ avec 16 points H et trois cartes à Pique.

3. L'intervention naturelle à 2 SA

L'intervention à 2 SA indique ⇒

- **une distribution régulière**,
- **si possible un double arrêt dans la couleur adverse**,
- **17 à 19 points H** (parfois 16).

Voici deux exemples d'intervention à 2 SA sur une ouverture de 2 ♥ :

①

♠ 8 2 ♥ A D 5 ♦ R D V 9 8 ♣ A 10 9

Un jeu qui vaut largement 17 points H avec un double arrêt à Cœur et une robuste mineure cinquième.

②

♠ V 5 ♥ R 8 7 6 ♦ A R 5 ♣ A R V 5

L'intervention à 2 SA est la seule possible avec 19 points H et un seul arrêt à Cœur.
Pas de contre d'appel avec un doubleton à Pique.

RÉPONSES AUX INTERVENTIONS

1. Sur l'intervention à la couleur

- Les changements de couleur sont **forcing pour un tour**,
- Le cue-bid correspond à **une tentative de manche** et garantit en général un fit.

Exemple :

S	O	N	E
2 ♥	2 ♠	–	3 ♥

♠ A 8 2 ♥ 7 4 ♦ A 10 8 3 2 ♣ D 7 5

- Les réponses à sans-atout garantissent un bon arrêt dans la couleur adverse.

2. **Sur le contre d'appel**

- Avec un jeu faible : annoncez une couleur **au palier minimum.**

S	O	N	E
2 ♠	X	–	3 ♣

♠ 9 4 2
♥ V 10 4
♦ 7 3
♣ R 8 7 4 3

Les réponses à la couleur sans saut sont faibles et limitées à **un maximum de 8 points H**.

- Avec un jeu moyen : annoncez une couleur avec saut ou utilisez le **mini cue-bid à 2 SA.**

LE MINI CUE-BID A 2 SA ♥

La réponse de 2 SA est conventionnelle, **forcing pour un tour, elle garantit un minimum de 8 ou 9 points H**.
 Elle ne garantit pas une tenue dans la couleur adverse. Elle peut se faire avec **l'autre majeure** et un espoir de manche.

POURQUOI UTILISER LE 2 SA MINI CUE-BID ?

Grâce à cette réponse, **vous pouvez indiquer que vous possédez un jeu encourageant** mais – en principe – pas de quoi jouer la manche en face d'un contre d'appel minimum.
En effet, l'ouverture de 2 faible élève le palier des interventions et rend pratiquement impossible les réponses avec saut en mineure.

Voïci un exemple :

S	O	N	E
2 ♥	X	–	2 SA

♠ D 10
♥ 10 6 2
♦ R 9 8 7
♣ A 10 8 6

La réponse de 2 SA est faite ici avec 9 points H , sans arrêt à Cœur et aussi sans quatre cartes à Pique.

Attitude du contreur sur 2 SA

- **Le contreur doit annoncer une mineure au palier de 3 s'il est minimum.**

Supposons que le contreur possède le jeu suivant en face de l'exemple précédent :

♠ R 9 8 7
♥ A 5
♦ A D 10 3
♣ V 9 2

Sur **le mini cue-bid à 2 SA**, le contreur minimum annonce sa mineure (ici quatrième). Ce sera le contrat final en face de l'exemple précédent.

Voici la séquence complète :

S	O	N	E
2 ♥	X	–	2 SA
–	3 ♦	–	–

- **Avec un jeu fort, l'ouvreur devra faire une autre enchère :**
  cue-bid, annonce d'une majeure, il pourra même conclure à 3 SA avec au minimum un bon arrêt dans la couleur adverse.

Voici un exemple :

♠ A D
♥ A V 10 5
♦ R D 10 9 5
♣ A 10

S	O	N	E
2 ♠	X	–	2 SA
–	3 SA		

- Avec un jeu fort : demandez directement la manche ou faites un cue-bid.

S	O	N	E
2 ♠	X	–	4 ♥

♠ 8 6 2
♥ D V 10 8 7
♦ A 5
♣ R 10 9

Demandez directement la manche à 4 ♥ avec 10 points H et **une robuste majeure 5e**.

3. **Réponses sur l'intervention à 2 SA.**

– Répondez 3 SA à partir de 7 points H.

– Je vous conseille de jouer **les réponses Texas ♥♥♥** comme celles utilisées en compétition après une ouverture d'1 ♥ ou d'1 ♠ sur l'intervention à 1 sans-atout :

- 3 ♣ = Texas ♦
- 3 ♦ = Texas ♥ ou cue-bid sur 2 ♥
- 3 ♥ = Texas ♠ ou cue-bid sur 2 ♠
- 3 ♠ = Texas ♣.

Voici un exemple :

S	O	N	E
2 ♥	2 SA	–	3 ♥
–	3 ♠	–	3 SA

♠ R D 10 9 5
♥ 9 7
♦ A V 10 2
♣ 8 4

Répondez 3 ♥ Texas pour les Piques, puis annoncez 3 SA sur la rectification à 3 ♠. Votre partenaire décidera du contrat final.

LES RÉVEILS

DÉFINITION ⇒
Un joueur est en situation de réveil après deux « passe ».

Exemple 1 :

SUD	OUEST	NORD	EST
1 ♦	–	–	?

– **Est** est en position de **réveil simple**.

Exemple 2 :

SUD	OUEST	NORD	EST
1 ♦	–	2 ♦	–
–	?		

– **Ouest** est en position de **réveil compétitif**.

Le joueur qui est en position de réveil a une décision importante à prendre ⇒ S'il passe, les enchères sont terminées.

- **Le réveil peut être dangereux**

Il n'est pas toujours évident de deviner de façon exacte la force et la distribution de son partenaire. **Mais il peut être plus dangereux encore de passer** si c'est votre camp qui doit scorer dans sa colonne.

Tout ce que vous allez lire dans ce chapitre ne vous donnera que des indications d'ordre général.

C'est à la table que vous devrez **exercer votre jugement** en tenant compte ⇒

- **des enchères adverses**,
- **des raisons qui ont pu amener votre partenaire à passer**.

C'est uniquement avec de l'expérience que vous arriverez à prendre le plus souvent possible **la bonne décision**.

- **L'étude des réveils simples est divisée en deux parties :**

I **Les réveils simples**

II **Réponses aux réveils**

L'étude des réveils compétitifs du **camp de la défense** et du

camp de l'ouvreur fait l'objet d'un chapitre à la fin de la partie concernant les enchères compétitives.

I. LES RÉVEILS SIMPLES

1. LES RÉVEILS SUR UNE OUVERTURE DE 1 A LA COULEUR

C'est de loin le réveil le plus fréquent. L'ouvreur a ouvert de 1 à la couleur, votre partenaire a passé, ainsi que votre adversaire de droite.

Voici un exemple :

SUD	OUEST	NORD	EST
1 ♦	–	–	?

– **Vous êtes en Est. Vous savez** ⇒

- que l'ouvreur possède un jeu qui va de 12 H ou 14 DH à 23 DH et un minimum de trois cartes à Carreau,
- que votre partenaire n'a pas pu intervenir sur 1 ♦,
- que le répondant a un jeu limité à 4 ou 5 points H.

Avant d'étudier les principaux réveils, vous devez comprendre qu'à moins de posséder une valeur d'ouverture ou une très belle couleur, c'est la « **longueur** » que vous détenez dans la couleur adverse qui va déterminer si vous devez ou non réveiller.

RÈGLE ⇒
Avec un jeu faible, réveillez si vous êtes court dans la couleur adverse.

Voici les principaux réveils :

1. Le réveil par contre
2. Le réveil par 1 SA
3. Le réveil par 2 SA
4. Le réveil par une couleur

1. **Le réveil par contre**

C'est le réveil le plus fréquent.

> **Contrez en réveil avec ⇒**
> - **soit une courte dans la couleur adverse – à partir de 8 points H,**
> - **soit une valeur d'ouverture.**

Le contre de réveil est une sorte de contre d'appel qui demande au partenaire d'annoncer une couleur ou **de transformer le contre en contre punitif**, dans le cas où il aurait passé avec une couleur longue dans l'ouverture adverse et un jeu fort.

Voici trois exemples de réveils :

SUD	OUEST	NORD	EST
1 ♦	–	–	**X**

1	2	3
♠ A 10 8 2	♠ D V 10	♠ A R V 8 2
♥ V 9 6 4 3	♥ A R 8 2	♥ 7 4
♦ 5	♦ A 8 2	♦ A 7 2
♣ A 8 4	♣ V 9 7	♣ R 10 9

le jeu n° ① est un exemple de **contre minimum**, mais possédant une bonne distribution : **singleton à Carreau**,
contrez *avec le jeu n°* ②, c'est-à-dire avec 15 points H. Vous verrez bientôt que ce jeu est trop fort pour réveiller à 1 SA et pas assez fort pour réveiller à 2 SA,
avec le jeu n° ③, vous devez également contrer avec 15 points H et une bonne couleur à Pique. Vous apprendrez bientôt que vous êtes trop fort pour réveiller à 1 ♠.

2. Le réveil par 1 SA

Ce réveil précis indique ⇒

- **10 à 12 points H** (parfois 13),
- **une distribution régulière,**
- **un arrêt dans la couleur adverse.**

Voici deux exemples :

①

S	O	N	E
1 ♦	–	–	1 SA

♠ R V 3
♥ V 10 9
♦ R 10 7 2
♣ A 8 3

Réveil classique avec 12 points H réguliers.

②

S	O	N	E
1 ♠	–	–	1 SA

♠ D V 5
♥ 10 2
♦ V 9 8
♣ A R 7 6 4

Réveillez également à 1 SA, une enchère plus efficace qu'un réveil à 2 ♣.

3. Le réveil à 2 SA

Le réveil à 2 SA est également un réveil précis. C'est une enchère naturelle qui montre ⇒

- **17 à 19 points H (parfois 16),**
- **une distribution régulière,**
- **un net arrêt dans la couleur adverse.**

Exemple :

S	O	N	E
1 ♥	–	–	2 SA

♠ V 10
♥ A D 8
♦ R V 9 7 4
♣ A D 3

Réveillez à 2 SA avec 17 points H et un double arrêt à Cœur.

4. **Le réveil par une couleur**

Pour réveiller par une couleur, il faut ⇒

- **un minimum de cinq cartes,**
- un **maximum** de 12 points H.

Voici trois exemples :

①

S	O	N	E
1 ♥	–	–	1 ♠

♠ R D 10 9 8
♥ 5
♦ A 9 8
♣ 10 8 4 3

9 points H, mais une robuste couleur cinquième et une bonne distribution.

②

S	O	N	E
1 ♣	–	–	1 ♥

♠ R 7
♥ D 9 8 3 2
♦ A D 5
♣ 8 6 2

Réveillez également à 1 ♥ avec 11 points H et une médiocre couleur cinquième. Votre jeu ne se prête pas à un contre de réveil.

③

S	O	N	E
1 ♠	–	–	2 ♣

♠ 8 2
♥ 7 4
♦ A R 3 2
♣ R D 9 8 7

Un réveil maximum à 2 ♣ avec 12 points H. **Le contre de réveil avec seulement deux cartes à Cœur est dangereux**.

COMMENT PRENDRE LA BONNE DÉCISION AVEC UN JEU LIMIT ?

Quand vous vous posez la question suivante : « **dois-je ou non réveiller ?** », **tenez compte** du nombre de cartes que vous possédez dans la couleur adverse, c'est-à-dire **réveillez quand vous êtes court dans la couleur adverse** et passez dans les autres cas.

Voici deux exemples :

①

S	O	N	E
1 ♣	–	–	passe

♠ V 10 8
♥ R 9
♦ R 9 7 4
♣ D V 9 8

Si vous êtes non vulnérable et vos adversaires vulnérables, votre partenaire n'étant pas intervenu sur 1 ♣, le meilleur pari est de laisser vos adversaires jouer 1 ♣.

②

S	O	N	E
1 ♥	–	–	1 ♠

♠ R D 10 7
♥ 6 2
♦ 9 4
♣ A 10 9 8 7

Vous n'avez que 9 points H, pas de longueur cinquième annonçable au palier de 1. Malgré tout, je vous conseille de réveiller à 1 ♠ en face de votre partenaire habituel. Vous n'avez que deux cartes à Cœur et une robuste couleur quatrième. Le réveil à 1 ♠ est **plus économique** que 2 ♣.

2. LES RÉVEILS SUR LES OUVERTURES D'1 SA ET SUR LE 2 FAIBLE

Terminons par quelques lignes avec les réveils sur les ouvertures d'1 SA et sur le 2 faible.

• Le réveil sur l'ouverture d'1 SA

Vous pouvez réveiller avec un jeu faible – **les points H de votre partenaire sont bien placés derrière l'ouvreur** – à condition de posséder ⇒

- **soit une robuste couleur sixième**,
- **soit un bicolore majeur**. Dans ce cas, vous utiliserez le Landy.

①

S	O	N	E
1 SA	–	–	2 ♠

♠ R D 10 9 8 7
♥ 7 2
♦ D 10 8 6
♣ 5

Réveillez à 2 ♠ avec une distribution 6-4 et une robuste longueur.

②

S	O	N	E
1 SA	–	–	2 ♣

♠ A V 10 8 4
♥ D V 9 7 2
♦ 7 3
♣ 8

Réveillez à 2 ♣ (Landy) avec ce bicolore majeur 5-5.

• Le réveil sur le 2 faible

– Les réveils sont les mêmes que les interventions, mais vous pouvez réveiller avec des jeux moins forts et bien distribués.

– Le réveil à 2 SA montre environ 14 à 16 H.

Sur le réveil à 2 SA, utilisez les mêmes réponses que sur l'intervention.

Attention il n'y a pas de mini cue-bid à 2 SA sur le contre de réveil.

♠ A 5
♥ D 9 8 7
♦ V 10 6 3
♣ R 10 8

S	O	N	E
2 ♥	–	–	X
–	2 SA		

La réponse de 2 SA sur le contre de réveil est naturelle. C'est une proposition de manche à sans-atout **avec un arrêt** dans le 2 faible.

II. RÉPONSES AUX RÉVEILS

Vous avez passé sur une ouverture adverse et **votre partenaire vient de réveiller les enchères**.

Voici l'exemple le plus fréquent :

SUD	OUEST	NORD	EST
1 ♣	–	–	**X**

Votre partenaire réveille par un contre d'appel. Le plus souvent, il prend le pari que vous détenez un certain nombre de points d'honneurs.

Voici le plan de ce chapitre :

1. Réponses sur le contre de réveil
2. Réponses sur 1 SA
3. Réponses sur 2 SA
4. Réponses sur une couleur

1. Réponses sur le contre de réveil

• Le passe punitif

Vous pouvez fort bien avoir passé sur l'ouverture avec un jeu fort et une robuste longueur dans la couleur adverse. C'est avec ce genre de jeu que vous souhaitez que votre partenaire réveille par contre.

♠ V 10
♥ A 9
♦ A 10 8 3
♣ R D 10 9 7

S	O	N	E
1 ♣	–	–	X
–	**passe**		

Passez sur le réveil par contre, c'est-à-dire transformez le contre de réveil en contre punitif. Cette technique, pour pénaliser l'adversaire, s'apparente à celle utilisée avec le contre Spoutnik et le passe punitif (voir page 340).

• Les autres réponses

Les réponses aux contres de réveil sont délicates. En effet, votre partenaire peut avoir un jeu de 8 points H, court dans la couleur adverse. Il peut également avoir un jeu fort ou très fort.

> **VOICI LA RÈGLE GÉNÉRALE ⇒**
> **Après un contre de réveil, les deux joueurs doivent faire une enchère encourageante dès qu'ils possèdent une valeur d'ouverture.**

Commençons par le partenaire du contreur :

Celui-ci doit annoncer avec prudence.
Il est en effet pas question de faire un saut ou demander la manche avec 10 ou 11 points H, en face d'un partenaire qui peut être faible.

Voici trois exemples :

①

♠ R 10 8 2
♥ V 5
♦ A D 10 4
♣ V 7 2

S	O	N	E
1 ♣	–	–	X
–	1 ♠		

Pour l'instant, contentez-vous – avec 11 points H – d'annoncer **votre majeure au palier minimum**.
N'oubliez pas que votre partenaire n'a pas garantit une valeur d'ouverture.

②

♠ V 10 8
♥ A 10
♦ R V 8 6
♣ A 9 7 2

S	O	N	E
1 ♦	–	–	X
–	2 SA		

Avec 13 points H et un double arrêt Carreau, vous pouvez faire **une proposition de manche** et répondre 2 SA.

③

♠ 8 7 2
♥ A D 10 5 2
♦ R 10 2
♣ R 7

S	O	N	E
1 ♠	–	–	X
–	3 ♥		

 Ici encore, soyez prudent et montrez vos ambitions en faisant un saut à 3 ♥.

Cette règle générale, vous l'avez lue, est également valable pour le contreur ⇒
Dès que le contreur possède une valeur d'ouverture non minimum, il **devra reparler sur la réponse de son partenaire**.

Reprenons le premier exemple avec le jeu du contreur :

Ouest		Est
♠ R 10 8 2	N	♠ D V 3
♥ V 5	O E	♥ A D 10 2
♦ A D 10 4	S	♦ V 9 8
♣ V 7 2		♣ A 10 8

SUD	OUEST	NORD	EST
1 ♣	–	–	X
–	1 ♠	–	1 SA
–	3 SA	–	–

Quelques commentaires :

- Sur la réponse d'1 ♠, Est doit annoncer 1 SA pour montrer qu'il possède une valeur d'ouverture et donc un jeu plus fort que le réveil par 1 SA.
- Avec 11 points H bien placés derrière l'ouvreur, Ouest doit demander la manche.

2. **Réponses sur le réveil à 1 SA**

Si vous possédez un jeu fort, **vos honneurs sont bien placés** derrière l'ouvreur, **répondez** ⇒

- 2 SA avec 12-13 points H,
- 3 SA à partir de 14 points H.

NIVEAU ♥♥♥

Je vous conseille de jouer les mêmes réponses – **Stayman et Texas** – sur les enchères de réveil comme sur les interventions (voir page 292).

3. **Réponses sur le réveil à 2 SA**

Sur le réveil à 2 SA, annoncez 3 SA à partir de 7 points H.

Je vous conseille de jouer **le Stayman** et **le Texas** sur le réveil à 2 SA :

- 3 ♣ = Stayman
- 3 ♦ = Texas ♥
- 3 ♥ = Texas ♠

Voici un exemple de séquence complète :

Ouest		Est
♠ 8 6 2	N	♠ R 10 5
♥ A D 10 9 4 2	O E	♥ R 8 3
♦ D 5	S	♦ A R 7
♣ 8 5		♣ R D 6 2

SUD	OUEST	NORD	EST
1 ♠	–	–	2 SA
–	3 ♦	–	3 ♥
–	4 ♥	–	–

Ouest utilise le Texas et le contrat de 4 ♥ **est joué de la bonne main**.

4. **Sur le réveil par une couleur**

– Sur le réveil par une couleur, limité à 12 points H, toutes les réponses sont encourageantes :

♠ R 5
♥ A 10 8 7
♦ A V 5
♣ V 8 4 3

S	O	N	E
1 ♥	–	–	1 ♠
–	1 SA		

La réponse d'1 SA montre l'équivalent d'une valeur d'ouverture.

LES INTERVENTIONS SUR LES OUVERTURES DE BARRAGE

1. L'intervention à la couleur

Les interventions à la couleur au palier de 3 se font avec des couleurs longues et robustes à partir de six cartes ou très robustes avec seulement cinq cartes.

Exemple :

3 ♦   [3 ♥]

♠ A 3
♥ A D V 7 4 3
♦ 5
♣ D 10 8 4

NOTE ⇒
Il n'est pas question d'intervenir faible sur une ouverture de barrage. L'intervention à la couleur indique une valeur d'ouverture.

2. Le contre d'appel

Sur une ouverture de barrage au palier de 3, tous les contres sont d'appel et demandent en priorité au partenaire **d'annoncer une majeure**. Ils indiquent au minimum une bonne valeur d'ouverture.

Voici deux exemples de contre d'appel sur une ouverture de 3 ♣ :

♠ A 10 8 4
♥ A R 9 8
♦ A V 5
♣ 6 2

♠ A D 10 3
♥ R V 9 7 4
♦ A 5
♣ 8 2

Le jeu de gauche correspond à un contre d'appel classique sur l'ouverture d'1 ♣ avec 16 points H,

Avec le jeu de droite, la meilleure intervention sur une ouverture d'1 ♣ est 1 ♥. **Sur une ouverture de barrage, il est bien joué de contrer**, c'est la meilleure façon de retrouver un fit en majeure.

3. **L'intervention à 3 SA**

Annoncer tout seul 3 SA correspond à un pari. Il est très rare de posséder assez de jeu pour gagner 3 SA sans l'aide du partenaire.

L'intervention à 3 SA se fait ⇒

- **soit avec un jeu régulier** à partir de 17-18 points H et une bonne tenue dans la couleur adverse,
- **soit avec une mineure longue** – le plus souvent maîtresse – et un net arrêt.

Voici deux exemples d'intervention à 3 SA sur une ouverture de 3 ♠ :

♠ R V 8 ♥ A 9 2 ♦ A D 9 8 6 ♣ A 10	18 points H réguliers et un double arrêt à Pique.
♠ R 10 2 ♥ D ♦ ARD9876 ♣ R 5	Intervenez à 3 SA également avec sept cartes à ♦. Vous avez nettement plus de chances de réussir ce contrat que 5 ♦.

4. **Le contre sur les ouvertures au palier de 4**

- Sur 4 ♣/4 ♦ ⇒ Le contre est d'appel, orienté vers **les majeures**,
- Sur 4 ♥ ⇒ Il indique une bonne distribution et **quatre cartes à Pique**,
- Sur 4 ♠ ⇒ **Le contre est optionnel** avec des levées de défense et en principe de quoi supporter une surenchère au palier de 5 avec un jeu encourageant chez le répondant.

LE SPOUTNIK

DÉFINITION ⇒
Le Spoutnik est un contre d'appel en face d'un partenaire qui a déjà parlé.

Inventé par l'Américain **Roth**, juste après le lancement du satellite du même nom, il a été vulgarisé en France grâce à **la majeure 5e Jaïs-Lebel** (1976).

Au début, le Spoutnik **était uniquement destiné à annoncer les Cœurs après une intervention à 1 ♠**. C'est ce qu'on appelle le Spoutnik classique.

Aujourd'hui, le Spoutnik s'est généralisé, le contre punitif des interventions adverses n'est plus utilisé (sauf cas particuliers).

POURQUOI UN TEL SUCCÈS ?
POURQUOI LE SPOUTNIK S'EST-IL GÉNÉRALISÉ ?

Tout simplement parce qu'il a apporté aux bridgeurs **une enchère supplémentaire** qui permet de **faire parler le partenaire de façon économique**.

LE BUT DU SPOUTNIK ⇒

C'est la recherche d'un contrat dans la ou les majeures non nommées.

Aujourd'hui, le Spoutnik est utilisé par le camp de l'ouvreur **et** par le camp de la défense, aussi bien après une intervention qu'en réveil.

Le contre punitif est remplacé par le passe punitif. Le joueur qui passe espère que son partenaire pourra contrer en réveil. **Les quatre joueurs peuvent utiliser** le **Spoutnik**.

1. LE SPOUTNIK DU CAMP DE L'OUVREUR

A) LE SPOUTNIK DU RÉPONDANT

LE SPOUTNIK CLASSIQUE

Ouvreur	Joueur n° 2	Répondant
1 ♣/1 ♦	1 ♠	**contre**

L'intervention à 1 ♠ est particulièrement gênante. Elle est la seule enchère au palier de 1 qui empêche le répondant de nommer une couleur au même palier.

Les Américains se sont aperçus qu'avec, *par exemple, la main suivante* :

♠ 8 3
♥ R V 7 4
♦ A 10 4 2
♣ V 8 6

ils n'avaient aucune enchère à leur disposition après une intervention à 1 ♠. C'est pour résoudre ce problème qu'ils ont inventé le contre Spoutnik. Aujourd'hui, tous les bridgeurs contrent l'intervention à 1 ♠ dans cette situation.

Le Spoutnik sur une intervention à 1 ♠ indique ⇒

- **soit 4 cartes à ♥ et un minimum de 7-8 points H, sans limite supérieure,**
- **soit 5 cartes à ♥ et 7 à 10 points H.**

Voici quatre exemples :

①

1 ♣	1 ♠	X	♠ A 8 2 ♥ D V 9 6 ♦ A R 7 ♣ 8 4 2

Avec 14 points H et 4 cartes à Cœur, contrez 1 ♠.
Avec 4 cartes à Cœur, le Spoutnik n'a pas de limite supérieure.

②

1 ♦	1 ♠	X	♠ 5 2 ♥ R D 9 7 3 ♦ R 10 5 ♣ 10 8 3

Contrez avec 8 points H et cinq cartes à Cœur. Faites un Spoutnik, votre jeu n'est pas assez fort pour un **changement de couleur 2 sur 1** (forcing après une intervention – voir page 344).

③

1 ♣	1 ♠	2 ♥	♠ 9 ♥ A R 10 8 2 ♦ R 10 9 5 ♣ D 9 6

Avec 12 points H et cinq cartes à Cœur, vous êtes trop fort pour utiliser le Spoutnik. Faites un changement de couleur **forcing** à 2 ♥.

④

1 ♦	1 ♠	X	♠ 9 8 ♥ R 7 4 2 ♦ A D 10 8 6 ♣ V 5

Utilisez le contre **Spoutnik** avec quatre cartes à Cœur. Ne soutenez pas à 3 ♦ avec **quatre cartes dans l'autre majeure**.

LE SPOUTNIK APRÈS 1 ♦ - 2 ♣

C'est le deuxième Spoutnik qui a été utilisé :

Ouvreur	Joueur n° 2	Répondant
1 ♦	2 ♣	contre

Sur 2 ♣, utilisez le Spoutnik avec les 2 majeures, à partir de 7-8 points H.

Après 1 ♦ → 2 ♣, le contre Spoutnik a pour objectif de découvrir un contrat à Cœur ou à Pique.

Voici deux exemples de contre après ce début d'enchères :

♠ R 10 7 5
♥ A 10 6 2
♦ D 7
♣ 9 6 3

♠ R 10 9 7
♥ A V 9 8 4
♦ 8 4
♣ 7 5

Supposons maintenant que vous ayez un jeu plus fort :

♠ A D 10 9 4
♥ R 8 3
♦ R 9 4 3
♣ 6

♠ A R V
♥ R D 10 9
♦ 9 8 3
♣ V 10 8

– *Avec le jeu de gauche*, vous possédez cinq cartes à Pique et 12 points H : **préférez l'enchère naturelle** ⇒ **Répondez 2 ♠**.

– *Avec le jeu de droite*, vous n'avez pas de majeure 5e, **contrez**, même avec 14 points H, **pour retrouver le fit 4-4 à Cœur**.

RÈGLE ⇒
Avec une majeure quatrième, le Spoutnik commence à 9-10 points H et n'a pas de limite supérieure.

LE SPOUTNIK SUR LES INTERVENTIONS AU PALIER DE 1 (SAUF 1 ♠)

Le Spoutnik s'étant généralisé, de nombreux joueurs utilisent le **contre au palier de 1 (en dehors de l'intervention à 1 ♠)** pour dénier une majeure quatrième avec ⇒

- **une main d'environ 8 à 11 points H sans (net) arrêt dans la couleur adverse.**
- **ou un jeu plus fort, sans bonne couleur cinquième (mineure).**

Voici trois exemples :

①

1 ♣	1 ♦	X	♠ R 9 5 ♥ D 10 8 ♦ 10 7 4 ♣ R V 6 2

②

1 ♦	1 ♥	X	♠ D 7 4 ♥ 9 5 ♦ A 10 7 ♣ D V 9 6 2

Comme vous pouvez le constater, il s'agit de jeux de force limitée – **sans tenue dans la couleur d'intervention**.

③

1 ♣	1 ♥	X	♠ A 8 2 ♥ V 5 2 ♦ A R 8 3 ♣ D 9 2

Contrez avec une distribution 4-3-3-3 et 14 points H.

- **En compétition :** vous pouvez utiliser le contre LEBEL-SOULET (voir page 409).

LE SPOUTNIK SUR LES INTERVENTIONS AU PALIER DE 2

Le **Spoutnik** demande à l'ouvreur d'annoncer une des deux couleurs non nommées et **en priorité l'autre majeure** (à partir de **8 points H**).

Voici deux exemples :

①

1 ♠	2 ♦	X

♠ V 10
♥ A D 9 7
♦ 6 4 3
♣ D V 9 3

Faites un **Spoutnik** avec quatre cartes à Cœur – **l'autre majeure** – et 10 points H.

②

1 ♠	2 ♥	X

♠ A D 10 8 7
♥ D 2
♦ V 10 8 3
♣ 9 8

Faites un Spoutnik avec cinq cartes à Pique et 9 points H.

- Attention → **avec l'autre majeure cinquième, le Spoutnik est limité à 10-11 points H.**

DEUX CAS PARTICULIERS ⇒

Quand les deux majeures ont été annoncées :

① 1 ♥ → 1 ♠
② 1 ♠ → 2 ♥

Le Spoutnik indique un jeu orienté vers les mineures ou vers un contrat à sans-atout. Il peut également être utilisé avec un fit de 3 cartes (à partir de 10 H) et un jeu régulier ♥♥♥.

LE SPOUTNIK SUR LES INTERVENTIONS DE BARRAGE

Sur les interventions de barrage **au palier de 2 et au palier de 3** ⇒

• **Le contre est un Spoutnik,** il demande à l'ouvreur de **nommer la ou les majeures non annoncées.**
Plus fort qu'un Spoutnik au palier de 1, il montre au minimum **9-10 points H**.

Exemples :

①

1 ♣ 2 ♥ X

♠ V 10 9 8
♥ 8
♦ A 10 9 7 3
♣ R V 10

9 points H seulement, mais **un singleton** à Cœur : **un excellent Spoutnik** au point de vue de la distribution.

②

1 ♣ 3 ♦ X

♠ R V 8 3
♥ D 10 9 6
♦ A 10 2
♣ 9 6

Un Spoutnik avec **les deux majeures quatrièmes**.

ATTITUDE DE L'OUVREUR SUR LE SPOUTNIK

Le Spoutnik garantit **une force minimum** et le plus souvent **quatre cartes ou plus dans la majeure non annoncée** et parfois même les deux majeures.

RÈGLE ⇒
En réponse, l'ouvreur doit **soutenir en priorité** la majeure **connue** de son partenaire. Il devra faire une enchère forte s'il possède une ouverture forte.

Voici plusieurs exemples de « **soutiens** » :

①

♠ R 8 2
♥ A V 9 5
♦ A 7 2
♣ V 9 6

S	O	N	E
1 ♣	1 ♠	X	–
2 ♥			

La réponse de 2 ♥ est une enchère de soutien minimum en face d'un partenaire qui a montré quatre cartes à Cœur. L'ouvreur **soutient** les Cœurs de son partenaire.

②

♠ A 8 2
♥ R D V 5
♦ 4
♣ A V 10 9 8

S	O	N	E
1 ♣	1 ♠	X	–
3 ♥			

L'ouvreur est plus fort, il fait un saut à 3 ♥. C'est **une enchère de soutien non forcing**.

③

♠ A 10 7 3
♥ R 5
♦ A 8 6 2
♣ D 7 4

S	O	N	E
1 ♦	2 ♣	X	–
2 ♠			

La réponse de 2 ♠ n'est pas une enchère forte. Au contraire, elle indique **une ouverture minimum** et quatre cartes à Pique.

④

♠ A D 10 8 6
♥ R D 7 4 2
♦ 5
♣ R 8

S	O	N	E
1 ♠	2 ♦	X	–
4 ♥			

Revalorisez votre distribution 5-5 et demandez la manche en face d'un partenaire qui possède **un minimum de quatre cartes à Cœur**.

Voici d'autres exemples de réponses :

①

♠ R 8 4
♥ 6 2
♦ A D 9 4
♣ R 10 7 6

S	O	N	E
1 ♦	1 ♠	X	–
1 SA			

Redemande minimum sans quatre cartes à Cœur et avec si possible un arrêt à Pique. L'arrêt à Pique n'est pas obligatoire pour une réponse à sans-atout au niveau de 1.

②

♠ A R 7 4 2
♥ R 5
♦ A 10 9
♣ R D 10

S	O	N	E
1 ♠	2 ♣	X	–
3 SA			

Demandez la manche à 3 SA avec 19 points H et **un double arrêt à Trèfle**.

③

♠ 8 2
♥ D 9 4
♦ R 9 6 2
♣ A R 9 2

S	O	N	E
1 ♦	2 ♠	X	–
3 ♣			

L'ouverture obligatoire d'1 ♦ avec les deux mineures quatrièmes permet à Sud d'annoncer sa deuxième couleur – 3 ♣ – sur le Spoutnik.

Le camp Nord-Sud est bien placé en enchères compétitives pour trouver la meilleure partielle en mineure.

B) LE SPOUTNIK DE L'OUVREUR

L'ouvreur a lui aussi la possibilité de faire un contre Spoutnik sur une enchère **du joueur n° 4** pour donner des renseignements.

1. Le contre après un Spoutnik du répondant

Après un contre Spoutnik du répondant, le contre de l'ouvreur ou **recontre** indique ⇒
– une ouverture convenable ou forte
– **un fit de** trois cartes dans la **« majeure »** du répondant

♠ V
♥ A 9 8
♦ A D 10 8 5
♣ A V 10 7

S	O	N	E
1 ♦	1 ♠	X	2 ♠
X			

Contrez 2 ♠ pour montrer un fit de trois cartes à Cœur « la majeure » du partenaire – garantie par le Spoutnik.

2. Le contre du soutien adverse

Le contre du soutien adverse montre ⇒ trois cartes dans la majeure du partenaire et une ouverture convenable.

♠ R 10 7
♥ A 9 8 3
♦ 5
♣ A R 9 8 6

S	O	N	E
1 ♣	1 ♦	1 ♠	2 ♦
X			

3. Le Spoutnik de l'ouvreur après une réponse d'1 ♥ ou d'1 ♠ → LE CONTRE FITTÉ

Le Spoutnik de l'ouvreur après une réponse en 1 sur 1 ou contre fitté **indique toujours une bonne main**.

- Il ne doit pas être utilisé avec un jeu régulier de 12 à 14 points H.

Le Spoutnik de l'ouvreur montre ⇒
- **soit une bonne ouverture avec un soutien de trois cartes dans la majeure de son partenaire (CONTRE FITTÉ),**
- **soit un jeu régulier de 18-19 points H, sans un double arrêt dans la couleur adverse.**

Exemples :

①

♠ R 10 5
♥ 8
♦ A R 9 7 2
♣ A V 10 8

S	O	N	E
1 ♦	–	1 ♠	2 ♥
X			

Le CONTRE FITTÉ sur l'intervention à 2 ♥ montre ici une bonne main avec **trois cartes** à Pique.

②

♠ V 8 2
♥ A R
♦ A D 9 7 2
♣ A 10 8

S	O	N	E
1 ♦	–	1 ♥	1 ♠
X			

Le contre est l'enchère **la plus économique** avec un jeu régulier de 18 points H, sans arrêt à Pique.

4. Une convention nouvelle ♥♥ ⇒ le surcontre fitté

Après un contre d'appel du joueur n° 4, je vous conseille de donner au surcontre la même signification qu'au Spoutnik après une intervention à la couleur.

Le surcontre montre ⇒
- **soit une bonne ouverture et trois cartes dans la majeure du partenaire, surcontre fitté**
- **soit un jeu régulier de 18-19 points H.** C'est le surcontre classique (voir page 355).

Exemple :

♠ A 10 9
♥ A R 8 3 2
♦ A 10 9 5
♣ 2

S	O	N	E
1 ♥	–	1 ♠	X
XX			

Utilisez le surcontre fitté avec **trois cartes à Pique** et une bonne ouverture.
L'utilisation du surcontre fitté est relativement simple. Je vous conseille d'adopter cette convention avec votre partenaire habituel.

NOTE ⇒
L'ouvreur peut également utiliser le CONTRE FITTÉ **après une intervention en barrage du joueur n° 4**

Exemple :

♠ A V 10
♥ R D 5
♦ A D 9 8 7 6
♣ 3

S	O	N	E
1 ♦	–	1 ♥	3 ♣
X			

Trois cartes à ♥ et une bonne ouverture, contrez 3 ♣, c'est un CONTRE FITTÉ. Une enchère plus efficace que 3 ♦.

2. LE SPOUTNIK DU CAMP DE LA DÉFENSE

UNE RÈGLE ESSENTIELLE ⇒
Quand le partenaire de l'ouvreur se manifeste, les changements de couleur du camp de la défense ne sont plus forcing.

Dans les situations où vous désirez faire un changement de couleur forcing, vous serez obligé d'utiliser le Spoutnik.

1. **Le Spoutnik du répondant**

Le répondant peut utiliser le Spoutnik quand **le joueur n° 3** se manifeste en nommant une couleur ou en soutenant son partenaire.

Le répondant peut utiliser le Spoutnik ⇒

- **avec les deux autres couleurs** (en cas de soutien),
- **avec la 4e couleur** après une nouvelle couleur de l'adversaire,
- **pour remplacer une enchère forcing** avec un jeu fort.

Voici trois exemples :

①

S	O	N	E
1 ♦	1 ♠	2 ♦	X

♠ D 5
♥ A D 9 8
♦ V 3
♣ D 10 9 7 4

Faites **un Spoutnik** avec quatre cartes à Cœur, cinq cartes à Trèfle et un honneur second à Pique.

②

S	O	N	E
1 ♦	1 ♥	2 ♣	X

♠ A D 10 9 6
♥ V 9
♦ 10 8 7
♣ R 9 5

Contrez 2 ♣ avec cinq bonnes cartes à Pique et 10 points H.

③

S	O	N	E
1 ♦	2 ♣	2 ♦	X

♠ R 10 5
♥ A D 10 9 5
♦ 8 6 2
♣ A 5

Faites **un Spoutnik**. Avec ce jeu, vous êtes trop fort pour répondre 2 ♥ **non forcing**. Vous pourrez ainsi nommer votre couleur au tour suivant, **en situation forcing**.

2. **Le Spoutnik du joueur qui intervient**

- Le Spoutnik indique une **bonne intervention** et un **semi-fit** dans la couleur nommée par le partenaire.

Voici un exemple :

♠ R 10
♥ A 7 2
♦ A D V 6 2
♣ 8 7 3

S	O	N	E
1 ♣	1 ♦	1 ♥	1 ♠
2 ♥	X		

Faites un Spoutnik avec une intervention de 14 points H et un gros honneur second à Pique.

Dans cette situation, **vous devez soutenir avec trois cartes à Pique**, votre partenaire possède un minimum de cinq cartes à Pique.

3. LE SPOUTNIK ET LE CONTRE DE RÉVEIL

LE CONTRE DE L'OUVREUR

Vous savez fort bien que votre partenaire peut passer sur une intervention adverse avec l'équivalent d'un contre punitif. Il s'agit de ce que l'on peut appeler un « passe punitif ». Dans ce cas, votre partenaire a passé en espérant entendre un contre de réveil.
Mais votre partenaire peut également passer avec un jeu faible.

Dans la NOUVELLE Super Majeure 5e, **le contre de réveil n'est pas obligatoire**. Il s'agit d'un contre d'appel et sert de Spoutnik en réveil avec ⇒

1. **Un jeu court dans la couleur adverse** pour supporter de jouer un contrat,
2. **Des levées de défense** pour supporter **le passe** du partenaire.

Voici deux exemples de contre en réveil après le début d'enchères suivant :

S	O	N	E
1 ♦	1 ♠	–	–
X			

①

♠ 5
♥ A 10 9 8
♦ A R 8 6
♣ R V 7 4

Contrez avec 15 points H et **une distribution tricolore**.
– Si votre partenaire **transforme le contre** : tant mieux.
– S'il nomme une couleur, vous ferez un excellent mort.

②

♠	V 3
♥	A 10 9
♦	A R 7 4 2
♣	A D 6

Contrez également avec 18 points H et doubleton à Pique.

LE CONTRE DU RÉPONDANT

Vous avez lu que l'ouvreur pouvait également utiliser le Spoutnik ou CONTRE FITTÉ.
Il est donc obligé de passer, lui aussi, avec l'équivalent d'un contre punitif.

Examinons ensemble la situation suivante :

S	O	N	E
1 ♦	–	1 ♠	2 ♣
–	–	?	

- Dans cette situation, le contre est un Spoutnik qui indique en principe **une majeure 5e** et un minimum de **9-10 points H**.

Voici un exemple :

S	O	N	E
1 ♦	–	1 ♠	2 ♣
–	–	X	

♠	A R 8 6 2
♥	D V 9 4
♦	10 2
♣	9 6

Utilisez **le Spoutnik** avec 10 points et un 5-4 majeur. N'oubliez pas que l'ouvreur peut passer sur 2 ♣ **avec l'équivalent d'un** **contre punitif**. Vous trouverez le jeu de l'ouvreur à la page suivante.

Voici le jeu de votre partenaire :

♠ 9
♥ R 10 2
♦ A R 8 6 3
♣ R V 8 3

Constatez-le par vous-même, le réveil par contre du partenaire est **plus efficace que 2 ♥**.

Sud peut ainsi passer sur le contre et le transformer **en contre punitif**. Une excellente opération pour le camp Nord-Sud.

EN RÉSUMÉ ⇒ **l'ouvreur comme le répondant** doit utiliser le Spoutnik en réveil avec **un double objectif** :

1. **Permettre au partenaire de transformer en** contre punitif,
2. **Trouver le meilleur contrat dans les autres cas.**

4. LE SPOUTNIK ET LE CONTRE PUNITIF

Le Spoutnik a remplacé le contre de pénalité dans pratiquement toutes les situations. Cela ne veut pas dire pour autant que vos adversaires peuvent intervenir impunément, **c'est-à-dire gêner vos enchères sans prendre de risques**.

Nous allons voir qu'il existe **une situation classique où le contre de l'intervention est** punitif. Nous verrons ensuite comment, grâce au passe punitif et au contre de réveil, vous pouvez pénaliser vos adversaires.

1. **Le contre punitif de l'ouvreur**

RÈGLE ⇒
Après une réponse 2 sur 1, le contre d'une intervention est punitif.

Exemple :

♠ A D 9 7
♥ R 7 2
♦ A 10 9 4 3
♣ 7

S	O	N	E
1 ♦	–	2 ♣	2 ♠
X			

Le contre à 2 ♠ est punitif après la réponse de 2 ♣.

2. **Passe punitif et contre de réveil**

Vous avez vu page 317 comment **le joueur n° 4** pouvait contrer en réveil, permettant ainsi à son partenaire de transformer le contre en passe punitif.

- Mais la situation la plus classique concerne **le passe du répondant après l'intervention du joueur n° 2.**

Voici un exemple :

1 ♦ 1 ♠ [?]

♠ R V 9 8 6
♥ A R 3
♦ 5
♣ 10 8 5 4

Les deux camps sont vulnérables et votre adversaire de droite intervient à 1 ♠. **Vous devez passer avec l'espoir d'entendre votre partenaire contrer en réveil.**

Voici maintenant le jeu de votre partenaire et la suite des enchères :

♠ 7
♥ D V 10 2
♦ A R 9 8
♣ A 9 6 2

S	O	N	E
1 ♦	1 ♠	–	–
X	–	–	–

Après un premier passe, vous passez sur le contre de votre partenaire, **transformant le contre Spoutnik en contre** punitif.

ATTENTION : tenez compte des vulnérabilités en présence.

Si vous êtes vulnérables lorsque vos adversaires sont non vulnérables, en passant sur une intervention adverse avec un jeu assez fort, vous prenez un **double risque** ⇒

1. **Que votre partenaire ne puisse pas contrer en réveil,**
2. **Qu'il réveille par contre et que la pénalité soit moins importante qu'une manche vulnérable.**

VOICI LA RÈGLE ⇒
Passez sur l'intervention adverse à chaque fois que vous désirez faire un contre de pénalité.

LE RÉPONDANT APRÈS UNE INTERVENTION

L'intervention modifie :

– la réponse du partenaire de l'ouvreur,
– la deuxième enchère de l'ouvreur.

Dans ce chapitre, nous allons étudier les enchères du répondant après une intervention, **en dehors du contre Spoutnik**.

Voici le plan ⇒

1. **Après une intervention à la couleur**
2. **Après un contre d'appel**
3. **Après une intervention à 1 SA**
4. **Après les autres ouvertures**

1. APRÈS UNE INTERVENTION A LA COULEUR

Nous allons étudier dans l'ordre les différentes enchères du répondant, **en dehors du contre Spoutnik**.

1. **Les enchères de soutien**

Le soutien ne change pas de valeur.

Exemple :

1 ♥	2 ♣	**[2 ♥]**

♠ R 10 7 4
♥ D V 5
♦ 9 6 5 3
♣ 8 2

Soutenez à 2 ♥. **Il est essentiel, en enchères compétitives, d'exprimer un soutien le plus rapidement possible.**

Avec des jeux de soutien forts, c'est-à-dire avec un espoir de chelem, vous devrez utiliser une enchère nouvelle : **le cue-bid** de la couleur adverse, que nous étudierons bientôt.

2. **Les réponses à sans-atout**

> **RÈGLE ⇒**
> **Le répondant doit obligatoirement tenir la couleur adverse pour faire une enchère à sans-atout.**

- **La réponse de 1 SA** indique **un minimum de 7-8 points H**, **un arrêt de la couleur adverse** et un jeu jouable à sans-atout.
  Cette réponse va jusqu'à **10 points H**.

Exemple :

1 ♦	1 ♠	1 SA	♠ R V 9 ♥ V 8 ♦ D 9 5 2 ♣ D 7 3 2

- **Les réponses à sans-atout avec saut** conservent la même valeur : **11-12 points H** pour 2 SA, **à partir de 12 H bien faits ou 13 H** pour 3 SA. Après une intervention adverse, il est préférable de posséder **une double tenue dans la couleur**.

Exemple :

1 ♦	2 ♣	3 SA	♠ D 10 2 ♥ R 5 ♦ A V 10 9 ♣ R 10 7 3

ATTENTION
Les réponses à sans-atout dénient une majeure 4e non annoncée.

3. **Le changement de couleur**

Le changement de couleur obéit pratiquement aux mêmes règles ⇒ **il reste forcing pour 1 tour**.

- Je vous conseille cependant de nommer une couleur au palier de 2 avec parfois un jeu moins fort qu'une réponse 2 sur 1 classique, surtout quand **il s'agit d'une majeure sixième**.

Exemple :

1 ♦	2 ♣	2 ♠	♠ R D 10 8 7 2 ♥ 9 6 3 ♦ R 10 8 ♣ 5

Donnez la priorité à l'annonce de votre robuste majeure 6e par rapport au Spoutnik.
En enchères compétitives, **il est très important d'annoncer une belle couleur le plus rapidement possible**.

4. **Le cue-bid de la couleur adverse**

> **RÈGLES ⇒**
> 1. **Après une ouverture mineure**, le cue-bid est utilisé pour la recherche de **la manche à sans-atout**. Il peut également être utilisé avec un espoir de chelem,
> 2. **Après une ouverture majeure**, le cue-bid est utilisé avec **un espoir de chelem dans la couleur d'ouverture**.

Quand l'adversaire nomme une couleur, vous disposez grâce au cue-bid d'une enchère qui permet d'annoncer immédiatement un jeu fort et fitté dans la couleur d'ouverture. **Le cue-bid ne garantit pas un contrôle dans la couleur adverse.**

- *Exemples* **après une ouverture mineure** :

S	O	N	E
1 ♣	1 ♠	2 ♠	

♠ 10 9 4 ♥ D 7 2 ♦ A 8 4 ♣ A R 7 2	♠ 8 ♥ A 10 2 ♦ R D 6 ♣ A D V 9 7 3

– *Avec le jeu de gauche* – 13 points H – **recherchez la tenue à Pique** pour jouer à sans atout, faites **un cue-bid** à 2 ♠.
– *Avec le jeu de droite,* vous possédez un espoir de chelem et une courte dans la couleur adverse. Faites également **un cue-bid** à 2 ♠.

- *Exemples* **après une ouverture majeure** :

S	O	N	E
1 ♥	2 ♣	3 ♣	

Jeu de gauche	Jeu de droite
♠ A R 10	♠ A V 9 3
♥ R 10 9 8 6	♥ D 10 9 8
♦ A V 10	♦ A R 3 2
♣ 9 2	♣ 4

– *Le jeu de gauche* comporte un net espoir de chelem et cinq cartes à Cœur, faites **un cue-bid** à 3 ♣.

– *Le jeu de droite,* avec un tricolore singleton à Trèfle est trop fort pour un soutien direct à 4 ♥ et également **trop fort pour un Splinter à 4 ♣**.

Le Splinter ♥♥

Vous pouvez également utiliser la convention Splinter pour indiquer la valeur d'un bon soutien à 4 ♥ ou 4 ♠ **et une courte dans la couleur adverse**.

Exemple :

1 ♥ 2 ♣ [4 ♣]

♠ R D 9
♥ D 10 7 3 2
♦ A 9 8 2
♣ 4

Comme vous pouvez le constater, ce jeu est moins fort que le jeu précédent où il fallait faire un cue-bid à 3 ♣.

2. APRÈS UN CONTRE D'APPEL

1. Le surcontre

Le surcontre est une enchère conventionnelle qui indique un minimum de 10 points H.

Exemple :

①

1 ♣ X [XX]

♠ R 10 9
♥ A V 8
♦ V 9 3
♣ D 10 7 2

Surcontrez avec 11 points H 4-3-3-3.

②

1 ♠ X [XX]

♠ D 10 2
♥ A 7 3
♦ V 5
♣ A D 9 7 2

Surcontrez avec 13 points H et trois cartes à Pique. Vous verrez bientôt que le changement de couleur au palier de **2** n'est pas forcing après un contre d'appel.

2. Les changements de couleur

RÈGLES ⇒

1. Les changements de couleur au palier de 1 sont **forcing pour un tour**.
2. Les changements de couleur au palier de 2 sont non forcing.

Tous les meilleurs joueurs français ont adopté ces deux règles. Vous **devez annoncer une majeure** (au moins) **quatrième en 1 sur 1** avec un jeu fort au lieu de surcontrer, pour ne pas perdre un temps en enchères compétitives.

Voici un exemple :

1 ♣	X	[1 ♥]	♠ 5 2 ♥ R D 10 8 ♦ V 9 2 ♣ A D 8 6

En annonçant 1 ♥ – **forcing** – vous ne risquez plus d'être gêné **par un barrage à Pique** pour retrouver le fit 4-4 à Cœur.

Voici un exemple de changement de couleur au palier de 2 :

1 ♠	X	[2 ♦]	♠ D 8 ♥ 6 4 2 ♦ R D 10 9 3 2 ♣ 4 3

La réponse de 2 ♦ n'est **pas forcing**. Elle montre une belle couleur sixième.

3. **Le soutien**

Les soutiens après un contre d'appel sont légèrement plus faibles :

- **le soutien simple** : 5 à 10 S et en principe 3 atouts,
- **le soutien avec saut** montre 8 à 11 S et 4 atouts.

Le soutien avec saut est utilisé comme une enchère de barrage après une ouverture majeure. La force de ce soutien **dépend des vulnérabilités en présence**.

Exemple :

1 ♠	X	[3 ♠]	♠ D 10 9 5 ♥ 8 2 ♦ R 10 9 7 3 ♣ V 5

Un bon exemple de soutien à 3 ♠ non vulnérable.

Que devez-vous faire avec un jeu de soutien plus fort ?

- **Surcontrez** avec trois atouts,
- Utilisez **le Truscott** avec quatre atouts ou plus.

Le 2 SA Truscott ♥

Le 2 SA Truscott, après un contre d'appel, **montre la valeur d'un soutien à saut classique** (11-12 S) **avec quatre atouts** et des levées de défense.

Exemple :

1 ♥	X	2 SA	♠ R D 5 ♥ V 10 8 7 ♦ A 9 6 5 ♣ 8 3

UN CONSEIL ⇒
Si vous jouez en compétition, utilisez la réponse de **2 SA Truscott** illimitée avec votre partenaire habituel. Il est en effet essentiel d'indiquer le plus rapidement possible, en enchères compétitives, **un soutien de quatre cartes et plus en majeure**.

Le super Truscott ♥♥♥

Après un contre d'appel, **la réponse de 3 SA** est conventionnelle. Elle montre ⇒

1. **La valeur d'un bon soutien** à 4 ♥ ou 4 ♠,
2. **Un minimum de quatre atouts**,
3. **Une courte indéterminée**, singleton ou chicane.

3. APRÈS UNE INTERVENTION A 1 SA

L'intervention à 1 SA montre un jeu régulier de 16 à 18 points H. C'est une intervention forte.
Après une intervention à 1 SA vous n'aurez pas souvent l'occasion de demander une manche.

• Le contre punitif

Le contre de l'intervention à 1 SA est un contre punitif → contrez 1 SA à partir de 9 points H.

1 ♣	1 SA	X

♠ A 10 5
♥ D V 10 8
♦ D 8 2
♣ 10 7 3

Un exemple de contre punitif avec 9 points H et une bonne entame à ♥.

• Le changement de couleur

L'annonce d'une nouvelle couleur n'est pas forcing, même avec saut.
Nommez une nouvelle couleur avec **une longueur robuste** et un jeu relativement faible → **environ 6 à 9 points H**.

1 ♥	1 SA	2 ♠

♠ R 10 9 7 6 3
♥ 9 3
♦ D V 9 5
♣ 3

Ne passez pas sur 1 SA, répondez 2 ♠ non forcing.

• Le 2 ♣ Boussole ou petit Landy ♥♥

Vous retrouvez cette convention page 414.

4. APRÈS LES AUTRES OUVERTURES

- **Pour terminer** voici quelques lignes après l'ouverture d'1 SA et après l'ouverture d'un 2 Faible.

APRÈS UNE OUVERTURE D'1 SA

Voici le système de base le plus simple que je conseille à tous ceux qui ne sont pas encore des bridgeurs expérimentés.

Après une ouverture d'1 SA et une intervention à la couleur →

- **le contre** : est d'appel – Spoutnik – à partir de 7 points H **orienté vers la ou les majeures non nommées**
- **une couleur sans saut** : non forcing – minimum cinq cartes
- **une couleur avec saut** : naturel – forcing de manche

- **Enfin le cue-bid** → remplace le Stayman, il est forcing de manche

Il existe deux autres systèmes le LEBENSOHL et le RUBENSOHL que vous retrouverez page 418.

APRÈS UNE OUVERTURE DE 2 FAIBLE

- **Les changements de couleur ne sont plus forcing**
- **Tous les contres du répondant sont des contres punitifs**

Il n'y a pas de Spoutnik après une ouverture de 2 Faible.

Exemple :

2 ♥	3 ♦	X	♠ A D 10 8 ♥ 6 ♦ R V 9 7 ♣ R D V 6

Contrez 3 ♦ → **l'ouvreur est obligé de passer** sur votre **contre punitif**.

L'OUVREUR APRÈS UNE INTERVENTION

RÈGLE ⇒
Après une intervention adverse, vous avez le droit de passer.

L'ouvreur n'est pas obligé de faire une enchère avec un strict minimum. Une exception cependant : **le soutien**.

Exemple :

352 ♠ R 7 2
♥ V 8 3
♦ A D 9 7
♣ D 8 2

S	O	N	E
1 ♦	–	1 ♥	1 ♠
passe			

Passez, une enchère bien pratique pour indiquer une ouverture minimum.

1. **Le soutien**

- Soutenez une majeure annoncée par votre partenaire en 1 sur 1 dès que vous possédez quatre atouts, même si vous êtes minimum.

Vous savez qu'**il est essentiel d'annoncer au plus vite un soutien de quatre atouts en majeure**.

♠ D 10 7
♥ R 8 4 2
♦ A D 5 3
♣ V 2

S	O	N	E
1 ♦	–	1 ♥	2 ♣
2 ♥			

Soutenez à 2 ♥ même avec 12 points H.

- **En situation compétitive**, vous pouvez être parfois obligé de soutenir votre partenaire à un palier plus élevé.

Exemple :

♠ A V 10 6
♥ 8 2
♦ A R D 7
♣ 10 8 4

S	O	N	E
1 ♦	–	1 ♠	3 ♥
3 ♠			

Vous n'avez pas la valeur d'un soutien à saut à 3 ♠, mais avec une ouverture non minimum et quatre cartes à Pique, il est bien joué de soutenir au palier de 3.

2. **Les enchères à sans-atout**

- La redemande à 1 SA sur une intervention adverse indique **une bonne tenue dans la couleur adverse** et 13 points H bien faits ou 14 H.

Exemple :

♠ D 10 8 2
♥ R 5
♦ A V 10 3
♣ A 7 2

S	O	N	E
1 ♦	–	1 ♥	1 ♠
1 SA			

- La redemande à 2 SA indique 18 ou 19 points H **et en principe un double arrêt dans la couleur adverse**.

Exemple :

♠ A V 10
♥ D 8
♦ R D 5
♣ A D 10 7 3

S	O	N	E
1 ♣	–	1 ♥	1 ♠
2 SA			

18 points H bien faits et **un double arrêt à Pique**.

3. L'annonce d'une nouvelle couleur

L'annonce d'une nouvelle couleur indique ⇒

- **soit un bicolore 5-5 ou plus,**
- **soit une ouverture plus forte que le minimum et une distribution 5-4.**

Exemples :

①

♠ A D 8 6 2
♥ R D 8 7 3
♦ 4
♣ 10 2

S	O	N	E
1 ♠	–	2 ♣	2 ♦
2 ♥			

Annoncez 2 ♥ avec une distribution 5-5 et 11 points H concentrés dans les deux couleurs longues.

②

♠ A 10 5
♥ 8
♦ R D 9 7 2
♣ R D 10 4

S	O	N	E
1 ♦	–	1 ♥	1 ♠
2 ♣			

Annoncez 2 ♣ avec 14 points H et une distribution 5-4. **Évitez la redemande à 1 SA avec un singleton à Cœur.**

4. Le cue-bid

Utilisez le cue-bid de la couleur adverse pour indiquer une ouverture très forte et un net soutien dans la couleur de votre partenaire.

♠ A 5
♥ A 10 9 4
♦ A D 10 9 8
♣ A V

S	O	N	E
1 ♦	–	1 ♥	1 ♠
2 ♠			

L'ouvreur utilise le cue-bid à 2 ♠ avec **un jeu nettement trop fort** pour se contenter d'un soutien direct à 4 ♥.

5. Le Splinter – ♥♥

Utilisez **le Splinter** de la couleur adverse pour indiquer la valeur d'un bon soutien au palier de 4 et une courte dans la couleur adverse.

♠ R V 9 4
♥ 3
♦ A R
♣ A D 10 6 4 2

S	O	N	E
1 ♣	–	1 ♠	2 ♥
4 ♥			

4 ♥ **Splinter** montre la valeur d'un bon 4 ♠ et une courte à Cœur.

6. Après un contre d'appel

- Les règles précédentes restent les mêmes ou pratiquement les mêmes après un contre d'appel.

Vous avez vu page 333 que l'ouvreur pouvait utiliser le **sur-contre fitté**.

Voici la définition classique du surcontre :

- **Le surcontre indique une ouverture forte ou très forte** (au minimum 17 points H) et le plus souvent un jeu régulier.

♠ R 10
♥ A R V 8 2
♦ A D 10
♣ V 9 8

S	O	N	E
1 ♥	–	1 ♠	X
XX			

Surcontrez avec 18 points H et un jeu régulier.

LA RECHERCHE DE LA MANCHE A SANS-ATOUT

Lorsqu'une manche en majeure est impossible, vous savez que vous devez en priorité rechercher une manche à sans-atout.

Si le camp adverse est intervenu en nommant une ou deux couleurs, il est essentiel pour votre camp de savoir **si vous tenez la ou les couleurs adverses**.

1. **L'adversaire a nommé une couleur**

356 **RÈGLE ⇒**
Le cue-bid demande l'arrêt de cette couleur.

Le cas le plus classique est le cue-bid après une ouverture mineure.

Voici les deux jeux et la séquence complète :

Ouest		Est
♠ A V 2	N	♠ 10 9 4
♥ V 8 3	O E	♥ D 7 2
♦ R 9	S	♦ A 8 4
♣ D V 8 6 3		♣ A R 7 2

SUD	OUEST	NORD	EST
–	1 ♣	1 ♠	2 ♠
–	2 SA	–	3 SA

Quelques commentaires :

- 2 ♠ : Le cue-bid à 2 ♠ demande l'arrêt à Pique pour jouer un contrat à sans-atout,
- 2 SA : Ouverture minimum **avec l'arrêt à Pique**,
- 3 SA : Conclusion logique avec 13 points H.

2. **Les adversaires ont nommé deux couleurs**

RÈGLE ⇒
Le cue-bid garantit un arrêt dans la couleur nommée.
Il demande l'arrêt dans l'autre couleur.

S	O	N	E
1 ♣	1 ♠	2 ♦	2 ♥
3 ♣	–	3 ♥	

♠ V 7 2
♥ A 10 4
♦ A D 9 6 3
♣ D 4

3 ♥ = **Arrêt** à Cœur et recherche de l'arrêt à Pique.

Sur 3 ♥, l'ouvreur doit annoncer 3 SA **avec l'arrêt Pique**.
- Il peut même annoncer 3 ♠ avec **un demi-arrêt** à Pique (voir page 158) et dans ce cas Nord annoncera 3 SA avec **l'autre demi-arrêt**.

- **Le camp de la défense doit utiliser les mêmes règles pour rechercher la manche à 3 SA.**

- **Le cue-bid demande l'arrêt si une couleur a été nommée.**
- **Le cue-bid garantit l'arrêt si deux couleurs ont été nommées.**

LES RÉVEILS COMPÉTITIFS

Les positions de réveils compétitifs sont extrêmement nombreuses. Il est absolument impossible d'en faire une liste. Mais voici **quelques conseils qui vous permettront le plus souvent de savoir si vous devez ou non réveiller**.

Les réveils compétitifs poursuivent **les deux buts suivants** ⇒

1. **Pousser l'adversaire à un palier plus élevé,**
2. **Marquer dans sa colonne**.

Ces deux buts sont dans **l'ordre de priorité**.

Dans le bridge moderne, on réveille le plus souvent dans le but de pousser les adversaires **au palier supérieur**.

Quand vous réveillez, vous prenez toujours un risque. C'est seulement avec de l'expérience que vous pourrez acquérir à la table un bon jugement et que vous pourrez répondre à la question suivante : « **est-ce que le risque ne serait pas plus grand si je passais ?** ».

I. RÉVEIL COMPÉTITIFS DU CAMP DE L'OUVREUR

1. Le réveil de l'ouvreur

Nous avons déjà étudié, dans l'important chapitre consacré au **Spoutnik**, les différents contres de réveil. En dehors du contre de réveil, les autres enchères de l'ouvreur indiquent des ouvertures fortes ou très fortes.

• Le réveil à 1 SA

Le réveil à 1 SA montre ⇒

- **18 ou 19 points H,**
- **une distribution régulière,**
- **un net arrêt dans la couleur adverse**.

♠ R 10 9
♥ D 5
♦ A R V 10 8
♣ A V 10

S	O	N	E
1 ♦	1 ♠	–	–
1 SA			

Réveillez à 1 SA avec **18 points H** et un bon arrêt à Pique.

ATTENTION ⇒
Il n'est pas question de réveiller à 1 SA avec 14 points H, une faute souvent commise par des joueurs peu expérimentés.

- **Le réveil par une nouvelle couleur**

Ce réveil indique un jeu fort et une distribution qui ne se prête pas au contre d'appel.

- **La répétition de la couleur d'ouverture** montre une robuste couleur 6e et un minimum de 17-18 points DH.

2. Les réveils du répondant

Il existe certaines situations où le répondant, **après avoir passé sur une intervention adverse**, peut réveiller les enchères.

Voici deux exemples :

S	O	N	E
1 ♦	1 ♠	–	1 SA
–	–	2 ♣	

♠ 8 6 4 2
♥ 7 4
♦ 5
♣ R D 10 8 4 3

Sur l'intervention à 1 ♠, vous n'étiez pas assez fort pour annoncer 2 ♣. Réveillez sur 1 SA à 2 ♣.

S	O	N	E
1 ♥	1 ♠	–	2 ♠
–	–	2 SA	

♠ 5 2
♥ 10
♦ R V 10 7 4
♣ D 10 8 6 2

Le réveil à 2 SA **montre conventionnellement un bicolore mineur**. Non vulnérable, vous pouvez réveiller pour trouver une partielle à 3 ♣ ou 3 ♦ ou pousser vos adversaires à 3 ♠.

II. RÉVEILS COMPÉTITIFS DU CAMP DE LA DÉFENSE

1. Le contre de réveil

UN CONSEIL ⇒
Il est en général peu dangereux de réveiller après un soutien adverse. Je vous conseille de contrer en réveil dès que vous possédez une bonne distribution.

Voici deux exemples :

①

♠ R V 9 3
♥ A V 10 9
♦ 8 2
♣ 9 7 3

S	O	N	E
1 ♣	–	2 ♣	–
–	X		

- Contrez en réveil avec **les deux majeures quatrièmes**.

②

S	O	N	E
1 ♦	–	1 ♥	–
2 ♥	–	–	X

♠ R V 8 7
♥ A 7
♦ 8 2
♣ V 10 8 6 3

- Réveillez par contre sur le soutien à 2 ♥ **avec un bicolore 5-4 des deux autres couleurs**.

- Dans d'autres situations, **le contre de réveil est plus risqué**. Vous devez donc posséder une bonne distribution ou un jeu plus fort.

Voici un exemple :

S	O	N	E
1 ♦	–	1 ♥	–
2 ♦	–	–	X

♠ A 10 8 3
♥ A V 10 8 4
♦ 5
♣ A V 9

Vous avez passé sur 1 ♥ avec 14 points H et cinq cartes à Cœur. Sur 2 ♦, réveillez par contre avec votre distribution 5-4-3-1.

2. Le réveil par une couleur

♠ D V 9 7 3
♥ 8 6 2
♦ A 10 4
♣ 10 2

S	O	N	E
1 ♥	–	2 ♥	–
–	2 ♠		

Ne laissez pas jouer 2 ♥. Prenez le petit risque de réveiller à 2 ♠.

3. Le réveil à 2 SA

Le réveil à 2 SA indique conventionnellement **un bicolore mineur**. Comme les règles sont moins strictes qu'en intervention, **ce bicolore peut être 5-4**.

♠ 8
♥ 7 6 3
♦ A R 10 8
♣ R V 9 6 2

S	O	N	E
1 ♥	–	2 ♥	–
–	2 SA		

2 SA = **Appel aux mineures**.

UN CAS PARTICULIER :

- **Terminons ce chapitre par un cas particulier important : le contre de l'ouvreur après un soutien adverse et un passe du répondant.**

Dans cette situation, le contre indique une ouverture forte **(minimum 18 DH)** ⇒
c'est un contre d'appel orienté vers un contrat **dans la ou les majeures non nommées**.
Le contre montre également **une courte** dans la couleur adverse.

Exemple :

♠ A D 10 8
♥ 5
♦ A 10 2
♣ A R 9 8 7

S	O	N	E
1 ♣	1 ♥	–	2 ♥
X			

– L'ouvreur peut également contrer à un palier plus élevé.
Il s'agira toujours d'**un contre d'appel avec un jeu fort et une bonne distribution**.

Exemple :

♠ A V 9 8 7
♥ –
♦ A R V 6
♣ R D 10 4

S	O	N	E
1 ♠	2 ♥	–	4 ♥
X			

Le contre sur le soutien à 4 ♥ est **un contre d'appel** avec une courte à Cœur – ici une chicane – une ouverture forte et **un soutien dans les mineures** – les deux majeures ont déjà été annoncées !

III

MES CONVENTIONS

Dans cette dernière partie « **MES CONVENTIONS** » vous trouverez de nombreuses nouvelles conventions **que j'utilise avec mes partenaires occasionnels ou habituels**.

Je vous conseille de les adopter au fur et à mesure, **en tenant compte de votre niveau et de leur nombre de ♥** ⇒

♥	=	tous niveaux
♥♥	=	niveau perfectionnement
♥♥♥	=	niveau compétition

- Aujourd'hui, lorsque vous vous asseyez en face d'un partenaire occasionnel pour disputer un tournoi, plus personne ne demande : « **Jouez-vous le 2 Fort ou le 2 Faible ?** ».

Tout le monde joue le 2 Faible.

LES 5 QUESTIONS À POSER
POUR UNE MISE AU POINT RAPIDE

1. **Splinter ou Splinter en Texas ?**
2. **Ping-Pong ou Roudi ?**
3. **Blackwood moderne ou 5 CLÉS ?**
4. **Spoutnik ou contre LEBEL-SOULET ?**
5. **Lebensohl ou Rubensohl ?**

SPLINTER OU SPLINTER EN TEXAS ?

Les soutiens directs à 4 ♥ ou 4 ♠

En réponse à l'ouverture d'1 ♥ ou d'1 ♠, **les soutiens directs à 4 ♥ ou à 4 ♠** sont aujourd'hui utilisés avec des **jeux faibles en points H** et largement fittés.

Il s'agit en priorité de barrer le camp adverse.

Voici un exemple :

1 ♠	[4 ♠]	♠ R D 10 7 3 ♥ 5 ♦ 9 8 ♣ V 10 6 4 2

- Avec des jeux plus forts, correspondants à la valeur d'un soutien classique au palier de 4 et une courte, je vous conseille d'utiliser les réponses SPLINTER.

Particulièrement efficaces elles ont été adoptées par la majorité des bridgeurs.

Il existe deux sortes de SPLINTER ⇒

1. Le SPLINTER classique
2. Le SPLINTER en TEXAS

LE SPLINTER CLASSIQUE ♥♥

Les réponses SPLINTER indiquent en une enchère un jeu de soutien et une COURTE.

Voici les réponses SPLINTER sur l'ouverture d'1 ♥ ou d'1 ♠ ⇒

- 4 ♣ = courte à Trèfle
- 4 ♦ = courte à Carreau

Les réponses de 4 ♣ et de 4 ♦ indiquent :
- un minimum de 4 atouts
- la valeur d'un bon soutien à 4 ♥ ou à 4 ♠
- une courte, singleton au chicane dans **la couleur du saut**

Voici un exemple :

1 ♥	4 ♣	♠ R 7 3 ♥ V 10 9 8 3 ♦ A V 10 5 ♣ 3

Note : les réponses de 3 ♠ sur 1 ♥ et de 4 ♥ sur 1 ♠ sont **des enchères de barrage**, avec une longueur dans la couleur du saut.

LE SPLINTER EN TEXAS ♥♥♥

Le Splinter en Texas est plus efficace. Il permet d'annoncer la courte dans les 3 autres couleurs, et donc **la courte dans l'autre majeure**.
Les conditions sont les mêmes que pour un Splinter classique.

Voici les réponses SPLINTER en TEXAS sur l'ouverture d'1 ♥ ou d'1 ♠ ⇒

- 3 SA = courte **à Trèfle**
- 4 ♣ = courte **à Carreau**
- 4 ♦ = courte **dans l'autre majeure**

Voici un exemple :

1 ♠	4 ♦	♠ D 8 7 6 3 ♥ 5 ♦ A V 9 8 ♣ R 7 2

Valeur d'un soutien à 4 ♠ et la courte à ♥ – l'autre majeure.

En compétition → je vous conseille d'adopter avec votre partenaire habituel le Splinter en Texas et de donner à **la réponse de 3 SA** une DOUBLE signification.

Sur 1 ♥ ou sur 1 ♠ **la réponse de 3 SA ♥♥♥ montre ⇒**
- soit la courte à Trèfle
- soit un soutien **régulier** : 4 ATOUTS et **11 à 14 points H**

- **Suite des enchères ⇒**

Grâce à la souplesse du Splinter en Texas, l'ouvreur avec un espoir de chelem peut **annoncer économiquement la couleur de la courte**, pour **obtenir des renseignements supplémentaires**.

Voici un exemple :

♠ A R 10 5 2 ♥ A 9 3 ♦ R D 5 ♣ D 9	1 ♠ 4 ♥	4 ♦

LE 2 SA FITTÉ ♥♥

Aujourd'hui la réponse de 2 SA sur l'ouverture d'1 ♥ ou d'1 ♠ est utilisée par les joueurs de compétition avec **un soutien de trois cartes dans la majeure d'ouverture.**
C'est le 2 SA FITTÉ.

> **La réponse de 2 SA FITTÉ indique ⇒**
>
> - **un soutien de trois atouts (jamais quatre),**
> - **une valeur de 11 ou 12 points S.**

La réponse de 2 SA FITTÉ remplace le soutien à saut à 3 ♥ ou 3 ♠, avec seulement **trois cartes**.

Voici deux exemples :

①

1 ♥   [2 SA]

♠ V 8
♥ R D 10
♦ A V 7 6
♣ 8 7 4 3

②

1 ♠   [2 SA]

♠ R 9 6
♥ 7 3
♦ A 6 4
♣ R V 8 4 2

Grâce au 2 SA FITTÉ ⇒

1. Le soutien direct avec saut à 3 ♥ ou 3 ♠ **garantit un minimum de quatre atouts**,
2. Après une réponse 2 sur 1, **tous** les soutiens à 3 ♥ ou 3 ♠ sont **des soutiens forcing**.

1. Après un soutien à 3 ♥ ou 3 ♠

L'ouvreur connaît **un minimum de neuf cartes dans son camp**. Il pourra plus facilement envisager un chelem ou même tout simplement demander la manche. Vous verrez dans le chapitre des chelems que la connaissance du 9e atout est un élément-clé pour entrer dans la zone de chelem.

2. Le soutien forcing après la répétition de la majeure

Vous avez lu page 162 qu'après le début d'enchère suivant :

1 ♥	2 ♣
2 ♥	[3 ♥]

le soutien à 3 ♥ était une proposition de manche.

Avec le 2 SA FITTÉ, le soutien à 3 ♥ devient, **comme après un bicolore économique**, un soutien forcing avec espoir de chelem.

1 ♥	2 ♣	♠ A 5 ♥ R D 7 2 ♦ 6 4 ♣ A D 9 6 2
2 ♥	[3 ♥]	

3 ♥ : **soutien forcing** – avec espoir de chelem.

ATTENTION ⇒

- Ne répondez pas 2 SA sur 1 ♥ avec quatre cartes à Pique. **Priorité à la recherche du fit 4-4 en majeure** :

1 ♥	[1 ♠]	♠ A V 7 6 ♥ D 8 2 ♦ R 10 9 4 ♣ 7 6

- La réponse de 2 SA avec 11 ou 12 points H et une distribution régulière n'existe plus. Vous devez donc passer par un changement de couleur 2 sur 1.

ATTITUDE DE L'OUVREUR SUR LE 2 SA FITTÉ

1. **Sans espoir de manche** ⇒ Il annonce 3 ♥ ou 3 ♠

♠ A D 9 6 2
♥ R 10 5
♦ D 9 7
♣ V 8

1 ♠	2 SA
[3 ♠]	

3 ♠ est **le contrat final**.

2. **Avec un jeu plus fort** ⇒ Il doit annoncer 4 ♥ ou 4 ♠

♠ A V 10
♥ D 10 8 7 3
♦ A D 9 7
♣ V

1 ♥	2 SA
[4 ♥]	

Demandez la manche à 4 ♥

NOTE : 371

dans les séquences où l'ouvreur demande directement la manche à 4 ♥ ou 4 ♠, c'est-à-dire **sans échange d'informations**, votre camp sera très avantagé. En effet, ne disposant pratiquement d'aucune information, **l'entame sera très difficile pour vos adversaires**.

3. **Avec un espoir de chelem** ⇒
   Il nomme **une nouvelle couleur**

♠ A R V 7 5
♥ A 10 3
♦ A D 10 9
♣ 9

1 ♠	2 SA
[3 ♦]	

Annoncez 3 ♦, une enchère en principe naturelle qui permet de retrouver un fit 4-4 (ou plus) à ♦.

LE 2 SA FITTÉ + ♥♥♥

De nombreuses paires – en compétition – utilisent la réponse de 2 SA FITTÉ de façon moins restrictive.

Je vous propose d'adopter avec votre partenaire habituel **la version la plus simple de ce** 2 SA FITTÉ +

La réponse de 2 SA indique alors ⇒

un soutien de 3 CARTES et :
→ **soit une valeur de 11 ou 12 points S**
→ **soit une valeur de 13 ou 14 points S**
→ **soit une distribution 4-3-3-3 – 13 ou 14 points H** et **des arrêts** dans les trois autres couleurs

Voici deux exemples :

①

1 ♠ | 2 SA |

♠ R 7 2
♥ A V 8 3
♦ A 10 6 2
♣ V 5

②

1 ♠ | 2 SA |

♠ V 7 2
♥ A V 9
♦ R D 8
♣ D 10 8 4

LE 2 ♣ DRURY – LES SAUTS FITTÉS

LE 2 ♣ DRURY ♥

Le Drury a été créé pour vérifier la force de l'ouverture majeure **en 3e et 4e position**, c'est-à-dire, en termes clairs pour savoir **si l'ouvreur possède ou non une valeur d'ouverture**.

Le 2 ♣ Drury est utilisé ⇒
sur une ouverture d'1 ♥ ou d'1 ♠ faite en 3e ou 4e position.

En quelque sorte, **le Drury demande à l'ouvreur** :

« Avez-vous ou non une valeur d'ouverture ? »

Voici un exemple de Drury :

♠ R 10 5
♥ A V 8 6 2
♦ D 9 4
♣ 7 4

S	O	N	E
–	–	1 ♠	–
2 ♣			

Avec 10 points H et trois cartes à Pique : répondez 2 ♣ pour vérifier si votre partenaire possède ou non une valeur d'ouverture.

Répondez 2 ♣ avec trois sortes de jeux :

① **Avec des jeux fittés** sur l'ouverture d'1 ♥ ou d'1 ♠ – à partir de 3 cartes et 10/11 points H,

② **Avec une distribution régulière** – environ 11 H – et un honneur second dans l'**ouverture majeure**,

③ **Avec un unicolore à ♣** – à partir de 9 points H et une couleur sixième.

Voici deux exemples avec lesquels vous pouvez utiliser le Drury sur les ouvertures d'1 ♥ ou d'1 ♠ de votre partenaire :

♠ V 9 7 3
♥ R D 9
♦ V 8 6 2
♣ A 5

♠ D V
♥ A 9 8
♦ 8 6 4 2
♣ A 10 8 4

Les réponses de l'ouvreur sur le Drury

Sur le 2 ♣ Drury ⇒

1. Une réponse conventionnelle et ambiguë : 2 ♦
Elle signifie : « **partenaire, il est possible que je ne détienne pas une valeur d'ouverture** ».

2. Les autres réponses de l'ouvreur **garantissent au minimum une valeur d'ouverture** – elles sont naturelles.

- **La réponse ambiguë de 2 ♦ permet de s'arrêter à 2 ♥ ou 2 ♠, si l'ouvreur ne possède pas une valeur d'ouverture.**

Voici comment procéder :

Ouest		Est
♠ R V 9 8 7	N	♠ D 10 3
♥ D 10 9	O E	♥ A V 6 4
♦ A 10	S	♦ 9 6 2
♣ 10 8 4		♣ R V 5

OUEST	EST
	passe
1 ♠	2 ♣
2 ♦	2 ♠
passe	

Grâce au Drury, **vous pouvez vous arrêter sans difficulté à 2 ♠** quand l'ouvreur est faible.

- Si l'ouvreur possède une « **valeur d'ouverture** » et donc un **espoir** ou une **certitude de manche** en face d'un **Drury**, il reparlera sur le soutien à 2 ♥ ou à 2 ♠.

Voici un exemple :

Main		Enchères	
♠ A D 10 7 2			passe
♥ R 5		1 ♠	2 ♣
♦ R V 9 7		2 ♦	2 ♠
♣ 8 3		**3 ♦**	

Sur 2 ♠, l'ouvreur annonce 3 ♦ enchère d'essai naturelle pour jouer la manche.

- **Enfin sur la réponse de 2 ♦**, le partenaire de l'ouvreur peut soutenir à 3 ♥ ou à 3 ♠ **avec 4 ATOUTS et un jeu particulièrement efficace** :

	passe	♠ A 10
1 ♥	2 ♣	♥ D 10 7 4
2 ♦	**3 ♥**	♦ A V 9 7
		♣ 8 6 2

Après un Drury à 2 ♣, soutenez à 3 ♥ pour indiquer 4 ATOUTS et un passe vraiment maximum.

LE DRURY ENTRAÎNE DES MODIFICATIONS

① **La réponse d'1 SA** sur 1 ♥ ou 1 ♠ peut aller jusqu'à 11 points H.

② La réponse de 2 SA FITTÉ (voir page 369) avec 3 ATOUTS **est remplacée par le DRURY**.

③ **La réponse de 2 SA**, après avoir passé d'entrée, montre la valeur d'un soutien à 4 ♥ ou à 4 ♠, un minimum de 4 ATOUTS et un jeu sans singleton.

Voici un exemple :

	passe
1 ♠	2 SA

♠ R 10 9 7 2
♥ 7 3
♦ A 5
♣ R 10 9 5

2 SA, montre **un vrai soutien** à 4 ♠, ici avec 1 AS et 2 ROIS.

④ **En cas d'intervention** ⇒
la réponse de 2 ♣ est naturelle et non forcing.

Pour remplacer le 2 ♣ Drury utilisez ⇒

- **Le contre Spoutnik** avec 3 ATOUTS
- **Le cue-bid** de la couleur adverse avec 4 ATOUTS

LES SAUTS FITTÉS ♥♥

L'adoption du 2 Faible à ♥ et à ♠ – une des bases de la Nouvelle Super majeure cinquième – a modifié **les réponses après passe de** 2 ♥ ou 2 ♠ sur une ouverture mineure.

- Les changements de couleur avec saut **sont conventionnels :**

Ils garantissent **un fit dans la couleur d'ouverture**.
Ce sont des SAUTS FITTÉS.

1. Sur une ouverture d'1 ♣ ou d'1 ♦

- **Sur une mineure, le changement de couleur avec saut à 2 ♥ et 2 ♠ est non forcing. Il indique ⇒**

– une bonne majeure au moins cinquième,
– un **soutien de quatre cartes dans la mineure d'ouverture**,
– un jeu d'environ 9 à 11 points H.

♠ A R 10 8 2
♥ 7
♦ D 10 8 3
♣ V 7 6

S	O	N	E
–	–	1 ♦	–
2 ♠			

La réponse de 2 ♠ montre cinq cartes à ♠ et quatre cartes à ♦.

2. Sur une ouverture d'1 ♥ ou d'1 ♠

- **Le changement de couleur avec saut est conventionnel et forcing. Il indique ⇒**

– un passe maximum,
– **un soutien d'au moins quatre cartes**,
– **une belle longueur dans la couleur de votre saut**.

♠ D 10 8 3
♥ 7
♦ A R 10 8 2
♣ V 7 6

S	O	N	E
–	–	1 ♠	–
3 ♦			

Le « SAUT FITTÉ » sur l'ouverture d'1 ♥ ou d'1 ♠ est une enchère très encourageante sur laquelle ⇒

a) L'ouvreur devra demander la manche **dès qu'il n'est pas strictement minimum**,
b) L'ouvreur devra revenir à 3 ♥ ou 3 ♠ avec une ouverture minimum ou faible.

NOTE ⇒ le retour à 3 ♥ ou 3 ♠ de l'ouvreur est en principe un signal d'arrêt.

LE SPLINTER DE L'OUVREUR ♥

Le Splinter de l'ouvreur est particulièrement facile à utiliser.
Le Splinter de l'ouvreur a été le premier Splinter étudié dans le cadre de la Super majeure cinquième.
Son utilisation relativement fréquente et particulièrement efficace, fait que le Splinter de l'ouvreur est devenue une des conventions de base des chelems de la Nouvelle Super majeure cinquième.

- **Le Splinter annonce en une enchère** → le soutien, la force et une courte.

Il doit faire partie de votre panoplie.

Le Splinter de l'ouvreur après une réponse 1 SUR 1 **indique ⇒**

- un soutien de 4 CARTES (ou plus)
- un minimum de 20 points S
- une COURTE – singleton ou chicane dans la couleur du saut

Le Splinter se fait au palier de 4 :

♠ A V 10 9	1 ♦	1 ♠
♥ V	4 ♥	
♦ A R V 8 6		
♣ A 9 7		

Le Splinter à 4 ♥ montre une courte à **Cœur** et un puissant soutien à Pique (à partir de 20 points S).

Une exception → le Splinter à 3 ♠

♠ V
♥ A V 10 9
♦ A R V 8 6
♣ A 9 7

1 ♦	1 ♥
3 ♠	

- Le Splinter à 3 ♠ montre un puissant soutien à Cœur et une courte à Pique.

QU'EST-CE QUI FAIT LE SUCCÈS DU SPLINTER ?

Supposons que le répondant possède successivement les deux jeux suivants en face du premier exemple :

♠ R D 8 6 2	♠ R D 8 6 2
♥ R D 5	♥ 8 6 5
♦ 4 2	♦ 4 2
♣ 8 6 4	♣ R D 5

Le répondant bien renseigné sur la force de l'ouvreur et sur sa courte à Cœur, saura immédiatement s'il doit s'arrêter à la manche ou **entrer dans la zone de chelem**.

Avec le jeu de gauche, c'est-à-dire avec 5 points H à Cœur – la courte de l'ouvreur – il s'arrête sagement à 4 ♠,
Avec le jeu de droite – **sans points perdus dans la couleur du Splinter** – il entre dans la zone du chelem.

> **Sur le Splinter, dévaluez vos points H dans la couleur courte de votre partenaire.**

Le Splinter de l'ouvreur après une réponse 2 SUR 1 ⇒

– Il indique un jeu légèrement moins fort (à partir de **18 points S**), **une courte** dans la couleur du Splinter, et **un minimum de quatre atouts**.

♠ A R 10 8 6	
♥ R D 7 4	1 ♠ 2 ♥
♦ 5	[4 ♦]
♣ R 10 2	Courte à ♦ et quatre cartes à ♥

– Le Splinter est le plus souvent utilisé **après la réponse de 2 ♥**.

– Après une réponse **2 sur 1 en mineure**, utilisez le Splinter avec une distribution exceptionnelle en principe 5-5.

Deux conventions ♥♥♥

① La redemande à 3 SA conventionnelle

Avec un jeu de soutien régulier et une couleur d'ouverture médiocre ou de trois cartes seulement, les joueurs de compétition utilisent **la redemande à 3 SA conventionnelle**.

Après une réponse d'1 ♥ ou d'1 ♠, la redemande à 3 SA montre ⇒
- la valeur d'un soutien à 4 ♥ ou 4 ♠
- un jeu régulier
- une couleur d'ouverture médiocre ou de 3 cartes.

Exemple :

♠ A D 10 8	
♥ A R V 5	1 ♣ 1 ♥
♦ R 8	[3 SA]
♣ D 6 2	

- L'utilisation de cette convention permet de réserver les soutiens à 4 ♥ ou 4 ♠ aux jeux réguliers comportant **une belle couleur d'ouverture**.

Exemple :

♠ A 10 ♥ A D 10 8 ♦ V 9 ♣ A D V 9 7	1 ♣ **[4 ♥]**	1 ♥

Le soutien à 4 ♥ indique un jeu régulier ou semi-régulier et une bonne couleur d'ouverture.

② La répétition avec saut au palier de 4 → 4 ♣ et 4 ♦

La répétition avec double saut au palier de 4 de la mineure d'ouverture indique un puissant jeu de soutien et un bicolore 6-4 **à honneurs concentrés**.

Exemple :

♠ D 5 ♥ A D V 6 ♦ 7 ♣ A R V 10 7 2	1 ♣ **[4 ♣]**	1 ♥

L'enchère de 4 ♣ montre un fit de 4 CARTES à Cœur et une robuste couleur sixième à Trèfle.

> Ces deux conventions ♥♥♥ sont parfaitement compatibles avec **le Splinter de l'ouvreur** et **la Nouvelle Super majeure 5e**.

LE SUPER FORCING ♥♥♥

Dans la NOUVELLE Super majeure cinquième, le bicolore cher avec saut est une enchère conventionnelle de soutien. C'est un **Super forcing**.

- **Le Super forcing** est utilisé avec un puissant jeu de soutien et une main qui ne correspond pas à un Splinter :

– soit **avec une distribution 5-4-2-2**,
– soit parce que la couleur d'ouverture n'est pas assez robuste,
– soit avec un mauvais soutien.
– soit avec un jeu trop puissant (exceptionnel).

Voici trois exemples de **Super forcing** :

①

♠	A D V 10
♥	A 3
♦	A R D 7 2
♣	8 3

1 ♦	1 ♠
3 ♥	

Votre jeu est trop fort pour un soutien direct à 4 ♠ : annoncez 3 ♥ Super **forcing**.

②

♠	–
♥	10 9 8 2
♦	A R 2
♣	A R D 7 6 2

1 ♣	1 ♥
3 ♦	

Votre jeu est assez puissant et votre distribution correspond à l'**utilisation du Splinter**, mais avec une couleur d'atout aussi fragile en face d'une réponse 1 sur 1, il est mieux joué de faire **un** Super **forcing** à 3 ♦.

③

♠	R V 10 5
♥	A R 8
♦	–
♣	A R 10 8 7 3

1 ♣	1 ♠
[3 ♥]	

Sur la réponse d'1 ♠, votre jeu doit être **nettement revalorisé**. Commencez par faire un Super **forcing à 3 ♥**.

- **La valeur d'un Super forcing n'est pas limtée.**
- **Le Super forcing est utilisé pour demander des renseignements.**

ATTITUDE DU RÉPONDANT

Voici les nouvelles réponses les plus fréquentes :

1. **Répétition de la couleur à 3 ♥ ou 3 ♠ ⇒**
   encourageant avec au minimum un gros honneur à l'atout
2. **3 sans-atout ⇒**
   indique une mauvaise couleur d'atout
3. **4 ♥ ou 4 ♠ ⇒**
   minimum, en principe pas d'espoir de chelem
4. **Une nouvelle couleur ⇒**
   indique un contrôle ou une carte-clé et une couleur d'atout convenable

Voici un exemple :

1 ♦	1 ♠
3 ♥	**[4 ♣]**

♠	R 9 8 6 5
♥	10 8
♦	V 9 3
♣	A 10 5

Annoncez 4 ♣ avec le Roi de Pique cinquième et l'As de Trèfle (*voir exemple* ①).

LE SPLINTER DU RÉPONDANT ♥♥

(deuxième enchère)

Le Splinter est employé dans toutes sortes de situations. Il est devenu en quelques années la convention de chelem la plus efficace de la Nouvelle Super majeure cinquième.

Voici trois utilisations du Splinter du répondant après une première réponse par un changement de couleur :

1. **Après une ouverture majeure**

Le Splinter du répondant est utilisé :
- sur **la répétition** de la majeure d'ouverture
- sur les redemandes à **1 SA** et **2 SA**

Le Splinter du répondant indique ⇒
- un minimum de 4 ATOUTS
- un espoir de chelem
- une courte dans la couleur du Splinter

Voici deux exemples :

①

1 ♥	1 ♠
2 ♥	4 ♣

♠ A D 10 7 3
♥ R 10 9 2
♦ R 10 3
♣ 5

L'ouvreur possède six cartes à ♥ – Revalorisez votre jeu et faites un Splinter à 4 ♣.

②

1 ♠	2 ♦
2 SA	[4 ♥]

♠ R 9 7 3
♥ 10
♦ A R V 10 5 2
♣ 4 3

Sur la redemande à 2 SA (15-17 points H) faites un Splinter à 4 ♥ pour indiquer un net soutien et la courte à ♥.

2. Après un départ en 1 SUR 1

Il s'agit d'un cas où votre camp n'aura en principe qu'un total de 8 ATOUTS.

Le Splinter du répondant indique ⇒

- **un solide soutien** – 4 ATOUTS
- **une courte dans la couleur du Splinter**
- la valeur d'un soutien MAXI à 4 ♥ ou à 4 ♠

Voici un exemple :

1 ♣	1 ♥
1 ♠	[4 ♦]

♠ D V 10 3
♥ A R V 10 5
♦ 3
♣ D 7 2

Le Splinter à 4 ♦ indique un bon soutien à Pique, la courte à ♦ – la couleur du saut – et la zone maximum du soutien à double saut.

3. Après la répétition de la mineure d'ouverture

- **Le Splinter du répondant indique ⇒**
  un jeu de soutien assez fort pour dépasser 3 SA – en principe 5 ATOUTS.
- une courte dans la couleur du Splinter

Voici un exemple :

1 ♣	1 ♠
2 ♣	4 ♦

♠ A D 10 8 6
♥ A 10 2
♦ –
♣ D 10 9 7 2

Dépassez le palier de 3 SA avec ce puissant bicolore, **fitté à ♣**. Faites un Splinter à 4 ♦

NOTE ⇒
Vous retrouverez d'autres utilisations du Splinter : après un Stayman, une ouverture de 2 ♣ fort indéterminé…

PING-PONG OU ROUDI ?

LE PING-PONG ♥♥♥

Utilisé après la redemande à 1 SA de l'ouvreur sur une réponse d'1 ♥ ou d'1 ♠, le **2 ♣** PING-PONG est particulièrement efficace dans **la recherche du fit 5-3 en majeure**.

La réponse de 2 ♣ – conventionnelle – **oblige le partenaire à répondre 2 ♦ quel que soit son jeu**.
En quelque sorte, **elle renvoie la balle à l'ouvreur**, afin que le répondant puisse décrire son jeu.

	1 ♣	1 ♥	
	1 SA	2 ♣	PING
PONG	2 ♦		

d'où cette appellation PING-PONG.

Le PING-PONG **permet de résoudre des problèmes d'enchères délicats** dans le cadre classique de la NOUVELLE Super Majeure 5e.

LES PRINCIPALES UTILISATIONS DU PING-PONG :

1. Avec une majeure 5e et une distribution régulière à partir **de 10 points H**
⇒ **Recherche du fit 5-3 en majeure.**

2. Avec un espoir de manche en majeure
⇒ **Recherche du fit 5-3 en majeure.**

3. Avec un bicolore Pique-Cœur **5-4** et un espoir de manche
⇒ **Recherche du fit 5-3 à Pique + Recherche du fit 4-4 à Cœur.**

Voici trois exemples de jeux avec lesquels vous pouvez répondre 2 ♣ PING-PONG sur la redemande d'1 SA :

1	2	3
♠ D V 9 7 3 ♥ A 10 8 ♦ R V 5 ♣ 9 7	♠ R D 10 9 4 ♥ R 10 8 5 ♦ 7 ♣ D 10 3	♠ A R 10 7 4 ♥ 9 8 ♦ R 10 3 ♣ R 10 8

Sur 2 ♣ PING-PONG, l'ouvreur annonce 2 ♦ ⇒
et maintenant vous pouvez décrire votre jeu :

– *Avec le jeu* ① ⇒ **Annoncez 2 SA** pour montrer un jeu régulier avec **une majeure 5e** et un espoir de manche (10-11 H).

– *Avec le jeu* ② ⇒ **Annoncez 2 ♥** pour indiquer 5 cartes à Pique, 4 cartes à Cœur et un espoir de manche.

– *Avec le jeu* ③ ⇒ **Annoncez 3 SA** pour indiquer que vous avez de quoi jouer la manche à SA avec **5 cartes** à Pique (à partir de 12 H).

Après un PING-PONG, l'attitude de l'ouvreur est comparable à celle de l'ouvreur 1 SA après un Texas.

LES AUTRES UTILISATIONS DU PING-PONG

● **Avec un jeu faible, pour vous arrêter à 2 ♦ ou 3 ♣.**

Exemple :

1 ♥	1 ♠
1 SA	2 ♣
2 ♦	passe

♠ R 10 8 6
♥ 7
♦ D 10 9 8 6 2
♣ D 3

Grâce au PING-PONG, vous vous arrêtez à 2 ♦, **joués par l'ouvreur**.

- **Avec un soutien à ♥ et un espoir de manche :**

Exemple :

1 ♥	1 ♠	♠ A D 10 8 7
1 SA	2 ♣	♥ R 9 8
2 ♦	[3 ♥]	♦ V 10 6
		♣ 7 3

Commencez par répondre 1 ♠ – priorité à la recherche du fit 5-4 à Pique – utilisez ensuite le 2 ♣ PING-PONG pour donner **un soutien non forcing** à 3 ♥.

→ Sur 1 SA, le soutien **direct** à 3 ♥ montre un espoir de chelem.

- **Avec cinq cartes à ♠, quatre cartes à ♥ et un jeu fort :**

Je vous conseille d'utiliser le PING-PONG avec cinq cartes à ♠ – **ou six** – quatre cartes à ♥ et une certitude de manche ou un espoir de chelem.

Exemple :

1 ♦	1 ♠	♠ R V 9 8 7
1 SA	2 ♣	♥ A D 7 2
2 ♦	[3 ♥]	♦ 8 3
		♣ A 10

Passez par le PING-PONG, puis sur la réponse de 2 ♦ annoncez 3 ♥ FORCING.

→ **Une conséquence importante :**

1 ♦	1 ♠	3 ♥ est FORCING avec un bicolore 5-5 et un espoir de chelem
1 SA	[3 ♥]	

SI VOUS NE PASSEZ PAS PAR LE PING-PONG

1. Toutes les enchères au palier de 2, sont des enchères faibles, c'est-à-dire sans espoir de manche.

Exemple :

1 ♣	1 ♠	♠ V 10 8 6 2
1 SA	2 ♥	♥ R V 10 4
		♦ D 7 3
		♣ 5

Annoncez 2 ♥ – sans risque – **l'ouvreur aura le choix entre passer ou rectifier à 2 ♠**

2. Toutes les enchères à saut au palier de 3 sont des enchères fortes.

- L'annonce d'une nouvelle couleur avec saut était déjà classiquement une réponse forte.
- Les enchères de soutien sont forcing.
- Avec le PING-PONG, **la répétition avec saut montre un espoir de chelem**.

1 ♦	1 ♥	♠ A D 3
1 SA	3 ♥	♥ R V 9 8 7 4 2
		♦ R 5
		♣ 3

Répondez 3 ♥, votre jeu est trop fort pour une conclusion à la manche…

3. Les réponses de **2 SA et 3 SA, dénient la présence d'une majeure cinquième**.

LE ROUDI ♥♥

Si le PING-PONG a été adopté par la presque totalité des grands champions français, de nombreux joueurs de compétition pratiquent, sur la redemande à 1 SA, le 2 ♣ Roudi.

Cette convention a l'avantage d'être extrêmement simple à utiliser.

Sur le 2 ♣ ROUDI, 4 **réponses pour l'ouvreur** ⇒

- 2 ♦ : mini **sans** 3 cartes dans la majeure du partenaire,
- 2 ♥ : mini **avec** **3 cartes dans la majeure** du partenaire,
- 2 ♠ : **maxi** **avec** **3 cartes dans la majeure** du partenaire,
- 2 SA : **maxi** **sans** 3 cartes dans la majeure du partenaire.

– Dans le PING-PONG, c'est le répondant, c'est-à-dire la main **irrégulière** qui décrit son jeu.

– Dans le ROUDI, c'est l'ouvreur, c'est-à-dire la main **régulière** qui répond à deux questions :

① Avez-vous 3 CARTES dans ma **majeure** ?
② Êtes-vous minimum ou **maximum** ?

- **PING-PONG ou ROUDI ? C'est à vous de choisir.**

UN CONSEIL ⇒ **Si vous disputez une compétition**, je vous conseille d'utiliser le PING-PONG avec votre **partenaire habituel** et de jouer le ROUDI avec un **partenaire occasionnel**.

L'ENCHÈRE D'ESSAI À 2 SA - SUITE ♥♥

L'enchère d'essai à 2 SA – essai généralisé – était au départ destinée à indiquer **un espoir de manche** et un jeu régulier.

Aujourd'hui **l'enchère d'essai à 2 SA**, peut être utilisée par **l'ouvreur** et par **le répondant** ⇒

1. **avec une certitude de manche** et un jeu régulier
2. **avec un espoir de chelem** – toutes distributions

Sur 2 SA, le répondant et l'ouvreur, doivent donc en tenir compte et donner **des renseignements précis**.

ATTITUDE DU RÉPONDANT SUR 2 SA

Minimum → il annonce 3 ♥ ou 3 ♠

MAXIMUM il ⇒

- **demande la manche** à 4 ♥ ou à 4 ♠ avec un net soutien
- **nomme** une force au palier de 3
- **répond** 3 SA avec une distribution 4-3-3-3 et des honneurs dispersés
- **annonce** une courte au palier de 4 avec 4 ATOUTS (4 ♣, 4 ♦ ou 4 ♥)

Voici trois exemples :

①

1 ♥	2 ♥	♠ 10 8 6 2
2 SA	[3 ♦]	♥ D 6 2
		♦ A D 10 7
		♣ 7 4

3 ♦ = maximum avec une force à ♦

②

1 ♠	2 ♠	♠ R 10 9 8
2 SA	[4 ♦]	♥ D 10 7 2
		♦ 3
		♣ V 10 9 6

4 ♦ = maximum avec une courte à ♦ et 4 ATOUTS

③

1 ♥	2 ♥	♠ V 9 7
2 SA	[3 SA]	♥ D 8 6 2
		♦ R 10 8
		♣ D V 7

3 SA = avec 9 points H une distribution 4-3-3-3 et des **honneurs dispersés**

ATTITUDE DE L'OUVREUR SUR 2 SA

Vous savez que le répondant peut rechercher un chelem. Il s'agit donc de fournir des renseignements précis en donnant la priorité à l'annonce d'une belle mineure cinquième par rapport à l'annonce d'une courte.

Minimum → il annonce 3 ♥ ou 3 ♠

MAXIMUM il

- **annonce** 4 ♥ ou 4 ♠ avec un bon soutien et rien à signaler
- **répète** sa couleur d'ouverture avec une belle (mineure) cinquième
- **annonce** une force au palier de 3
- **répond 3 SA** avec une distribution 4-3-3-3 (1 ♣) ou 4-4-3-2 (1 ◆) et des honneurs dispersés
- **nomme sa courte** (de façon économique)

 Voici plusieurs exemples :

①

♠ V 5 2
♥ R V 8 7
◆ 8
♣ A R V 9 6

1 ♣	1 ♥
2 ♥	2 SA
[3 ♣]	

Sur 2 SA, répétez en priorité **votre belle couleur cinquième** – 3 ♣. Si votre partenaire possède un espoir de chelem, vous aurez l'occasion d'annoncer **votre courte au tour suivant**.

②

♠ D 10 8 6
♥ A 9 8 7 3
◆ A R
♣ 7 4

1 ♥	1 ♠
2 ♠	2 SA
[3 ◆]	

Ne sautez pas à 4 ♠, **nommez votre** force à ◆ : 3 ◆

③

♠	A V 8 6
♥	R 9 8
♦	V 10 3
♣	R D 6

1 ♣	1 ♠
2 ♠	2 SA
3 SA	

Si votre partenaire possède lui aussi une distribution 4-3-3-3 le bon contrat sera 3 SA.

④ Le singleton économique ♥♥♥

Je vous conseille, si vous jouez en compétition d'adopter cette convention avec votre partenaire habituel.
Sur 2 SA répondez ⇒

- **4 ♣ : avec la courte dans la couleur la MOINS chère**
- **4 ♦ : avec la courte dans la couleur la PLUS chère**

Cette façon économique d'annoncer la courte est simple à mémoriser. Elle permet d'annoncer la courte à Pique en dessous de la manche.

♠	6
♥	R V 10 8
♦	A D 9 8
♣	R 10 7 3

1 ♦	1 ♥
2 ♥	2 SA
4 ♦	

Répondez 4 ♦ pour indiquer **économiquement** la courte dans la couleur la PLUS chère des deux autres couleurs : Pique et Trèfle.

3 SA APRÈS UN SOUTIEN FORCING EN MAJEURE ♥♥♥

Le soutien forcing en majeure est une des bases des enchères de chelem de la Nouvelle Super majeure cinquième.

Vous savez à ce stade de votre étude qu'après un soutien forcing de votre partenaire, **vous devez donner des renseignements sur la force de votre ouverture**.

Supposons qu'après ce début d'enchères :

1 ♠	2 ♣
2 ♦	3 ♠
?	

Vous possédiez successivement les deux jeux suivants :

Jeu de gauche	Jeu de droite
♠ A V 10 8 6	♠ A D 10 9 7
♥ D 5	♥ 9 3
♦ R D 9 7	♦ A R 10 5
♣ V 7	♣ R 8

- *Avec le jeu de gauche :* c'est-à-dire avec une ouverture minimum, vous annoncez 4 ♠

- *Avec le jeu de droite :* c'est-à-dire avec une belle ouverture et une robuste couleur d'atout vous annoncez 4 ♣, **votre contrôle le plus économique**.

NOTE : le Roi de Trèfle dans la couleur de votre partenaire est une carte-clé.

Toujours après le même début d'enchères, vous détenez successivement les deux jeux suivants :

♠ V 9 8 6 2 ♥ R 4 ♦ A R 10 6 ♣ R 5	♠ R D 10 9 7 ♥ 6 2 ♦ A V 9 8 ♣ R 5

- *Le jeu de gauche* possède une médiocre couleur d'atout

- *Le jeu de droite* ne possède que 13 points H réguliers mais avec une robuste majeure cinquième, l'As de ♦ et le Roi de ♣ – une carte-clé

C'est pour annoncer ces deux types de jeux que l'enchère de 3 SA a été créée.

Après un soutien forcing – l'enchère conventionnelle et forcing de 3 SA montre ⇒

- **soit une mauvaise couleur d'atout**
- **soit un jeu non minimum, mais pas assez fort pour entrer dans la zone de chelem** (moins fréquent)

Le 3 SA conventionnel renvoie la balle au répondant.
C'est à lui désormais de prendre ou non la décision d'entrer dans la zone du chelem.

Voici maintenant une séquence complète

Ouest		Est
♠ V 9 8 6 2	N	♠ A R 10 4
♥ A R 10 4	O E	♥ 9 3
♦ A 9	S	♦ R D 10 6 2
♣ 7 6		♣ A 8

OUEST	EST
1 ♠	2 ♦
2 ♥	3 ♠
3 SA	4 ♣
4 ♦	4 SA
5 ♥	6 ♠

Quelques commentaires :

- 3 ♠ : soutien forcing
- 3 SA : conventionnel **avec de mauvais atouts**
- 4 ♣ : je possède les éléments pour entrer dans la zone du chelem
- 4 SA : Blackwood 5 CLÉS (voir page suivante)
- 5 ♥ : 2 CLÉS sans la DAME d'atout

LE BLACKWOOD 5 CLÉS ♥♥♥

Le Blackwood 5 CLÉS **associe la demande des As et la qualité d'atout**.

De plus en plus utilisé par les joueurs de compétition, il est délicat à manier et nécessite – si vous l'adoptez – une mise au point avec votre partenaire habituel.

- Pour poser le Blackwood 5 CLÉS, une couleur d'atout doit être clairement établie.

Par exemple : **après un soutien forcing.**

LES 5 CLÉS sont → les 4 AS et le ROI d'atout

Voici les réponses au Blackwood 5 CLÉS à 4 SA ⇒

- 5 ♣ = 3 ou 0 CLÉS
- 5 ♦ = 4 ou 1 CLÉS
- 5 ♥ = 2 (ou 5) CLÉS sans la DAME d'atout
- 5 ♠ = 2 (ou 5) CLÉS + la DAME d'atout

Signalons que les réponses de 5 ♥ ou de 5 ♠ avec 5 CLÉS sont extrêmement rares.

NOTE ⇒ vous pouvez utiliser le Blackwood 5 CLÉS à 4 SA **en réponse à une ouverture d'1 ♥ ou d'1 ♠ avec** la couleur d'ouverture comme atout agréé.

Exemple :

1 ♥ | 4 SA |

La réponse de 4 SA est un Blackwood 5 CLÉS à l'atout Cœur.

Voici deux exemples de Blackwood 5 clés :

①

♠ A R D 6
♥ R 10 7 2
♦ A D 10 5
♣ 3

1 ♦	1 ♥
4 ♣	4 SA
5 ♣	

La couleur d'atout agréée par votre Splinter est ♥. Répondez 5 ♣ avec 3 CLÉS : 2 AS et le ROI de ♥.

②

♠ A D 10 8 5
♥ A 10 3
♦ D 10 8
♣ 7 3

1 ♠	2 ♣
2 ♠	3 ♠
4 ♠	4 SA
5 ♠	

Après le soutien forcing à 3 ♠ – une des conséquences de l'adoption du 2 SA Fitté – répondez 5 ♠ pour indiquer 2 CLÉS et la DAME de ♠.

- **La connaissance de la DAME d'atout est un élément important pour l'annonce d'un chelem,** petit ou grand.

Le Blackwood 5 CLÉS avec une chicane

Voici comment répondre au Blackwood 5 CLÉS **lorsque vous possédez une chicane** et au minimum 1 CLÉ (sauf risque de confusion) →

- 5 SA = 2 CLÉS + une chicane
- 6 ♣ = 3 (ou 1) CLÉS + une chicane
- 6 ♦ = 4 CLÉS + une chicane

NOTE ⇒ les réponses – avec une chicane – ne donnent pas de précision concernant la DAME d'atout

Voici un exemple :

♠ A R 10 8 ♥ A D V 9 7 3 ♦ R 10 2 ♣ –	1 ♥ 4 ♣ **[6 ♣]**	1 ♠ 4 SA

Vous avez annoncé un jeu fort : Splinter à 4 ♣. La réponse de 6 ♣ sur le Blackwood 5 CLÉS indique clairement la présence de **3 CLÉS** : 2 AS et le ROI de ♠ et **la chicane à ♣.**

Un conseil pour les joueurs de compétition ⇒

avec votre partenaire habituel changez de Blackwood en enchères compétitives.

Dans toutes les situations où vos adversaires peuvent trouver une bonne défense, il est essentiel de connaître avec précision le nombre d'AS de votre camp. Il est alors **plus efficace** de jouer le Blackwood moderne.

LE BLACKWOOD D'EXCLUSION ♥♥♥

Il s'agit d'un Blackwood mis au point par l'ancien As de Dallas, **Bobby Goldman**. Cette convention fait aujourd'hui partie de la panoplie de tous les meilleurs joueurs français.

Le Blackwood d'EXCLUSION permet de faire un Blackwood avec une chicane.

DÉFINITION ⇒ après une enchère de soutien, le saut dans une couleur autre que l'atout, AU-DESSUS DU PALIER DE LA MANCHE est **un Blackwood d'EXCLUSION**.

- Il indique la CHICANE dans la couleur du saut.
- Vous devez donc répondre **en excluant l'AS de la couleur du saut**, de votre nombre d'AS ou de CLÉS.

Voici deux exemples de **Blackwood d'exclusion :**

1 ♣	1 ♥		1 ♠	2 ♥
2 ♥	[4 ♠]		3 ♥	[5 ♣]

Dans l'exemple de gauche : 4 ♠ est un Blackwood d'exclusion avec la chicane à **Pique**

Dans l'exemple de droite : 5 ♣ est un Blackwood d'exclusion avec la chicane à **Trèfle**

Voici les réponses au Blackwood d'exclusion ⇒

1. **Avec le Blackwood moderne :**

- **1er palier** = 0 ou 3 AS
- **2e palier** = 1 AS
- **3e palier** = 2 AS
- **4e palier** = 2 AS + le ROI d'atout

2. **Avec le Blackwood 5 CLÉS :**

- **1er palier** = 3 ou 0 CLÉS
- **2e palier** = 4 ou 1 CLÉS
- **3e palier** = 2 CLÉS
- **4e palier** = 2 CLÉS + la DAME d'atout

NOTE : les réponses avec 3 AS ou avec 4 CLÉS sont exceptionnelles.

Voici un exemple sur le Blackwood moderne :

♠ A D 10 8 2
♥ V 10 7 3
♦ A 10
♣ D 3

1 ♠	2 ♥
3 ♥	5 ♦
[5 ♠]	

Quelques commentaires :

– 5 ♦ = Blackwood d'exclusion – à l'atout ♥ – avec la chicane à ♦
– 5 ♠ = il s'agit du 2e palier (au-dessus de 5 ♦) l'ouvreur indique 1 AS, **il exclut l'As de ♦**.

Voici une séquence complète avec le Blackwood 5 CLÉS :

Ouest		Est
♠ A V 9 7	N	♠ R D 4
♥ R D 7 3	O E	♥ A V 9 8 6
♦ 9 3	S	♦ A R D 6 2
♣ R 10 5		♣ –

OUEST	EST
1 ♣	1 ♥
2 ♥	5 ♣
5 SA	7 ♥

Quelques commentaires :

– 5 ♣ : il s'agit – **après le soutien à 2 ♥** – d'un Blackwood d'exclusion avec **la chicane à ♣**.

– 5 SA : l'ouvreur possède 2 CLÉS + la DAME d'atout, il annonce le 4e palier.

– 7 ♥ : Est dispose de **tous les éléments** pour demander le grand chelem.

- Vous pouvez constater l'efficacité de l'association du Blackwood d'exclusion et du Blackwood 5 CLÉS **dans le silence adverse**, quand la couleur d'atout est nettement établie.

Une « association » à utiliser, avec modération, par des paires très expérimentées.

LES RÉPONSES ♥♥♥ À L'INTERVENTION AU PALIER DE 1

En dehors du soutien simple avec 3 ATOUTS et 6 à 10 points S, les enchères de soutien sur une intervention à 1 ♥ et à 1 ♠ **sont conventionnelles dans le standard compétition**.

- **Voici les principaux changements par rapport aux réponses classiques →**

1. Les changements de couleur avec saut
En compétition les réponses par des changements de couleur avec saut sont des SAUTS FITTÉS.

Le changement de couleur avec saut montre ⇒
- **un soutien de** 4 CARTES
- **une force dans la couleur**
- **la valeur minimum d'un soutien au palier de 3**

Exemple :

S	O	N	E
1 ♦	1 ♥	–	3 ♣

♠ V 9 7
♥ D 10 9 7
♦ 6 2
♣ A R V 8

La réponse de 3 ♣ est très précise et particulièrement efficace en enchères compétitives.

- Elle permet d'annoncer le meilleur contrat pour votre camp → le retour à 3 ♥ d'Ouest montre une intervention minimum.
- Si le camp adverse joue le contrat, elle indique la bonne entame.

2. Le cue-bid avec saut

Le cue-bid avec saut montre ⇒
- **un soutien de 4 CARTES**
- **la valeur minimum d'un soutien au palier de 3**
- **pas de force particulière**

Exemple :

S	O	N	E
1 ♥	1 ♠	–	3 ♥

♠ D V 8 7
♥ 7 2
♦ A 10 8 2
♣ R V 5

La réponse de 3 ♥, cue-bid avec saut, montre au minimum un espoir de manche à Pique.
Il garantit un soutien de 4 CARTES.

3. Le soutien direct à 3 ♥ ou à 3 ♠

Les soutiens directs à 3 ♥ et 3 ♠ sont des **enchères de barrage** avec (au minimum) 4 ATOUTS et une bonne distribution.

- **Tenez compte des vulnérabilités en présence** pour soutenir à 3 ♥ ou 3 ♠.

Exemple :

S	O	N	E
1 ♣	1 ♠	–	3 ♠

♠ D 10 8 5
♥ 5
♦ R V 8 7
♣ 10 7 6 2

Soutenez à 3 ♠ avec 4 ATOUTS et une bonne distribution dans toutes les situations de vulnérabilités.

4. Le changement de couleur

Dans le standard compétition → **le changement de couleur est forcing pour 1 tour, que la couleur soit majeure ou mineure.**

Il s'agit d'une modification importante. Cette **règle** n'est valable que dans le silence du partenaire de l'ouvreur. En effet les changements de couleur **ne sont plus forcing**, dès que le joueur n° 3 se manifeste – voir page 335.

Exemple :

S	O	N	E
1 ♦	1 ♥	–	2 ♣

♠ A R 6
♥ 9 3
♦ V 10
♣ A R 10 8 5 2

La réponse de 2 ♣ – forcing pour 1 tour – peut se faire avec un jeu fort ou même très fort.
En effet dans le standard compétition, le cue-bid garantit un soutien après une intervention au palier de 1.

5. Le cue-bid FITTÉ

Après une intervention à 1 ♥ ou à 1 ♠ :

Le cue-bid montre ⇒ • **un soutien de 3 CARTES** • **au minimum un espoir de manche**

Exemple :

S	O	N	E
1 ♣	1 ♠	–	2 ♣

♠ D V 5
♥ A 9 8 6 2
♦ A 10 2
♣ 7 3

Le cue-bid à 2 ♣ est un cue-bid FITTÉ qui **garantit un soutien de 3 cartes**.

Votre partenaire devra tenir compte de ce renseignement et **revaloriser son jeu dès qu'il possède une majeure sixième**.

LE CONTRE LEBEL-SOULET ♥♥♥

Voici ce que vous conseille de faire avec votre partenaire habituel ⇒
Utilisez le contre sur l'intervention à 1 ♦ ou à 1 ♥, pour indiquer exactement 4 CARTES **dans la « majeure au-dessus ».**

1. Le contre de l'intervention à 1 ♦

Le contre sur 1 ♦ montre ⇒

- **exactement** 4 CARTES **à Cœur**
- **un minimum de 6 points H**
- ne dénie pas 4 cartes à ♠ (jamais 5)

Voici deux exemples :

①

1 ♣	1 ♦	X	♠ R 7 ♥ D 10 8 6 ♦ 9 8 3 ♣ D 10 7 2

Le contre **Lebel-Soulet** indique exactement **4 cartes à** ♥.

②

1 ♣	1 ♦	X	♠ R D 10 6 ♥ R 9 8 4 ♦ A 5 ♣ V 10 2

Dans cet exemple le répondant possède les **deux majeures** quatrièmes.

- Le contre **Lebel-Soulet**, comme le Spoutnik, **n'a pas de limite supérieure**.

● **Une modification importante ⇒**

L'annonce de la majeure au-dessus « la collante » – 1 ♥ – garantit un minimum de 5 CARTES.

Exemple :

1 ♣	1 ♦	1 ♥

♠ D 2
♥ R V 10 6 2
♦ 9 3
♣ A 10 8 4

La réponse d'1 ♥ montre un minimum de 5 cartes à Cœur.

Un renseignement capital **en enchères compétitives**.

2. Le contre de l'intervention à 1 ♥

 Comme le contre précédent il est utilisé pour montrer **quatre cartes** dans la couleur « **au-dessus** » de l'intervention.

Le contre sur 1 ♥ montre ⇒

- **exactement** 4 CARTES **à Pique**
- **un minimum de 6 points H**

Voici deux exemples :

①

1 ♣	1 ♥	X

♠ R V 9 7
♥ 8 6
♦ R 6
♣ D 10 8 6 2

Contrez 1 ♥, avec exactement **4 cartes à ♠**. Pas question de soutenir à ♣ avec l'autre majeure quatrième.

②

1 ♦	1 ♥	X	♠ A R 10 8 ♥ A 5 ♦ R 10 8 2 ♣ D 7 2

Contrez l'intervention à 1 ♥ avec 4 cartes à ♠ :

- le contre **Lebel-Soulet** comme le Spoutnik classique **n'a pas de limite supérieure**
- **le cue-bid à 2 ♥ dénie la présence de 4 cartes à ♠.**

- **De la même façon la réponse d'1 ♠ sur 1 ♥ « la collante » indique un minimum de** 5 CARTES.

Exemple :

1 ♦	1 ♥	1 ♠	♠ A V 10 6 2 ♥ 8 ♦ R 9 7 ♣ D 10 6 2

LES DEUX AVANTAGES DU CONTRE LEBEL-SOULET

① **Il donne un renseignement capital en enchères compétitives sur le nombre de cartes en majeure :**

- le contre montre une majeure quatrième
- l'annonce d'une majeure indique un minimum de cinq cartes.

② **En cas de fit 4-4 l'ouvreur sera le déclarant et recevra l'entame.**

1. Le nombre de cartes en majeure

– Le fait de connaître une majeure cinquième permet de retrouver immédiatement le FIT 5-3.

Voici un exemple :

♠ D V 8
♥ 7 2
♦ A R 10 8 3
♣ D 10 9

S	O	N	E
1 ♦	1 ♥	1 ♠	2 ♥
2 ♠			

N'hésitez pas **à soutenir à 2 ♠** avec 3 CARTES. Vous savez que votre partenaire possède un minimum de 5 cartes à ♠.

– Après le contre plus de problème pour trouver la meilleure couleur en situation compétitive.

Voici un exemple :

S	O	N	E
1 ♣	1 ♥	X	2 ♥
–	–	3 ♦	

♠ A 10 9 2
♥ 5
♦ R V 10 8 7 3
♣ 9 8

Le contre montre exactement **4 cartes** à ♠, et le réveil à 3 ♦ une **couleur robuste** en principe **sixième**.

2. L'ouvreur reçoit l'entame en cas de FIT 4-4

Voici un exemple :

♠ V 10
♥ R D 5 3
♦ A D 8
♣ V 10 8 6

S	O	N	E
1 ♣	1 ♦	X	2 ♦
2 ♥			

C'est la main forte adverse qui sera à l'entame.

ATTITUDE DE L'OUVREUR SUR LE CONTRE LEBEL-SOULET

Sur le contre LEBEL-SOULET à 1 ♦ ou à 1 ♥, l'ouvreur annoncera comme si son partenaire avait répondu 1 ♥ ou 1 ♠.

1. Avec un jeu de soutien

- Avec 4 CARTES et une ouverture non minimum, **il annoncera 2 ♥ ou 2 ♠**.
- Avec 4 CARTES et une ouverture forte ou très forte, l'ouvreur doit **soutenir au palier de 3 ou de 4** ou faire **un cue-bid**.
- Avec un jeu de soutien vraiment minimum, avec parfois seulement 3 CARTES, il annoncera 1 ♥ ou 1 ♠.

Exemples :

①

♠ R 10 9 7
♥ A 9
♦ R D 9 7 3
♣ V 5

S	O	N	E
1 ♦	1 ♥	X	–
2 ♠			

Avec une ouverture non minimum et une distribution 5-4-2-2 « soutenez » à 2 ♠.

②

♠ A V 5
♥ D V 8 6
♦ 5
♣ A D V 7 3

S	O	N	E
1 ♣	1 ♦	X	–
3 ♥			

Soutenez avec saut avec une ouverture plus forte, c'est une proposition de manche.

2. Sans un jeu de soutien

L'ouvreur doit annoncer de façon naturelle. Il poursuit normalement les enchères → il nomme les Piques en 1 sur 1, fait une redemande à sans-atout avec ou sans saut, répète sa couleur…

LE 2 ♣ BOUSSOLE ♥♥

Le **2 ♣ Boussole** ou **petit LANDY** est utilisé après une ouverture mineure et **une intervention adverse à 1 SA** pour retrouver un FIT 4-4 ou 5-4 à Cœur ou à Pique.

1 ♣/1 ♦	1 SA	2 ♣ = APPEL AUX MAJEURES

La réponse de 2 ♣ montre en principe **un bicolore 5-4** ou **5-5 majeure** et un jeu d'environ 6 à 10 points H.

Exemple :

1 ♦ 1 SA [2 ♣]

♠ R 10 9 7 2
♥ R V 10 5
♦ 9 8
♣ 7 3

Un exemple classique de **2 ♣ Boussole** avec un **5-4 majeur** et **7 points H**.

- Vous pouvez également utiliser le **2 ♣ Boussole** avec **un 5-5 majeur** plus fort et un jeu qui ne se prête pas à un contre punitif.

Exemple :

1 ♣ 1 SA [2 ♣]

♠ R V 10 8 7
♥ A V 9 8 2
♦ –
♣ D 9 6

Avec une chicane à ♦, évitez de contrer 1 SA. Utilisez le **2 ♣ Boussole**, pour retrouver une manche à ♥ ou à ♠.

- **La suite des enchères → est pratiquement la même qu'après un LANDY à 2 ♣.**

– L'ouvreur nomme sa majeure quatrième, avec saut s'il possède un jeu fort.

– **Comme sur le LANDY** il peut utiliser la réponse de 2 ♦ RELAIS, pour retrouver un FIT 5-3.

Voici le jeu de l'ouvreur en face du premier exemple et la séquence complète :

♠ V 8 3
♥ D 8 2
♦ A D 10 5
♣ R V 5

S	O	N	E
1 ♦	1 SA	2 ♣	–
2 ♦	–	2 ♠	

Grâce au Relais à 2 ♦, vous pouvez retrouver le meilleur contrat : 2 ♠ avec **un fit 5-3**.

LES RÉPONSES TEXAS ♥♥♥

Avec **le 2 ♣ Boussole** vous pouvez utiliser **les réponses en** TEXAS après l'intervention à 1 SA :

- 2 ♦ = TEXAS pour les ♥
- 2 ♥ = TEXAS pour les ♠

- **Le Texas permet →**

– **de jouer de la bonne main**
– **de donner un deuxième tour d'enchère au répondant.**

RÉPONSES APRÈS LE CONTRE DU STAYMAN OU DU TEXAS

Le contre du STAYMAN ou du TEXAS par le joueur n° 4 est un contre d'entame (voir le STANDARD à QUATRE*). Certaines réponses de l'ouvreur sont modifiées.

APRÈS LE CONTRE DU STAYMAN ♥

- **Sans majeure quatrième** → l'ouvreur a le droit de passer sur le contre.

Voici les réponses sur le contre du Stayman :

- 2 ♦ = **Naturel** – bonne couleur cinquième
- 2 ♥ ou 2 ♠ = 4 CARTES dans la couleur
- 2 SA = **Naturel** → maximum et un net arrêt à ♣ dénie une majeure quatrième
- 3 ♣ = les **deux majeures quatrièmes**

- **Enfin le surcontre** → indique une ouverture maximum et **une belle couleur cinquième à Trèfle**. En principe, **vous voulez jouer 2 ♣ surcontrés**.

Voici deux exemples :

①

♠ A V 10 8
♥ R D V 9
♦ A V 10
♣ 9 8

S	O	N	E
1 SA	–	2 ♣	X
3 ♣			

Le « cue-bid » à 3 ♣ montre les deux majeures quatrièmes.

* Le Standard à Quatre (Michel Lebel aux Éditions du Rocher).

①

♠ V 10 2
♥ A 10 3
♦ R D 10 8 6
♣ A D

S	O	N	E
1 SA	–	2 ♣	X
2 SA			

Répondez 2 SA – et non 2 ♦ – avec 16 points H bien faits et un double arrêt à ♣.

L'ADVERSAIRE A CONTRÉ LE TEXAS ♥♥

Voici le système classique de réponses, que je vous conseille d'adopter avec votre partenaire habituel :

- **passe** = 2 CARTES dans la majeure
- **2 ♥ ou 2 ♠** = 3 (ou 4) CARTES dans la majeure + SA **minimum**
- **surcontre** = 3 CARTES dans la majeure + SA **maximum**
- **3 ♥ ou 3 ♠** = 4 CARTES dans la majeure + SA **maximum**

Le contre du Texas permet de donner **un renseignement important** à votre partenaire ⇒

♠ V 9 2
♥ R 5
♦ A D 10 2
♣ A V 7 2

S	O	N	E
1 SA	–	2 ♥	X
2 ♠			

Rectifiez à 2 ♠ – même avec un SA minimum – pour indiquer **un fit de** 3 CARTES **à** ♠.

UN CONSEIL ⇒ adoptez les mêmes réponses – un palier au-dessus – après une ouverture de 2 SA.

LEBENSOHL OU RUBENSOHL ?

Voici les deux meilleurs systèmes utilisés sur l'ouverture d'1 SA, après une intervention à la couleur :

1. **Le premier,** le LEBENSOHL est relativement facile à apprendre et à utiliser – **même avec un partenaire occasionnel**.

2. **Le second,** le RUBENSOHL, adopté par les meilleures paires françaises, **est plus efficace**.

Il demande un travail important de mise au point avec son partenaire habituel.

LE LEBENSOHL ♥♥

- **le contre :** est d'appel – Spoutnik – orienté vers la ou les majeures non nommées.
- **une couleur au palier de 2 :** compétitif avec cinq cartes.
- **une couleur au palier de 3 :** naturel forcing de manche.
- **2 sans-atout :** réponse conventionnelle → Texas pour 3 ♣

LE 2 SANS-ATOUT CONVENTIONNEL

La réponse conventionnelle de 2 SA **oblige l'ouvreur** à annoncer 3 ♣.

Voici – sur 3 ♣ – les possibilités du répondant ⇒

1. **passe** = longueur à Trèfle et un jeu faible
2. **une nouvelle couleur** = proposition de manche – naturel
3. **cue-bid de la couleur adverse** = remplace le Stayman

Voici plusieurs exemples :

①

1 SA	2 ♥	[3 ♠]	♠ R D 10 7 3 ♥ V 5 ♦ A 10 9 2 ♣ D 2

La réponse de 3 ♠ est **forcing de manche**.

②

1 SA	2 ♦	[2 SA]	♠ 9 6 3 ♥ V 10 8 ♦ 5 ♣ D V 9 8 6 2

Utilisez **le 2 SA conventionnel** pour vous arrêter à 3 ♣ – **joués par l'ouvreur**.

③

1 SA	2 ♠	[2 SA]	♠ 7 3 ♥ R V 10 8 6 ♦ A 8 6 2 ♣ 9 2

Utilisez **le 2 SA conventionnel** pour faire, au tour suivant, une proposition de manche à 3 ♥.

LE RUBENSOHL ♥♥♥

Comme pour le Lebensohl ⇒

- **le contre est un Spoutnik** orienté vers la ou les majeures non nommées
- l'annonce d'une couleur **au palier de 2 est compétitif** avec cinq cartes

À partir de 2 SA – les réponses sont en TEXAS ⇒

- 2 SA = **Texas conventionnel pour 3 ♣**
- 3 ♣ = **Texas ♦** ou **cue-bid** sur 2 ♦
- 3 ♦ = **Texas ♥** ou **cue-bid** sur 2 ♥
- 3 ♥ = **Texas ♠** ou **cue-bid** sur 2 ♠

LE 2 SA CONVENTIONNEL

Comme pour le LEBENSOHL, **l'ouvreur annonce obligatoirement 3 ♣, sur lesquels le répondant ⇒**

- **passe** = avec une longueur à ♣ et un jeu faible
- **fait un cue-bid** = Stayman, **sans arrêt** dans la majeure (sur 2 ♥ et 2 ♠)
- **annonce l'autre majeure** = avec 4 CARTES + l'ARRÊT dans la majeure adverse

Voici quelques exemples :

①

1 SA	2 ♥	[3 ♥]

♠ R 10 9 7 2
♥ 7 3
♦ A R 8
♣ V 10 5

Sur 2 ♥, 3 ♥ est un TEXAS pour les Piques.

②

1 SA	2 ♦	[3 ♣]

♠ A D 10 7 2
♥ R 10 9 8
♦ 7 3
♣ D 5

Sur 2 ♦, répondez 3 ♣ – **cue bid en** TEXAS – **qui remplace le Stayman** pour rechercher un fit en majeure.

- Si votre partenaire répond 3 ♦ – **pas de majeure** – utilisez **la convention des majeures croisées** (voir page 108) et annoncez 3 ♥ pour indiquer 5 cartes à Pique + 4 cartes à Cœur.

③

S	O	N	E
1 SA	2 ♥	2 SA	–
3 ♣	–	3 ♥	

♠ A R 9 8
♥ 7 6
♦ D 9 8 7
♣ R 6 2

Utilisez le 2 SA conventionnel, puis sur la redemande de 3 ♣ (obligatoire) annoncez 3 ♥ – cue-bid pour montrer 4 cartes à Pique, **sans l'arrêt à Cœur**.

- **Avec l'arrêt à Cœur** et 4 cartes à ♠ : annoncez 3 ♠ sur 3 ♣ :

S	O	N	E
1 SA	2 ♥	2 SA	–
3 ♣	–	3 ♠	

♠ A R 9 8
♥ R 6 2
♦ D 9 8 7
♣ 7 6

Annoncez votre majeure quatrième – 3 ♠ – pour **montrer l'arrêt à Cœur**.

TABLE DES MATIÈRES

I. LES ENCHÈRES À DEUX

II. LES ENCHÈRES COMPÉTITIVES

III. MES CONVENTIONS

Michel

LEBEL

50 exercices DE BRIDGE

Nouvelle édition mise à jour

Enchères et jeu de la carte

ÉDITIONS DU ROCHER

Le Bridge Compact

MICHEL LEBEL

320 EXERCICES COMPACT

PROGRESSEZ RAPIDEMENT AU BRIDGE

ÉDITIONS DU ROCHER

MICHEL LEBEL

LE JEU DE LA CARTE COMPACT

LA MÉTHODE LEBEL
AVEC LE MORT ET EN DÉFENSE

ÉDITIONS DU ROCHER

MICHEL LEBEL

LE STANDARD À QUATRE

LA MAXI SUPER majeure 5e

« nouvelle édition »

ÉDITIONS DU ROCHER

MICHEL LEBEL

LA NOUVELLE Super MAJEURE 5e COMPACT

LA MÉTHODE LEBEL EN 200 PAGES